簡吉

台灣農民運動史詩

楊渡 著

The Man Who Led Peasants

A Short Biography of Chien Chi

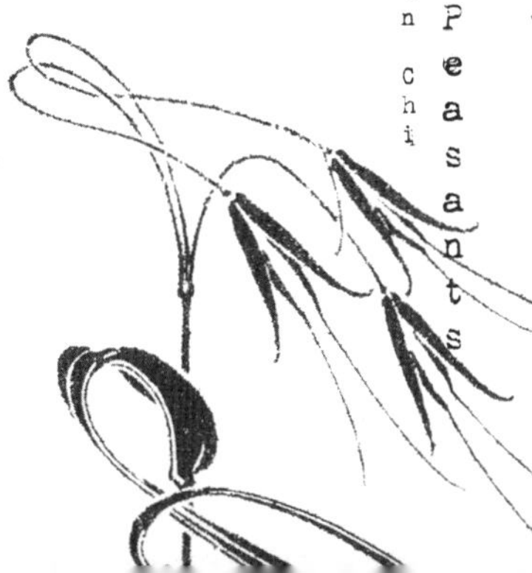

簡吉

台灣農民運動史詩

The Man Who Led Peasants

A Short Biography of Chien Chi

尋歷史真相　還前輩清白

簡明仁（大眾集團董事長）

記得小時候，母親只能租一間小房間，和四哥（道夫）跟我擠在一起生活，在那種連廚房都沒有的窘境，隱隱約約總有一種不如人，沒有根，沒有信心的膽怯。雖然母親的為人，職業和學識受到尊重，但是內心的陰影是無時不在的，我因此養成了安於孤獨不慣交際的性格。成長的過程中，漸漸的感受到了父親是個禁忌，父親好像並不存在，指示學校要求填家庭資料時，「父」欄裡一個「歿」字，小孩子心中只能猜測，但我卻又無從猜測起，因為我腦海中完全沒有任何父親的印象。

已忘了在什麼時候，我知道了父親是以匪諜名義被處以極刑的。在當時的洗腦教育下，共匪是品德敗壞，無惡不作的。等於把父親列為惡棍，而且白色恐怖的餘悸仍在，一般人完全噤聲不談，我從未聽過一句對共產主義或社會主義正面的話（一直到我大學畢業），這更加添了整個事件的不名譽感。後來我又知道了父親是抗日份子，當年課本上抗日的事蹟，抗日英雄，是受到何等的尊榮，是光宗耀祖的大事，怎麼父親就變成了受人唾棄的匪諜呢？日據時期農民組合抗日的運動和後來的二二八和白色恐怖有何關聯呢？這個疑問藏在我心中幾十年。也使我對各種新聞、報導、課本、書本、紀錄、檔案等採取懷疑的態度，對弱勢族群得不到正面報導，感到不公不義。

從小，母親從來只要求我們（道夫與我）要好好讀書，從不說明家中的狀況，只是默默的承受她的人生重擔，沒有半句埋怨別人的話，沒有任何不當的行為，孤兒寡母，仍受人敬重，沒有言教，只有身教，我深深的感受到貧困中的風骨，人窮可以志不短。我想母親所經歷的人生，不是言語可以敍述的，或者母親覺得講也無濟於事，只會讓我們心不平靜，母親只求我們能好好的生存下去，不必再惹是非，步上我父親的後塵。我從未看到母親生氣過，曾經我跟道夫不用功吵架，母親處罰我們的方式，是自己默默的流淚，而這是我一生中受過最嚴厲的懲罰。我覺得母親對父親有著最偉大的感情，母親從不談父親的事，也從不告訴我們她的思念，只是默默的保存泛黃的相片，僅有的日記，每天在佛桌前念經，上面擺的除了佛像外就是父親的相片。

我現在明白了，父親一生奉獻給台灣人民及社會運動，為人民爭取生存權，也敬佩他的情操，但免不了要想到這一股在後面支撐的力量，而這力量要有多大的犧牲啊。母親、大哥、三哥都是忠厚老實，聰明有學識的好人，但卻又都是在貧困的邊緣，過著抬不起頭的日子。

楊渡先生以他的慧眼解答了我的疑問，把一九二〇到一九六〇年，四十年的台灣歷史，做了整理，找出了整個基層社會人民運動的脈絡，發掘串聯起失落的片段，實在是非常難得的，少了這一塊，就像作者說的「左半部」，台灣歷史是不完整的。我要特別感謝作者的是，他把我父親那藝術家般的豐富柔軟的感情，和母親默默承受痛苦延續家門的那股力量表達出來，讓整個事件添加更多人性的光輝。

塵封半世紀以上的台灣歷史，呈現出來的是，被不公平對待的人民們，終究要出發怒吼，終究要求社會給他們公義的待遇。不幸的是，過程中產生太多悲慘的人、事、物，這都是不該發生的。在這裡要特別向當年農民組合的先進們致敬，我過去幾年的努力就是要「尋歷史真相，還前輩清白」。期望將來的台灣，不再有迫害，不再有白色恐怖。在位者能夠仔細聆聽人民的聲音，尤其是弱勢者的心聲，不再有不公不義。

推薦序

南方朔（著名評論家）

替簡吉立一個英雄碑！

他大可安安穩穩過他的人生，但他眼見農民的受苦而不安，於是毅然決然放棄教職而獻身農民運動，而後逐漸成為一個難得的職業革命家與組織家，他一個人身上，即濃縮了台灣那其實相當波瀾壯闊的左翼運動史。

反抗壓迫，追求公平正義的知識份子及人民力量，從來就是推動進步的最大動力。因此，在當代史學哩，「人民的歷史」或「由下而上歷史學派」（History from below），始終佔有極為重要的地位。

但人民固然推動著歷史的巨輪，但人民所面對的卻是一個擁有巨大權力的體制，於是，「反抗—壓迫」這種循環戲碼遂成了歷史難逃的規律。有多少人民的反抗遭到血腥的鎮壓，甚至連反抗的紀錄都遭塗抹消音，企圖使它連記憶都不復存在，使它「失憶」和「失語」？而儘管有些時刻，人民由於團結而改變了時代，但在接下來的體制重建和權力例行化運作過程裡，人民努力的成果往往又被某些少數人蠶食鯨吞！這就是人民力量的悲劇。由這樣的悲劇性，其實也揭示著人們面對總是千瘡百孔，缺乏公義的世界，人的主觀能動不但不能停頓，而是必須更加警戒與奮起。正因有黑暗，才需要打破牆壁，讓天光將它照亮！

但「人民的歷史」或「由下而上的歷史」，這種理念說之容易，但事實上則難之又難。弱者之所以弱，乃是他們在最基本的話語權上即遭剝奪，甚至被污名化。這也是「被壓迫者是沒有歷史的」這句名言所顯露出來的殘酷真理，當後人要重建人民的歷史時，邊緣性的私家紀錄，故紙殘篇，被壓迫但有幸劫餘者的追記，堆放在官方檔案庫房角落尚未遭焚燬的不完整資料，甚至幾經轉化而變成的民間故事和民間諺語，遂成了不多的原材料。

而對台灣，人民歷史的重建格外困難。清代台灣，官方所繼承的乃是深厚的封建官僚及士紳習性，視歷史就是統治史。而日本殖民政權，則視台灣人為二等人，武裝壓制和政經迫害自毋庸待言。而台灣光復後，法西斯性格極強的國民黨政權面對戰後的內憂外患及政權的危在旦夕，更加不手軟。及至到了近年，右翼台獨興起，也同樣基於其政治利益考量，對台灣歷史做選擇性斷章取義式的扭曲解釋。如此多重的扭曲，已使得台灣人民的歷史被述說的支離破碎。特別是對日據這一段，更讓人不知所云。

其實，有關台灣人民的反壓迫，在日據之前和之初，基本上都是古代中國那種「官逼民反」的模式，但到日據中期，即二十世紀第二個十年，由於受到中國「五四運動」民族自覺，以及日本社會主義運動的衝擊，台灣人民的反殖民及反壓迫也走向了現代的階段。繼一九二一年「台灣文化協會」之後，由於受到「日本農民組合」、「日本勞働總同盟」、「日本社會主義黨」、「日本勞働農民黨」的啟蒙及助力，特別是再近代日本左翼運動極重要的麻生久、山上武雄、山川均，大杉榮等，或者來台聲援，或者提供理論相助，都對台灣的勞農運動做出了貢獻。

日本殖民統治時期，台灣右翼與左翼反抗運動，在一九二〇年代初受到日本進步力量啟發後即波瀾壯闊展開，而後在一九一九年成立的「第三國際」影響下，進一步與全球被殖民地的反殖民農工及政治運動，以及中國革命整合成了整體的一部分。因此，要理解那個時代的農工及左翼政治運動，無論思想及策略，都不能離開那個時代的日、中、俄等國進步運動的架構。

但除了這種架構性的歷史理解外，更重要的當然是必須對那個時代的進步運動加以整理耙梳。但治台灣史者都知道，從日本殖民時代以迄於今，有關左翼進步運動這個部份卻最為艱難：

近代日本右翼性格強烈：明治末期的「赤旗事件」及「大逆事件」即對左翼強烈彈壓，在經過大正時代短暫的開明後，昭和時代初又恢復嚴厲，昭和三年（一九二八年）的「三一五」、「四一六」、「五七」等大彈壓，左翼勞農及政治運動可謂盡皆殲滅，它對殖民地台灣當然也平行鎮壓，一九二九年「二一二事件」對「農民組合」大檢肅，到一九三一年全面肅清台共。這都使得初生的勞農及左翼運動在未充分成長前即告夭折，資料也不齊全。

台灣左翼力量在台灣光復又告復起，但在「二二八」及其後的「白色恐怖」下，遭遇到更大規模與更徹底的殲滅。國民黨在台灣長期塑造並制度化和心靈內化的「反共」，已使得左翼傳統被徹底切斷，左翼記憶也被蓄意抹除。雖說「本土化」口號，恢復了一部分歷史和記憶，但獨派壟斷「本土化」後，它除了族群權力這部分與國民黨對立外，在「反共」這一點上，其實比國民黨猶為過之。在長期的如此擠壓下，要恢復過去的歷史與記憶，更加難上加難。

台灣早期的左翼歷史，距今已有七、八十年，現在已到了再不搶救，就連那最後一抹記憶也將消失的時候。而就在此刻，楊渡所寫的這部著作，遂格外有其非凡的意義。這部著作是殖民時代台灣農民運動領袖簡吉的傳記，它除了經由廣泛的口述歷史，從簡吉家屬和戰友重現簡吉的身影外，還透過近年來陸續出土的一些稀有檔案，再現了那個時代，特別是「二二八」之後直到一九五〇年代初那段不忍憶起的歷史。

從十九世紀直到現在，如果我們回顧人類無論政治、社會、經濟、甚至文學藝術和價值，都當可體會到各種型態的左翼進步力量，乃是推動歷史搖籃的手，而一代代從不停頓的秀異人士捨身忘我，為更大的進步和公平正義而努力，他們絕大多數都不能功成名就，他們也不要功成名就，他們只在乎公義。這些浪漫的悲劇英雄，早已成了人類史上最可貴的傳統，呼喚著後人前仆後繼的前行。

而台灣其實並不缺乏這樣的浪漫悲劇英雄。只活了四十八年的簡吉，即堪稱是位典型。他是個小學老師，在日本殖民政府那個台灣依然極為貧困的時代，他大可安安穩穩過他的人生，但他眼見農民的受苦而不安，於是毅然決然放棄教職而獻身農民運動，而後逐漸成為一個難得的職業革命家與組織家，他一個人身上，即濃縮了台灣那其實相當波瀾壯闊的左翼運動史。他在日本殖民政府時期，兩度入獄，坐牢十年，而後一九五一年被國民黨政府槍決。他沒有失敗，反而是成了台灣的一則英雄傳奇。透過這本著作，他的身影將會永遠在台灣人民的記憶中！

●作者序

台灣農民運動的史詩

楊渡

那個年代的革命者的故事，隨著資料逐一翻開，而呈現出來。我原本只是因為捨不得簡吉的生命被埋藏於無人知的角落，而決定寫作一篇約五萬字的故事。然而，當我了解愈多，才發現這是台灣史上最欠缺的「左半部」，……我深深感謝簡吉，他貫穿台灣反抗運動的生命史，讓我好好的「補」上這一課學分。

壹

最初只是因為「捨不得」。捨不得簡吉這樣偉大的靈魂，被埋藏在台灣史的角落，寂寞而少人知。我只是想安慰一個寂寞的逝者，為他留下一個簡單的傳記，喚醒這世間，曾有這樣一種純粹而美好的革命者的心靈。

然而隨著採訪與研究資料的逐步深入，我一點一滴進入簡吉的故事裡，一條線索一條線索的理清楚，拼湊簡吉生前的行跡，慢慢編織為一張粗具輪廓的網，才發現這是一篇被埋藏在地底的「大史詩」。那是台灣反抗運動史最精彩、最壯烈、最具有青春活力與土地生命力的社會運動。我感到震驚了！

震驚於自己的無知，震驚於台灣史怎麼可能這樣，隱藏一個偉大生命如此之久，震驚於歷史如此無情，讓他被台灣的政治鬥爭所掩埋。國民黨，作為壓迫者，必然隱藏這一段歷史；民進黨，作為反對運動者，卻由於簡吉的「紅色革命家」的身份，也被民進黨有意忽略。整個歷史，隱藏在藍綠鬥爭的夾縫中。然而，我更震驚於歷史如此有情，竟讓簡吉在二二八時生下的孩子——簡明仁，在近六十年後，用一種稚子之情，追溯父親的軌跡，讓他的歷史慢慢浮現。

而我何其有幸，能用三年光陰，追尋這一段被掩埋的歷史，並且看到真正的「生命之光」。

不知有多少夜晚，我一邊翻閱史料，一邊反覆查看自己採訪的筆記，一邊嘆息：「啊！原來是這樣。」那些歷史謎團逐一解開。像日據時期農民運動捲起二萬四千農民的參與，為什麼在光復他們沒了聲音？為什麼二二八之後，謝雪紅可以躲藏如此之久，還偷渡流亡？二二八軍隊鎮壓後，所有反抗運動就結束了？二二八之後，台灣人如何反抗？為什麼中共地下黨被查獲時，有一個山地委員會？是誰有這能耐，去組織了原住民？……

無數謎團，在簡吉與台灣農民運動的歷史軌跡裡，終於找到答案。那是從日據時代以降，歷時數十年所形成的一條長遠的河流，一條壯闊的河流。那是由台灣農民所組成的共同記憶，台灣史中，被隱藏起來的「反抗地圖」。在國民政府的白色恐怖鎮壓下，這一段結合農民運動與紅色革命的反抗史詩，被壓抑而無法伸張。在民進黨執政後，由於台獨反中路線，再加上他們延續了國民政府的反共意識形態，也刻意壓抑這一段歷史，而為台灣史研究者所忽略。

沒有簡吉與日據時期的農民運動史，沒有簡吉與農民組合為歷史脈絡的二二八事件，像被撕去「左半部」的書，怎麼看都無法完整起來。也因此，民進黨不斷說二二八沒有真相，其實是因為他們有意或無意的忽略了簡吉和台灣農民運動的歷史。

舉例來說，謝雪紅二二八之後逃亡，所走的路線，就是日據時期竹林事件發生之地，也是農民組合的大本營。後來她躲藏在大甲溪畔，靠的也是過去農民組合的幹部加以掩護支援。嘉義阿里山，是原住民所在地，一九四九年前後，這裡有過山地武裝基地，但回頭看看歷史，才知道日據時期，農民組合已經在山上農民的龍眼工寮裡，偷偷印製反抗日本殖民政府的「三字集」，並且由此偷運下山發送。還有桃園、中壢一帶的客家聚落，曾掩護了當年「四六事件」後，師大學生運動領袖周慎源來此躲藏逃亡，這裡的農民，是日據時代兩次「中壢事件」的大本營，農民的群眾基礎深厚，才能讓他隱藏如此之久。

串起這一條反抗歷史脈絡的人，正是簡吉。然而，為什麼是簡吉呢？

貳

日據時期的農民運動，起源於彰化「二林事件」，醫生李應章本是文化協會的發起者之一，後來回鄉行醫，協助蔗農起來反抗。但醫生終究是他的本業。真正讓農民運動風起雲湧，撼動全台的人，是簡吉。他本是一個小學老師，在當時這是非常有地位而受尊敬的職業。但他卻因為看見農民生活窮苦，學生為了家庭貧困，無法上學，而自省如果無法幫助學生，只是教書，終究是「月俸的盜賊」，於是毅然決然，辭去教職，成為一個農民運動的「職業革命家」。他奔走各地，協助各地有志的農民起來抗爭，鼓舞農民成立農民組合，在短短的一年多時間裡，竟組成了全台的「農民組合」。在當時台灣僅有約六百萬人口的條件下，農組會員竟有二萬四千名會員。

本來農民組合只是一個自發性的地方農民組織，後來因為受到全世界性的左翼運動的影響，在日本勞農黨的協助下，再加上謝雪紅從上海歸來，帶來新的左翼運動綱領，協助農民組合訓練青年幹部，整個農民組合向左轉，形成更堅強的「階級觀念」，尤其因為日本殖民政府的鎮壓加劇，遂變成一個激進的群眾組織。簡吉因此加入台共。

一九三〇年代開始，因日本殖民政府開始反共肅共大逮捕，謝雪紅等人相繼入獄，剛剛出獄的簡吉還負責籌組「赤色救援會」。他已經被監視，卻利用書信與暗中的通信方式，延續農民組合的群眾，救援被逮捕者的家屬，直到他也入獄。

日據時代，簡吉兩度入獄。第一次坐了一年的牢，第二次，坐了十年的牢。在他的獄中日記裡，他曾深深自省，所憂心者，竟是憂慮無法對自己帶出來的農民交待。而獄中最困難的苦刑，卻是深愛自己的祖母的病逝，卻無法送終……。

然而，他熬過來了。這個農民之子，台灣一光復，就擔任「三民主義青年團」高雄分團副主任，隨後為了保護佃農的稻作，和地主警察打官司，這就是著名的「王添燈筆禍事件」。其後，為了照顧日據時期被迫害的死難者，赴桃園協助劉啟光辦理「「台灣革命先烈遺族救援會」，並在新竹設立忠烈祠，公開祭拜犧牲的抗日志士、農組同志。此時，農組過去同志張志忠從大陸回來，找他加入地下黨，負責嘉義一帶的群眾組織，他就潛入地下活動了。二二八時，他與陳纂地一起，帶領攻打嘉義機場，最後退入「小梅基地」，打算進行武裝抗爭。但因為先遣部隊被國軍伏擊，基地被破獲，因此宣告解散，又再度潛入地下。

此時，謝雪紅、蘇新等牽連較深的人都流亡香港上海了。簡吉是舊台共的名人，而且二二八之後，被警備總部和軍隊公開通緝，按照中共組織原則，他應立即流亡，更不應該加入中共地下黨，但簡吉卻是唯一留下來的人。為什麼？因為他有廣大的農民群眾基礎，在農民中有很高的威信，只要提起「簡吉」，或者「眼鏡簡仔」，無人不知，無人不曉。中共地下黨領導人蔡孝乾想運用他的影響力，擴大組織。而簡吉也不負所望，迅速在桃園新竹一帶，建立起許多地下組織，二二八的次年，還寄出呼籲台灣人記念二二八的信件。

一九四九年，他受命建立山地委員會，試圖在山地原住民之間，建立一個以中央山脈原住民為基礎的武裝基地。北部是角板山復興鄉一帶，中部是埔里、霧社一帶，南部是嘉義阿里山。它如果成形，將會是連貫中央山脈的游擊戰基地。然而，因蔡孝乾被逮捕，整個地下組織被破獲。

簡吉於一九五〇年四月二十五日被逮捕，一九五一年三月七日槍決，結束他四十八年的農民革命家生涯。然而他的生命，卻貫穿了整個台灣反抗運動史。

從日據時期的農民組合、台共、赤色救援會，到最後肅清大逮捕，乃至於台灣光復後，發生的農民反抗事件、二二八事件、中共地下黨、原住民的反抗組織、白色恐怖大逮捕等，許多台灣史重要人物，都各自在歷史的段落裡，扮演重要角色。

例如謝雪紅。她在上海組織台共，回台後參與農民組合青年訓練，吸收農組重要幹部加入台共。二二八的時候是一個重要領袖，但在二二八之後即流亡大陸，組織「台灣民主自治同盟」。二二八之後台灣島內的反抗史，便無法參與。

李應章，參加籌組文化協會，在二林首度帶領農民運動，史稱「二林事件」，但後來他因為日本警察追捕，逃亡大陸，改名李偉光行醫，參加中共，扮演了支援台灣反抗運動流亡者的角色，而未在台灣直接參與反抗運動。

文化協會的林獻堂，參與文化協會創建，文協分裂後，便沈寂下來。另外如張志忠，參與農民組合，流亡大陸，光復後歸來，成為地下黨，但他也未曾從頭到尾參與全程的反抗運動。此外還有許多人都曾參與過反抗運動，但大體沒有全程參與。

唯一的例外是簡吉。他全程參與，而且扮演最重要的領導核心角色，這幾乎是一件不可能的事。

但簡吉卻正是這樣，用他的生命史，見證了台灣反抗運動史的「全過程」。從素樸的農民運動，到左翼反抗運動，到共產主義運動，到光復後的接收與二二八事件，到「紅色革命」的地下黨與白色恐怖時期，整個台灣群眾運動史，可以用他的生命來加以貫穿。

閱讀簡吉，等於補上了台灣反抗運動史最重要的一課。這樣的生命，如果未被正視，是台灣史多大的損失啊！

參

為了研究簡吉，本書的寫作使用一些國家檔案館剛剛解密的檔案資料。包括簡吉被通緝的文件、簡吉的偵訊筆錄、諸多簡吉同案的筆錄與自白書、調查局機密檔案有關中共地下黨的組織系統圖、山地委員會相關原住民領袖的偵訊筆錄與自白書等等。這些史料未公佈前，許多謎團難解。例如嘉南縱隊的組織、小梅基地的存在、簡吉被通緝的文件等，都未有清楚輪廓，現在逐一解開。但某些較詳細的資料，如山地委員會原住民的部份案件，因為涉及到的案件與人員更複雜，案情還有許多有待寫作的細節，因此不在此書討論之列。此部份，可參考藍博洲的白色恐怖相關報導文學作品。

研究簡吉，我們可以發現某一些歷史論斷，有必要加以重新檢視。

首先，是有關台灣社會主義運動問題。過去國民黨解釋光復後的台灣反抗運動是受到中共的影響。但簡吉歷史證明。它有更深遠的歷史，它是從日據時代的農民運動就開始了。對一九二〇年代的台灣農民而言，壓迫者是日本帝國主義，而當時唯一有反抗論述，並同情台灣農民的，是日本勞農黨，這是日本的左翼團體，而在理論上，提供支援的是蘇聯的社會主義革命。謝雪紅的回台則提供了更直接的協助。在日本殖民帝國的強大壓迫下，台灣農民組合思想之左傾，其實是尋找廣大農民的出路，而不僅是理論問題。回到當時全球性左翼運動的時空，就完全是可以理解的事。

其次，是二二八的「定性」。在民進黨和台獨的論述裡，二二八被描述成只有台灣人的悲情與外來政權的鎮壓。彷彿台灣人的反抗意志如此薄弱，一遇鎮壓就全面瓦解，煙消雲散了。然而，從簡吉的歷史，我們卻發現事實並非如此，而是有一個地下的反抗運動，在二二八之後迅速展開，它是沿著日據時代農民組合這個系統，像蕃薯藤一樣，在地下生長的。它的背後還有中共地下黨的組織運作。如果說，它只是外來政權的鎮壓，就難以解釋二二八之後全面地下化的反抗運動，以及中共地下黨的關連。更明確的說，二二八鎮壓的結束，只是另一個地下反抗的開始。它讓台灣的反抗運動全面捲入國共內戰的大環境裡，成為其中的一環。這一點由簡吉對山地原住民的說法中，得到印證。

第三，有關台灣在二二八的武裝反抗，過去的記載中有「民主聯軍」和「自治聯軍」。「民主聯軍」由謝雪紅所領導的二七部隊所改組，由於有不少人流亡大陸，留下較多的歷史證言。但「自治聯軍」的歷史，則因為當事人大部份遭到槍決，陳篡地則因為被看管而隱居起來行醫，真相未明，只知是由張志忠所領導，還曾有計劃在小梅建立武裝基地，長期抗戰。後來有些嘉義的口述歷史，雖然曾訪問過許多嘉義人士，但人言言殊，真實情況成謎。本書則透過國家檔案局剛剛解密的檔案，審視名單，再找了解當時情況的政治犯陳明忠先生討論，形成一個比較完整的輪廓。簡吉當時正是「自治聯軍」的政委。雖然是初步的整理，但總是可以呈現一些真相，整個歷史變得較為清晰。這也是首度有關「自治聯軍」的描述。

第四，台灣自日據時期以來的反抗運動，有知識份子所代表的文化協會，以及農民階級所形成的農民組合，這二者本是相輔相成的大歷史，只可惜歷來所留存文件，知識份子有文字寫作，留下較多記載，反而群眾規模最大的農民運動，留存的文字相當少。尤其是它的左翼色彩，更成為戒嚴時代的禁忌。現在重新整理，我們才真正看清台灣反抗運動的本質。而從簡吉的生命史，我們終於知道這一個反抗運動的潮流，不是結束於日據時代，而是白色恐怖。但農民組合與反抗運動所存活下來的「老同學」（白色恐怖時期老政治犯的暱稱），在出獄後，還互相幫助，照顧彼此的生活（如李天生），而只要生活還過得去，就一定年錢出力，或明或暗的贊助反對運動。這一點經歷過黨外時代的人都應該清楚。只是他們一直因為身份的敏感，隱身幕後，而不為外界所知。這是台灣反抗運動的一條血脈，源遠流長。

肆

本書的寫作，起始於二〇〇四年王榮文先生邀約，請我寫一篇報導簡明仁先生如何「尋找左派的爸爸」的故事。當時我還暗笑著：是不是因為他認為我是左派，所以特別找上我呢？原本因為報館工作忙於大選新聞而想放棄，然而轉念一想，一九八四年寫碩士論文〈日據時期台灣話劇運動研究〉的時候，獨自一人在幽暗的圖書館的灰塵與故紙堆中，翻查《台灣民報》，當時研究台灣史仍有諸多禁忌，研究者還很少，那種寂寞與荒涼，難以言喻；而簡明仁先生卻是在這樣的環境裡，一紙一頁的尋找自己逝去的父親的行跡，那是何等孤單的一個孩子啊。我於是答應了。

原本以為只是寫一篇報導，幫上忙就好了。然而隨著把「台灣社會運動史」的各種線索慢慢整理，對簡吉與農民組合多一層了解，再加上國家檔案局新解密的資料配合，我對簡吉有了全新的認識。尤其是溫柔敦厚的簡明仁先生，並不多說什麼，只是要訪問簡吉生前故舊的時候，帶上我去採訪，簡吉生前的行跡與模樣，變得立體而鮮活起來。

最震撼的莫過於在屏東採訪張博雅的婆婆周甜梅女士的時候，她已經九十六歲高齡，對簡吉的記憶片片斷斷，卻反覆的說著：「當年他從屏東鄉下的農民家裡回來，住在我們對面，明明累得要死了，卻還在拉著小提琴，我問他，你累得要死，為什麼不早點休息呀？他笑說：如果我不拉，才會死喔！」

簡吉，作為一個藝術家的內在精神，以及作為農民運動「職業革命家」的形象，在此時融合起來，成為一個完整的生命。從這個理解出發，簡吉為什麼會因為看見貧困的孩子無法上學而流淚，因為同情農民而投身農民運動，那內心的精魂，就更為清晰了。

「帶著小提琴的農民革命家」，這不僅讓我重新看見真實的簡吉，更因此了解那一個年代的反抗運動背後，革命者的浪漫主義精神。例如呂赫若，一個學聲樂與鋼琴的小說家，被譽為「台灣的魯迅」的這個「台灣第一才子」，卻在二二八之後，投身地下反抗運動，彈鋼琴的手，變成打電報，在山上打游擊，最後因暗夜被毒蛇所咬，無法治療而逝世於悄無人知的荒山。

那個年代的革命者的故事，隨著資料逐一翻開，而呈現出來。我原本只是因為捨不得簡吉的生命被埋藏於無人知的角落，而決定寫作一篇約五萬字的故事。然而，當我了解愈多，才發現這是台灣史上最欠缺的「左半部」，整個日據時期以降的左翼運動，因簡吉的生命和農民組合運動而串起來，成為一張稍具輪廓的網絡。寫到後來，我才知道自己在做的，是「補課」：把台灣史所欠缺的這一課給補起來。於是台灣史，包括了二二八的發生與結束後的反抗運動，所有反抗與流亡的軌跡與脈絡，都因此變得清晰而可以了解。我深深感謝簡吉，他貫穿台灣反抗運動的生命史，讓我好好的「補」上這一課學分。

寫作過程中仍有諸多遺憾。許多資料已經佚失，一些早年參加農民組合的幹部大部份亡故，唯一留下的採訪史料，只有韓嘉玲所寫的「播種集」，其中有一些農組老先生的口述歷史，鮮活的呈現當年的情境，彌足珍貴。而二〇〇四年原本打算赴美採訪九十五歲的簡娥老太太（一九〇九—二〇〇五），可惜因故未能成行，隔年，她就病故了。歷史見證如同和時間賽跑，我卻失之交臂，遺憾之至！而曾採訪過的周甜梅老太太，則於兩年後故世。天可見憐，幸而，她曾留下小提琴的故事，讓我們看見簡吉的內心世界。

本書的寫作，要特別感謝簡明仁先生的協助，他不斷收集資料，每有採訪，隨時約我同行，國家檔案館每有新資料解密，立即轉給我，讓我有第一手的史料可用。葉顯光先生的細心收集資料與耐心協助，也是此書完成的助力。

台灣最後一個「政治死刑犯」陳明忠先生，則是協助我最多的人。他是一本活字典，一個生命的導師。他擔任二二八事件中謝雪紅所領導的二七部隊的突擊隊長，坐牢時因為他的勇敢與正直，讓許多日據時代的老前輩願意把生命歷程讓他知道，於是他了解許多至今外界仍無法了解的內幕。許多我深感困惑的曲折細節，組織脈絡，尤其是武裝反抗的部份，都因為他的解釋，而豁然開朗。例如：簡吉為什麼未流亡，為什麼許多日據時代的老台共未加入地下黨，為什麼二二八的歷史解釋是「國共內戰的延伸」，為什麼山地委員會有如此多的原住民參與等等，都因為他的深度解釋，而得到答案。甚至，台灣的民主運動，也與此有關。早年黨外時代，這些當年反抗日本殖民統治的人，無論事業成敗，只要可以奉獻力氣，都有錢出錢，有力出力，至今仍不改其志。農組的李天生先生，事業有成，照顧了許多出獄的同志安頓生活，就是一個典型。

還應該感謝許月里女士，她無懼的談出當年的故事。至今，我仍清晰記得她說出當年，簡吉被抓之前來找她，希望找一點錢來買武器的時候，是如此膽怯而小聲，彷彿還怕有人在週邊竊聽；過後，她仍心有餘悸的說：「現在說出來，會不會怎麼樣啊？」（許月里女士於二〇〇八年十月三十一日辭世）。

感謝泰雅族的長輩林昭明先生，雖在病中，他談起當年簡吉如何「發現」他的驕傲與溫情，讓人看見簡吉帶一個原住民青年成長的苦心與愛心。這種精神典範，讓人深深感動。還有許多好朋友，在這個過程裡，給了我各種幫忙，在此深深致謝。

本書的採訪與寫作，約莫花了兩年半的時光，後來因故去參與總統大選的助選，而離開了一年半。選舉結束，我知道該回來寫作了，於是重新整理簡吉傳記，找回自己所信念的文字工作，在簡吉的生命史之中，我彷彿才真正找回自己。

由於歷史資料的研判可能有所差異，農民組合的歷史縱深太長，採訪的對象與內容也有所侷限，本書在描述與分析上，如果有任何錯誤，應由作者承擔。如果有錯誤的地方，歡迎指正，再版一定加以修訂。

最後，我想引用智利詩人聶魯達的詩，把這一本書，獻給簡吉：

你教導我要熱誠對待不認識的人，
你給了我所有活著的人的力量。
你使我如同出生一般再次有了祖國，
你賜予了我孤獨者所沒有的自由。

二〇〇八年七月

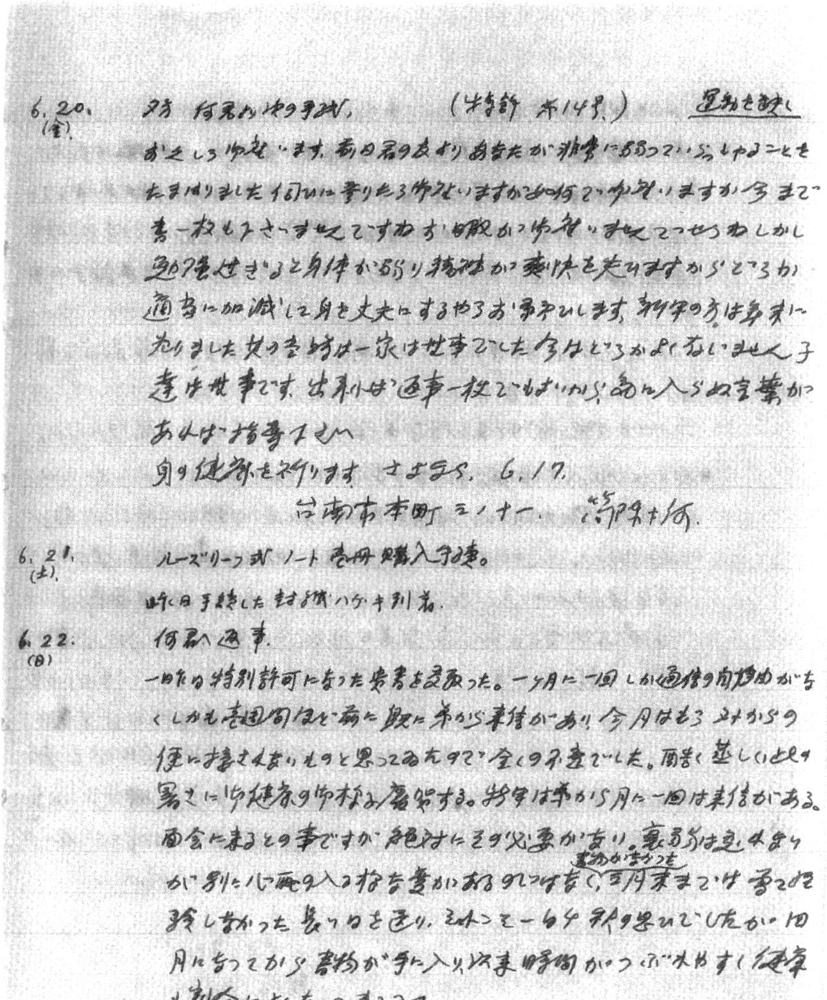
6.20.(金) 夕方 何君よりの手紙。 (特許 第14号) 運動を起し

お久しう御座います。蔡母君の友より あなたが非常に困っていらっしゃることを たまわりました。伺いに参りたう御座いますが如何で御座いますか。今まで 書一枚も下さいませんですね。お暇が御座いませんでせうね。しかし 勉強過ぎると身体が弱り精神が爽快を失いますからどうか 適当に加減して身を丈夫にするやうお願いします。新竹の方は無事に なりました。其の当時は一家は無事でした。今はどうかよくないません。子 達は無事です。出来れば返事一枚でもよいから、気に入らぬ言葉が あれば指導下さい 身の健康を祈ります。さようなら。6.17.

台南市本町三ノ十一。[illegible]何.

6.21.(土) ルーズリーフ式ノート壹冊購入手續。

昨く日手続した封緘ハガキ到着。

6.22.(日) 何君へ返事。

一昨夜特別許可になった書書を受取った。一ヶ月に一回しか通信の自由がなく、しかも壹週間ほど前に既に弟から来信があり今月はもう外からの便に接されないものと思っていたので全くの不意でした。[illegible]く蒸しい此頃の暑さに御健康の御様子を慶賀する。新竹は弟から月に一回は来信がある。面会に来るとの事ですが絶対にその必要がない。衰弱は別にないが別に心配の入る様な事があるのではなく、三月末までは書物が無かったので読書しなかった長い間を送り、それこそ一日千秋の思いでしたが四月になってから書物が手に入り、以来時間がつぶれやすく健康も割合によくなって来ている。

簡吉獄中日記手稿

埋藏七十五年的日記

雖然文字是寫著「審判長面帶微笑」，卻更像是簡吉反諷般的微笑。簡吉用一種橫眉冷對千夫指的姿態，以堅毅的面容，面對了帝國的迫害。

壹

簡道夫小的時候，時常看見母親簡陳何用一個鄉村用方布巾，把一本抄寫的經書，和幾本發黃的本子，細心包起來，放在家裡拜拜的神像下方。即使搬家，丟了許多東西，但這一個平凡的布包卻長年帶在身邊。每天唸經的時候，母親總會拿出來。但簡道夫從來不知道那是什麼書。

簡道夫陪著母親搬過四、五次家。自從父親簡吉在五〇年代白色恐怖犧牲後，母親絕口不提父親的事。他唯一的記憶，來自更小的時候，父親曾抱過他。而家裡，卻因為父親被通緝，遭到好幾次搜查。簡道夫還記得小時候，曾和母親兄弟站成一排，看著前來搜捕父親的人，在家裡翻箱倒櫃。在高雄鳳山老家，父親有一面牆的書，但許多被搜走了，他可能留下的筆記、日記、信件，大都被搜光了。

一九五一年三月，父親在馬場町被槍決的時候，簡道夫才九歲。槍決的事還是大哥簡敬從「新生報」上看到，告訴了母親，才一起北上，迎回父親的骨灰。多年以後，簡敬回憶起當時，母親帶著他坐火車到台北。沿途上，從台南到台北的十多個鐘頭，母親一語不發，抿著嘴唇，凝視窗外。

沒有人知道，她是不是想起十七歲那一年，剛剛結婚的時候，簡吉穿著西裝，戴著圓框眼鏡，那樣斯文而安靜，一個疼愛貧困學生的鄉村教師；或者簡吉為被欺負的農民奔走，成為農民組合的領袖，到處演講奔波，坐了十幾年的牢；還是一九四二年，他剛剛出獄，回到台南度過的三、四年平安的家居日子；或者他在二二八之後，因為被通緝，只能半夜偷偷回家，緊緊抱著剛剛出生的稚子簡明仁，彷彿那是最後的擁抱；或者只是他最後從獄中寫來的信：「有人說，儘管每個人走的路是多麼不同，可是要抵達的地方都是墳場。話是這麼說，而實際上我的生命也到了此。」……

母親到馬場町，只見到父親冰冷的屍體。她是那樣從容鎮定，只告訴簡敬要如何祭拜父親。在白色恐怖的陰影下，為了怕影響孩子的未來，她要簡敬不要出聲說話，只由她去簽字具領屍體，再由簡敬幫忙安排火化的事宜。他們在台北停留兩天，辦完後事，才帶著骨灰，回到台南家鄉。

回到家，她只交待了幾句話，便進到她自己的房間裡，關起了門。然後，簡敬才聽到她那壓抑的哭聲，慢慢釋放出來，變成無法遏止的哭泣……。幾十年為台灣農民奔走而失去的丈夫，那個屬於革命而不屬於家庭的丈夫，如今終於歸來。幾十年的夫妻情分，幾十年的流離受苦，幾十年的思念堅毅，終於決堤……。

從此，她彷彿不曾再哭過。

簡敬還記得母親有過幾次流淚。而年紀最小的簡明仁，他出生於二二八之後第二十三天，對父親沒什麼印象，更不記得母親有過愁容。他只記得母親不太說話，不提丈夫的事，那是一張與世無爭的沈靜的臉。

簡吉和妻子生了五個孩子。前三個是結婚後的幾年，在安定的教師生活裡，陸續生下來的（其中有一個因為生了急病而夭折）。後來為農民運動南北奔走，很少在家，就未再懷上孩子。直到一九四二年，簡吉從十年的日本監牢歸來，才又有了簡道夫和簡明仁。

因為丈夫長年在外奔波，無法照顧家庭，後來又為了農民運動而兩度坐牢，足足十一年的苦牢，母親為了生存，在日據時期就考取了助產士執照。靠著助產士的收入，勉強扶養孩子。生下簡明仁的時候，正是二二八之後，軍隊大鎮壓的肅殺正在全島展開，到處是逮捕和槍決，社會陷入大混亂狀態。簡吉是通緝要犯，也是台灣僅有的兩股武裝反抗力量—台灣民主聯軍和台灣自治聯軍—的領導人之一，正在嘉義梅山一帶，帶著武裝力量逃亡。

在那風聲鶴唳的戰亂時刻，母親無法求助任何人，只能靠著自己的意志力，用助產士的經驗，在台南狹小的房子裡，獨力把孩子生下來。然而，當她用盡力氣，把孩子從子宮裡擠出來，再咬牙為嬰兒紮好臍帶，確定安全無虞，生育的最後力量終於用盡，她竟昏睡了過去。

母親彷彿與世無爭的臉，從不願意談起父親。在白色恐怖的氣氛裡，兩位年長的哥哥因為政治犯家屬，父親是匪諜，工作難找，生計困難。背負這樣的陰影，更沒有人敢和他們多交往。父親彷彿永遠消失了。簡道夫和簡明仁帶著這陰影成長，卻難以知道父親的事。

後來母親皈依佛門，覺得接生的工作老是讓她雙手沾著血污，拜佛不虔誠，她也累了，就決定退休，只是安靜吃素唸佛，就搬到屏東和簡道夫一起住。簡道夫只見她天天把那小布包打開來，拿出經書，安靜誦唸。而那些泛黃的本子，雖然永遠在她的手邊，一起和經書拿進拿出，卻未曾打開過。後來，簡道夫曾打開看，字跡是用日文寫就的，一問才知道是父親的日記。但他並不知道是什麼內容。

在二二八的烽火戰亂中出生的簡明仁，是在唸完交通大學，赴美國唸書的時候，才真正看到父親簡吉的故事。那是關於農民組合、日據時代的反抗運動的記載。但資料非常簡單，他只知道父親為農民奉獻一生，卻還是無法了解那年代父親的真正理想和行動。

後來簡明仁回台灣自己創業，常常回岡山看望母親。一九八〇年，簡明仁事業安定下來，想花更多時間陪一陪母親，決定接母親來台北一起住。但母親北上的時候，不知道為什麼未帶走那個小布包。後來簡道夫也搬家了，丟了許多書和雜物，但他想到母親如此重視那個小布包，就留了下來。

又過一段時間之後，有一天簡明仁突然來電問：「母親的那個小布包還在嗎？」

「還在啊。」簡道夫說。

「我想要用。」簡明仁說。

那時，簡明仁已經是大眾電腦的董事長，事業有成之後，他開始認真研究父親，逐漸了解父親、農民組合以及那時候台灣的生命故事。他也曾找了日據時代的社會運動者如許月里，白色恐怖時期受難者林書揚、陳明忠等一起聚會，想多了解那時代的歷史。

拿到了那些泛黃的日記，簡明仁請人翻譯出來。然後，他才看見父親手寫的日記裡，曾埋藏著多麼壯闊的胸襟，多麼強健的理想，和無法熄滅的人道主義精神。在那日據時代的大鎮壓裡，簡吉被逮捕入獄，卻在法庭上全力申辯，不是為他自己，而是為台灣農民。農民也給了他最熱情的支持。

一九二九年二月十二日的大逮捕（史稱「二一二事件」），共逮捕了農民三百多人，搜查三百多處農民組合支部、幹部住宅，扣押二千多文件證物。但日本殖民政府竟不知道如何定罪名，最後以「違反出版法規」的名義，起訴十三人。為了保護其它同志，簡吉想一肩承擔，把第二次全島大會宣言的印製與發行，宣稱是自己一人所為，與他人無關。但不被法院採信。

一九二九年七月三十日，第一次開庭審判時，整個農民組合幹部、其它團體會員和家屬，將台中地方法院擠得水泄不通。檢察官於是下令禁止旁聽。被告簡吉此時上前質詢說：「審判長，這件事還沒有嚴重到禁止旁聽的地步吧？」

此時，旁聽席上的支持群眾大喊起來：「簡吉加油！簡吉加油！⋯⋯」

八月，簡吉假釋出獄，立即展開重建方針，十一月在台北設立農民組合台北辦事處，以此作為重建的據點。在第二次公審前，簡吉安排了農組的人事與重建工作。他面對司法審判，沒有任何恐懼。所以當一九二九年簡吉被判刑一年入獄時，他彷佛早已有所準備。

那些泛黃的日記，就是他的獄中日記。一九二九年十二月二十日，台灣農民運動領袖簡吉在獄中日記彷彿愉快的寫著：「控訴審（相當於高等法院）宣判。審判長面帶微笑宣判。簡吉，監禁一年。楊春松、張行、江賜金、蘇清江，各監禁十月。……」次日的日記裡寫著：「寄信給娥君、道福君、古屋先生。分發漂亮塗漆小桌，漂亮的塗漆四角盒。漆筷、陶壺、碗、白毛巾各一件。」（註1）

雖然文字是寫著「審判長面帶微笑」，卻更像是簡吉反諷般的微笑。簡吉用一種橫眉冷對千夫指的姿態，以堅毅的面容，面對了帝國的迫害。

而那一個堅毅的微笑，彷彿失蹤在歷史的迷霧裡。歷經了日據時期的幾度搜捕，歷經二二八的戰亂，經歷白色恐怖的搜查槍決，那日記，竟奇蹟般的隨著簡吉的妻子，安靜的躺在經書的旁邊，小小的農村布包裡。直到多年後，才被簡明仁從悄無人知的角落裡發現出來，在二〇〇四年公佈出來。而簡吉的理想和犧牲，那一段被湮滅的農民革命史，才終於讓迷失的台灣人，看見日據時代的真正歷史。

簡明仁和簡道夫都不知道，母親為什麼會保留著這一本日記。是因為這是父親留下的唯一遺物？或者她有一段深埋內心的記憶？夜夜唸著佛經的時候，陪伴在母親旁邊的，是不是日記裡，簡吉那堅毅的面容？那一年，簡吉才二十七歲。那是青春的台灣，理想主義的台灣。一個帝國壓制下的青春面容，在隱藏了七十五年的歲月之後，終於真正綻放。

【本章註】

註1 《簡吉日記》，簡敬、洪智盛、蔣智揚等翻譯。簡明仁提供。

鄉村教師

第一章 ● chapter 1

簡吉長相斯文，戴著眼鏡，像一個下鄉勞動的知識份子。（圖／大眾基金會提供）

正是這個溫和斯文的的鄉村教師，以及全台灣蓬勃發展起來的農民運動，讓日本政府發動了全島性的大搜索。搜查之嚴密，「從屋頂的隙縫，到床底壁角」都不放過。……然而簡吉為什麼消失了？

壹

二〇〇四年，當大眾電腦董事長簡明仁首度公開了他父親簡吉的獄中日記時，七十五年的光陰已經過去了。但簡吉那彷彿革命者的自信與自在，知識份子的安靜與從容，竟有如再生般的重現眼前。

從現存的幾張照片來看，簡吉更像一個鄉村教師，一個面容乾淨的知識份子。他戴著那年代風格的圓框近視眼鏡，穿著西裝，有一點瘦削的臉上，神情專注，線條柔和，一點也不像一個領導兩萬四千農民組合會員，可以動員十萬農民，進行全台灣大抗爭，讓日本殖民政府恐懼到非要全島大逮捕的「農民運動領袖」。

然而正是這個溫和斯文的的鄉村教師，以及全台灣蓬勃發展起來的農民運動，讓日本政府發動了全島性的大搜索。搜查之嚴密，「從屋頂的隙縫，到床底壁角」都不放過。連謝雪紅也受到牽連而入獄七天。其目的，就是想搜出「任何有關共產黨的文件」。

然而，這個傳奇的農民運動領袖，卻彷彿從台灣歷史上消失了。簡吉和那幾萬歷史中有血有肉、飢餓流淚的農民一樣，很少人知道他們的下落。只有在日據時期留下的《警察沿革誌．社會運動》裡，還看得見當年的憤怒與吶喊。然而那是統治者筆下的簡吉，絕對不是台灣農民心中的簡吉，更不是台灣農民真正的歷史。

然而簡吉為什麼消失了？日據時代最有群眾基礎的農民運動，就這樣無聲無息，埋沒在迷霧中？為什麼台灣史裡，簡吉和農民運動的描述如此稀少？少到彷彿只剩下「農民組合」，一個總合式的名詞，卻未曾真切的被刻劃過？為什麼簡吉的日記，要到七十幾年後，都還未得到應有的重視？

從一九二九年十二月二十日寫到一九三〇年十二月二十四日，簡吉的「獄中日記」竟是他留下來的僅存少數文字。

這日記，是用日文寫的。從文字看，簡吉似乎有寫日記的習慣。可惜的是，他歷經多次的坐牢，長期被追捕，家中被多次搜查，所有的通訊、筆記、文件、日記都被搜查一空。只剩下這一段獄中日記，還留下他的精神面貌。

審判次日，簡吉帶著一種平靜的心情寫道：「向娥君、道福君、古屋先生寄信。發給漂亮塗漆小桌，漂亮的塗漆四角盒。漆筷、陶壺、碗、白毛巾各一件。」彷彿他對自己的坐監，帶著一種求仁得仁的平靜。

在一月十日的信中，他還鼓舞農民組合的同志簡娥：「情況愈發複雜化，恐怕會遇到更多困難，而我卻無能為力，每思及此就深感於心不安！但要更好地幹下去。我會經常冷靜、嚴肅和認真地，而且像書中常用的詞語，以我滿腔的熱忱從此鐵窗下寄出！你經常說：『如遇障礙，只會使受障礙的人堅強起來！』『會辦成那種事情嗎？』一切都是鬥爭！但是，不論到任何時候，都不應有厭煩的心情。……不要被環境拖著走，或者缺乏嚴格、嚴肅和認真，要克服自己的一切軟弱情緒。這當然很困難，可是我認為，你應做出最大努力！」（註1）

在被檢查的書信裡，他無法說出真正的想法，只能說「像書中常用的詞語」。那是什麼書呢？只有一起讀書的同志才知道。

然而他在發表於一九二七年七月二十二日《台灣民報》的〈大同團結而奮鬥〉一文中，或者得以一窺他的想法：

「我們必須正確地認識一切事物，不可看見門面的現象，而沒卻了事物的本質，不可只『見樹不見林』。我們必須提高我們的階級意識，而結成廣大的堅固的團結，而進攻呀！大家趕快起來鬥爭，而獲得我們的生存權。日本資本主義要倒了，世界資本主義也要倒了，我們不僅僅是要由教育機關解放出來，而且要由一切壓迫解放出來！」

簡吉的思想，也就不言而喻了。

然而，簡吉的思想是如何形成的？

貳

在簡吉留下的少數照片裡，有一張和父親的合照。簡吉的父親坐在一張竹椅上，上身穿典型台灣衫，下身著黑色長褲，有些破舊，沾著塵土，褲管捲起，長短不齊，腳上穿一雙有些老舊的鞋子，彷彿農事剛剛結束，被叫回來拍照似的；一如那古老時代的照片一樣，面對鏡頭，這古老的農民面容嚴肅，並不露出笑容。他的身後，是面向竹林子，正在吃草的兩頭牛，一個典型的農家生活。

簡吉則是照片中唯一的例外。他站在父親旁邊，戴眼鏡，著灰黑色西裝外套，白色襯衫和白長褲，腳著黑色皮鞋，是一個鄉村知識份子的模樣。從當時背景來理解，拍照非常之不容易，得特地預約，照相館得帶著器材來，全家人有一些準備，並且在一定的記念日子，才會這麼做。而簡吉所穿的白襯衫和白長褲，與他在台南師範學校拉小提琴的照片，幾乎一模一樣。只是加了一件西裝外衣而已。因此，這可能是為了記念簡吉畢業，初到學校教書而特地拍下來的照片。

它透露出簡吉的家，是一個典型的勞苦的台灣農民家庭。他之能成為教師，對一個平凡的農家來說，是莫大的光榮，也是社會地位的表徵。

然而，這個鄉村教師是不能免於勞動的。他一樣得在農忙時下田，幫助農事。有一張照片是簡吉身穿台灣衫，半長不短的農民褲，赤腳，坐在牛背上。和農民的差別是：他長相斯文，戴著眼鏡，像一個下鄉勞動的知識份子。

《獄中日記》裡，他寫道：「從現在開始的確已經是春天。可是我們家的春天則是付出更多的春天！既不能賞花也沒有片刻嬉戲鳥蝶的春天！」

簡吉的祖先來自大陸福建，起初在高雄林園烏龍地區名為「下淡水」的地方落腳，開始了艱難的奮鬥。到簡吉的父親簡明來這一代，總算在高雄鳳山新甲一帶，擁有自己的田產。雖然只是一甲多的旱地和水田，比起貧苦的佃農，家境已經算小康了。因此簡吉和弟弟簡新發才得以進入鳳山公學校就讀。

一九〇三年，簡吉出生在高雄鳳山。日本統治台灣，進入第八年。因為家庭貧困，從小得幫忙農事，他入學比別人晚，到十五歲左右，才從公學校畢業。也因為農事的辛勞，他把受教育、有知識視為生命的恩寵。公學校畢業後，簡吉考入台南師範學校。對當時貧困的農村來說，這有如「家裡了出了一個狀元」般的光榮。

簡吉有一張拉小提琴的照片，拍攝於台南師範學校舊紅樓建築的走廊上。紅磚的長廊，戴著圓框眼鏡，雪白的襯衫和長褲，彷彿沈浸在小提琴音樂裡的神情，怎麼看都不像一個貧困農家的孩子。更何況，小提琴是非常難學的樂器，靠著臉頰、肩膀和身體，去感知音樂的旋律和顫動，而手指的拉動與按弦的輕重，需要非常好的音感，才能準確動人。在那樣的年代裡，為什麼簡吉不是學習其它樂器，而是小提琴呢？是因為它輕便易帶？還是因為它的悠美、纖細、敏感而直入心弦，讓簡吉深深著迷？

這要直到多年後，他在從事農民運動，奔走農村協助農民進行抗爭，卻仍帶著小提琴，才能找到答案。

參

一九二一年，十八歲的簡吉從台南師範畢業，就分發到他的母校鳳山公學校擔任教員。報到第一天，校長為他介紹的時候，所有老師都認得這個幾年前才從學校畢業的學生，看到自己教育的孩子學業有成，老師們都非常高興。簡吉也非常恭敬的對他們執弟子之體。簡吉是學校最年輕的老師，大家都特別照顧他。

唯一和他一樣年輕的老師，是一個台南市來的女教師，名叫陳何。她是獨生女，父母親在台南市區開店做生意，家庭富裕，對她特別照顧，不但讓她從小受教育，還允許她拋頭露面，到鳳山公學校來教書。由於受教育得早，當她開始教書的時候，晚讀的簡吉還是公學校的即將畢業的學生。簡吉因此特別的敬重她。

然而他們畢竟是學校裡最年輕的兩個老師。師長和同事不時的鼓勵他們交往，彷彿把他們視為天生的一對。就這樣，他們自然而然的交往，不久就論及婚嫁了。

婚後，陳何遵循古老的傳統，辭去教職，扮演起家裡長媳的角色。她侍奉公婆，打理家計，養雞餵牛，下田種地。從一個富裕家庭的獨生女，變成一個農婦，她沒有一句怨言。

婚後幾年裡，她生了三個孩子，長子簡敬、次子簡恭，第三個兒子則為了延續陳家的香火，取得簡吉的同意，從母姓，取名陳從。

然而命運只給了陳何四年的安靜歲月。她所深愛的丈夫，畢竟不是一個平凡的生命。當波濤洶湧的農民運動時代來臨，簡吉用他青春勇敢的胸膛，迎向前去！

簡吉只在鳳山公學校擔任了四年的教職。如今的鳳山國小依然在，古老的校園已經改建，但學校所留下的古老記錄裡，竟奇蹟似保留了簡吉做教員時，教職員的名冊。那古老而泛黃的名冊上，用日文寫著當年的大事記，簡吉和陳何都列名其中。雖然只是簡單的記錄著幾年教學，薪俸多少，但那竟是他們青春歲月，在校園裡共事過的唯一見證。

初為人師，簡吉非常認真教書。他看到孩子不用功，孩子家境困苦而無法就學，會難過得流下眼淚。他知道知識才能改變一個人的生命。他的生命曾因此改觀，他也希望農村的孩子都能像他一樣，可以過上新的生活。

然而，簡吉發現，那些衣衫襤褸的孩子，拖著疲憊的身體來到學校時，不是因為一早就起來作農事，已經疲倦得無力上課，要不就是農忙的時候，根本無法來上課。農忙時節，無法上學的孩子尤其多。他們要參與大量的勞動，卻無法得到基本的溫飽。面黃肌瘦的孩子，在課堂上只能露出被生活過早折磨的疲倦。

「問題不是出在孩子身上，實在是農民無法生活啊！」做為農村的孩子，簡吉當然很清楚。

肆

日據時代台灣農民的處境，當時曾來台作調查研究的日本自由主義學者矢內原忠雄在「日本帝國主義下的台灣」一書中，有相當清楚的分析。他認為日本統治台灣，主軸是資本主義化。最重要的項目有三：一，一九〇四年的幣制改革，使台灣一切商品交換、貨幣制度與日本相同；三，一九〇五年的土地調查；三，一九〇八年縱貫鐵路的開通與基隆、高雄二港的築港成功。

其中土地調查的完成，意味著日本殖民政府的三大利益：一，明白地理地形，統治愈形便利；每一個農民都進入警察統治之下；二，整理隱田，使清朝時期，土地關係不明確的土地，歸入日本政府所有，可控制土地面積加大，土地甲數的增加，意味著財政收入的增加；但許多原本農民開墾耕作的荒地、無主農地，成為官有地，農民頓失依所，成為無土農民；三，國土權利關係的確立，交易獲得安全保障，成為資本的誘因，促成日本資本家的投入。而日本發展「糖業帝國」的過程中，資本家卻在官憲的支援、警察暴力的支持下，強迫農民以便宜得不合理的價格，威脅酷迫農民，出租或出售土地，從而取得土地。（註2）

最有名的是「林圯埔事件」。一九一二年，不承認竹山居民的地契舊約，殖民政府將農民歷代開墾的竹林強行讓租給三菱會社，該地居民劉乾結合反對三菱會社的農民起義，遭到日軍的武力鎮壓，八個人被判處死刑。

「官有地拂下（放領）」政策，是另一次強佔。所謂「官有地」實際上是有農民耕作，只是產權未明的土地。台灣總督府為了安撫因人事精簡而退職的人事，並增加日人在台的比例，將此種土地放領給這些官吏。一九二五至二六年間，總督府以預約賣渡的方式，放領了三三八六甲土地。原屬於農民耕作、生活的依靠，頓時失去。（註3）

台灣農民的土地，就這樣被剝削，流離失所，台灣農民隨之「無產化」。其後的糖業政策，則以政府力量，鼓勵農民種植甘蔗。從政策的輔助、土地的用途、水利灌溉的規劃、農地週遭道路的開闢等各方面，讓農民要種植甘蔗以外的作物，都有種種不便。最後只能跟著種甘蔗。台灣形成一個巨大的「糖業帝國」。

有土地的農民無法依照自己意願，種植必須作物，只能種甘蔗，這無異於有所有權，卻無使用權。又因強迫種植甘蔗，農民無法作其它選擇，甘蔗又只能由會社收購，蔗價也只能任由製糖會社宰割。台灣農民不再是傳統觀念下的小農，而更像是製糖會社的佃農、日傭農。即使是有土地，又有什麼用?同時，因甘蔗重量涉及農民收入，糖廠往往苛扣斤兩，藉故扣錢，讓農民損失慘重。農民因此有一句俗諺說：「第一憨，種甘蔗給會社磅」。

矢內原忠雄因此稱台灣農民為「農業勞動者」（即無生產工具與土地之赤貧的農業勞工），其性質，與馬克思主義所分析的「無產階級」沒有兩樣，只是他們從事農業勞動而已。除製糖會社之外，還有在「農業台灣工業日本」政策下，以拓植為目的所成立的會社農場，諸如茶、鳳梨等原料產品。當時台灣農業人口佔五十八%，當然，絕大多數是台灣農民，於是階級問題與民族問題遂重疊交迸，成為台灣民族運動最強固的基磐。

伍

一個善於分析的知識份子如簡吉，不可能不了解問題根源的所在。他一方面在小學裡教書，一方面卻無法解決農村子弟就學的困境。一開始，他或許未能如矢內原忠雄般，從結構上分析，了解民族壓迫、資本主義化與台灣社會矛盾的根源。但他的生活經驗，孩子襤褸就學的痛苦，讓他感同身受。因此，當被壓迫的農民需要幫助而找上他的時候，那存在內心的正義感，便無可遏阻的迸發出強烈的實踐力量。他毅然決然的辭去教職，投身社會運動的洪流之中。

「我在村庄作教員的時候，生徒們概由學校歸家，都要再出田園勞動，因為過勞所致，以致這樣的兒童，雖有往學校就讀，而教學效果往往便失其半。為此我想，在那裡當教員，卻是月俸盜賊。為這樣的原因，而辭去教職。」

這是簡吉在一九二九年，「二一二事件」第二回公審答辯中，所作的陳述。

即使到了二十一世紀的今天，簡吉這一份陳述中，以「月俸盜賊」來批判自己的教職，其中所蘊含的深刻，依然讓人心神為之一震。一個可以平安過日子的教師，一個家族光榮的職業，卻被他自我批判為「月俸盜賊」，這種自省的人格，這種對自己生命毫不放鬆的認真與嚴肅，已遠遠超出一般知識份子的想像！

正是這樣的思想，決定了簡吉人生的道路。

【本章註】

註1 《簡吉日記》簡明仁提供。

註2 見矢內原忠雄著《日本帝國主義下的台灣》，周憲文譯，台灣銀行經濟研究室出版。

註3 見「台灣社會運動史——農民運動」篇，頁51。創造出版社出版。

第二章 ● chapter 2

農民運動的萌芽

簡吉（後排左三）與鳳山公校的教師同仁。

教師在當時是非常受敬重的職業。（圖／大眾教育基金會提供）

簡吉由一個地方知識份子，一躍而為農民的新希望。只要有農民被壓迫的地方，他們就想到找簡吉和鳳山農組，請求協助。簡吉因此到處演講，鼓動人心。

壹

簡吉發起鳳山農民組合抗爭之前，彰化二林已開始有蔗農爭議事件。而這一切又與文化協會的啟蒙運動有關。文化協會的演講，從都市而農村，終於觸動了社會最廣大階級的農民的自我覺醒，才讓最溫和的農民，開始起來抗爭。

根據《警察沿革誌》分析，台灣農民運動的興起，與日本不同，「基於民族主義或階級意識的因素極其濃厚，運動的實際內容也以具有強烈政治色彩為其特徵」。

「自大正十二、十三年（一九二三、二四年）起，突然以此為主題，變成爭議事件，其原因不得不歸諸農民的民族的或階級的自覺，或者是煽動者的介入。而誘導農民的民族自覺或階級意識的形成，造成本島農民爭議的誘因的始作俑者，不得不推文化協會在島內的啟蒙運動。」（註1）

《警察沿革誌》分析，「文化協會本是知識份子的啟蒙運動，創立以後由都市而及於農村。而自從深受內地（日本）或中國無產階級運動影響的留學生等人參加啟蒙運動核心的所謂文化演講以來，逐漸將社會主義影響擴展於本島農村⋯。文化協會會員對於文化演講在地方農村的如此效果大感滿足，益加重視農民煽動與爭議領導，結果徒使爭議趨於尖銳，以致於引起二林事件之類的不幸事件。」（註2）

這一段日本統治者的分析，難稱公允。它對文化協會的階級構成分析，對文化協會的社會影響，及其受日本社會主義運動的影響而走向工農階級，這一部份的描述，是客觀的。但它所刻意忽略的是：恰恰是日本殖民政府的不當政策，在台灣遍地埋下農民不滿的根源；對農民土地的侵奪，對耕作物的強迫收購，對甘蔗價格的強制，讓台灣農村到處是抗爭的「乾柴」，文化協會才能輕易點燃火種。二林事件只是開始燃燒的第一束柴薪。

然而，更不可忽略的是世界大局的劇變。蘇聯革命成功後，以全世界為目標而進行的無產階級革命，不斷推向每一個角落。蘇維埃的成功，讓世界各地的左翼運動勃興。被壓迫的殖民地，殖民地統治下的理想主義知識份子找到新的出路。一九二三年，日本成立農民組合，工農社會運動轟轟烈烈展開。一九二四年，正是中國大陸，國民黨在孫中山先生的領導，進行聯俄容共政策，以工農大眾為國民革命的基礎，成立黃埔軍校，整個國民黨向左轉。

台灣的農民運動是在這樣的大背景下，找到理論根據，並成為有組織，有群眾，有理論，有國際連結的社會運動。

貳

一九二四年四月，二林庄長林爐與醫生許學，就曾向林本源糖廠爭議蔗價；八月，台中州彰化郡線西庄成立「甘蔗耕作組合」，訴求「提高農民地位，增進其利益」；醫師李應章則在二林設立農村講座，為農民運動催生。

李應章不僅是農民運動的催生者，更是文化協會催生者。畢業於台北醫專（前台大醫學院）的李應章，課餘常常閱讀日本大杉榮、山川均等人的社會主義思想書刊，受到全球民族主義風潮和「五四運動」的影響，學生時代就曾籌組反抗日本殖民統治的秘密組織「弘道會」。大學畢業後，一九二一年，他和同學何禮棟在台北籌組「全台灣青年會」，為此向林獻堂募款，從而結識了蔣渭水、蔡培火等人，並接受蔣渭水的提議，把「全台灣青年會」組織擴大，改為「台灣文化協會」，自此，和蔣渭水共同籌組「台灣文化協會」，參與起草大會宣言及大會規則。一九二一年「台灣文化協會」正式成立，李應章當選為理事兼二林地方幹事，開始文化啟蒙運動。若說農民組合運動受到「台灣文化協會」的影響與支持，應不為過。（註3）

一九二五年六月二十八日，台灣第一個農民組合——「二林蔗農組合」成立，公推李應章為組合長，擁有會員四百多人。九月底，二林農民千餘人決定向製糖會社談判，推派李應章為代表。不僅是彰化，十月三日，遠在高雄的鳳山小作人組合發起人會，也召開了。

十月上旬，李應章帶一千多農民和委託書和製糖會社談判，卻由於他的身份是醫生，會社知道他是帶頭的知識份子，如果少了他，農民就沒有知識和能力反抗，所以刻意不承認他的代表性，以「談判代表不是農民」為由，談判破裂。

十月二十一日糖廠派人帶領工人到二林、沙山一帶，強行收割非組合的蔗田，李應章等人勸蔗農採取拒割，進行抗爭，拉開了鬥爭序幕。次日，糖廠由北斗郡派出七名警察和三十名監工，強行收割，蔗農於是以石頭、甘蔗為武器，展開對抗。為了鎮壓農民，兩名警察拔刀威嚇，卻被憤怒的農民奪走。

為此，日本警方認為這是直接搶奪政府的武器。次日清晨，百餘名警察就像對付叛亂者一樣的，團團圍住李應章醫院的蔗農組合辦事處，強行抓走李應章等九十三人。這就是農運史上著名的「二林事件」。（註4）

為了替二林事件辯護，日本勞農黨派律師麻生久來台任一審辯護律師，終於為李應章辦理了假釋出獄。不久，積極參與社會運動的律師布施辰治來台擔任李應章辯護律師。二審判決前，為了推廣農民權益認知，增加農民的團結，簡吉和李應章陪著布施辰治到各地農村演講，一個日本律師為台灣農民組合辯護，當時引起相當大的轟動。（註5）

麻生久與布施辰治來台辯護，到處演講，不僅影響了農民組合幹部的思想與行動，讓他們知道自己不是孤立，而是站在正義的一方，連日本的農民政黨也來聲援了；同時他們也帶來日本農民組合的抗爭手段與方法：如何合法抗爭、尋求法律救援，如何升高抗爭、積極宣傳，擴大群眾基礎，引起民眾自覺參與等。這些都是日本農民運動經驗的傳遞。自此台灣農民組合向另一個階段邁進。

參

一九二五年十一月十五日，二林事件之後，鳳山小作人組合就改名為「鳳山農民組合」，推簡吉為組合長。鳳山農民組合的成立和簡吉的加入，是台灣農民運動走向抗爭擴大化、組織化的轉捩點。

「鳳山農民組合」起源於陳中和新興會社要收回租佃給農民的土地，佃農一旦失去耕作土地，生活頓失依所，因而紛紛抗議。最初並無組織，後來在簡吉等人的指導下，農民團結起來　進行集體抗爭。鳳山農民組合協助當地農民向陳中和新興會社抗爭，協助談判，終於取得勝利，陳中和新興會社同意延後七年收回鳳山街的土地。

和二林事件相較，鳳山農組的勝利，是農民首度抗爭成功。這大大鼓舞了被壓迫的農民，各地農民紛紛邀請簡吉前去演講「鳳山經驗」。自此開始，簡吉由一個地方知識份子，一躍而為農民的新希望。只要有農民被壓迫的地方，他們就想到找簡吉和鳳山農組，請求協助。簡吉因此到處演講，鼓動人心。從一九二六年開始，鳳山農民組合組成演講隊，分赴農村演講，以期喚醒農民的抗爭意識，宣傳抗爭經驗。被壓迫的農民只是抗爭的乾柴，簡吉有如在農村到處點燃農民運動的火種。

總而言之，社會運動的興起，與當時社會條件有關。如果缺乏社會矛盾與衝突，就算有許多蓄意挑釁，也無法形成風潮。但僅僅有社會矛盾是不夠的。它頂多就是變成個別的、地方性的、此起彼落的社會衝突。真正要形成有組織、有力量的社會運動風潮，需要的是「職業革命家」。也就是將社會運動的理想，當成生命志業而獻身的人。

李應章是一個醫生，他具有革命理想，但無法脱離職業的束縛。其它文化協會的幹部，又大多為文化人，關注重心在文化啟蒙活動。此時，簡吉的出現，恰恰填補了這個需要。他以一個受地方敬重的鄉村教師身份，投身農民運動，成為全職的革命家。

簡吉有如帶著火種的普羅米修斯，在農村點燃革命的火把。

著名的例子是一九二六年九月二十日晚上，在鳳山郡大寮庄翁公園陳慷慨宅的聚會。根據《警察沿革誌》記載：

「當時，糾合農民三百餘名，舉辦了未經核准的集會。警官聞知後立即趕往現場，命令解散。不料，當夜在解散路途上，簡吉、黃石順在同地蔡招賽宅集合農民七十名，評論二林騷擾事件，贊揚李應章為首的二林蔗農組合幹部的行動，並協議對新興製糖公司發動蔗價提高運動。

翌日，簡吉等人復在上述蔡招賽宅舉辦農民演講會。此次雖經報備，但參加大眾三百餘名對於昨日的解散命令猶憤怒不已，責備警官的態度，而且簡吉的演講中亦多有偏激言詞。於是警官命令簡吉停止發言，並命令集會解散。不料與會者三百餘人堅不解散，留在會場，促其回家則藉口賞月或乘涼而不理會。欲拘捕為首者則全體同時站起，表示奪回被拘者的姿勢，且高聲騷亂，情況極為險惡。簡吉等人擔心二林事件之覆轍，一方面安撫眾人，一方面向臨檢警官致歉，好不容易才相安無事。

高雄州廳接獲此一情況的報告之後，鑒於事態的性質與將來的取締，認為應予以相當處分，於九月二十三日檢舉簡吉、黃石順、張滄海、陳糊、蔡技仕、洪勤、林堂等七名加以偵訊，結果得知黃石順除外的六名犯人有對被告人賞恤（日本早期刑事法中規定不得對被告予以獎賞或接濟）、違反治安警察法（未申報集會、違反解散命令及妨害公務執行）等罪，證據充分，解送所轄檢察局，而均予處罰。」

《警察沿革誌》如此寫著：「鳳山農民組合的鬥爭大有成果，對於本島各地的農民大眾影響甚大。簡吉、黃石順亦自此遇有農民爭議便與該地指導者積極連繫，支援其爭議，且至各地慫恿農民組合的成立，奠定了台灣農民組合的基礎。」（註6）

肆

一九二五年的「官有地拂下」政策則是促成農民進行串連，成立全台組織「台灣農民組合」的導火線。

所謂「官有地」實際上是農民早已耕作的土地。以大甲為例，它是二百五十多年前就由來台開墾的祖先從事耕作。清朝時期，政府承認其所有權，交付田契、契單等證件，令其繳付租稅。日本殖民台灣後，總督府予以調查，依舊承認其所有權，且予課稅。但約於一八九七年、一九一一年、一九一二年的幾次大洪水，將土地沖走流失，致荒蕪一片。因此政府視之為荒地，免除了租金。原有的土地所有人為了重新開墾整理，千辛萬苦，建設堤防，種植草木，歷盡艱難，才在荒地上恢復耕種，成為良田。但這些所有人多次申請賦予所有權，政府卻以開墾不足為由，駁回申請，或者對申請不理不睬，毫無下文。

不料到了一九二五年，因「行政整理」，淘汰了許多官吏，日本總督府竟以「撫慰官吏，令其長住台灣，促進台灣人之啟發與內台人融洽，且開發未墾林野而策進工商繁榮」為理由，從農民手中奪取土地，給予退休官吏。農民被剝奪生存依據，向當地郡守陳情，但都沒有下文。此時文化協會在各地的演講中，不斷鼓勵農民起來抗爭，而農民組合，尤其是鳳山農組的抗爭成功，鼓舞了農民，各地陸續發生爭議事件。而簡吉則成為他們求助的最主要對象。簡吉也毫不保留的前往支持，作策略指導與演講，帶領他們起來抗爭。

根據統計，當時爭議土地有十幾處，包括了：

台中州：大甲郡大肚庄大肚，台中市旱溪，台中州大甲郡大甲街日南、後厝、六塊厝、大安庄牛埔。

台南州：虎尾郡崙背庄沙崙後，虎尾郡崙背庄麥寮、興化厝，東石郡義竹庄過路子。

高雄州：鳳山大寮庄赤崁字潮州寮田同郡同庄溎潭，屏東郡六龜庄六龜。

在這十幾個爭議地之中，就事件規模與鬥爭內容看，最重要的是台中州大屯郡大肚庄、台南州虎尾崙背庄，以及高雄鳳山郡大寮庄等三地。

此處特別要說明的是大肚的爭議。它不僅是農民組合成立的地方，更由於趙港與簡吉的關係（他們二人在日據時期都已加入了台共），成為台灣反抗者的根據地。一九四七年二二八事件後，謝雪紅逃亡之時，就是在大肚農民組合幹部的安排下，以貧困農民的家為掩護，躲了一個多月，後來才赴高雄，轉而流亡廈門。這也見證了農民組合與台灣反抗運動，有多麼長遠的革命情感與歷史淵源。

伍

大肚的「官有地拂下」政策下，受影響的有四十八甲之多。當地本有七十三戶農民已開墾耕作。一九二五年十二月三十日，六名退休官吏獲准放領該地後，當地開墾農民即推派三名代表向大甲郡守陳情，主張對該地是關係人，應取消退官人員的放領核准，由農民承領。但日本政策已定，郡守請農民再與退官人員交涉，重新訂立租耕契約。這等於是農民由土地開墾者、土地所有人變成日本退休官吏的佃農。這如何接受？

為了安撫農民，當時郡守開出的條件是：農民接受每甲十元的補償金，土地所有權歸退休官吏所有。但大部份農民無法接受。在趙港的領導協助下，農民開始組織起來。趙港又求助於鳳山的簡吉。事情有了轉機。一九二六年四月二十六日，簡吉與趙港二人到台北總督府，對內務局地方課長以及一名秘書官陳情，要求取消放領予退休官吏，而改予農民。陳情毫無結果。

就社會運動的角度看，向政府陳情只是行動的開始。它是要讓農民對陳情、對總督府的同情，不再懷抱希望，如此可以讓抗爭更具正當性。因此一返回大肚，他們立即著手展開農民組合的設立運動。六月六日，大甲農民組合就在大肚庄媽祖廟舉行成立典禮，趙港擔任委員長，陳啟通任庶務股長，趙欽福任會計主任。會中並通過了簡吉所擬的綱領規章。

依據《警察沿革誌》記載：「大甲農民組合成立後，該地的土地爭議益趨活潑，六月二十一日，趙港動員了會員八十餘名，以向州知事陳情為辭，擁往台中市的州廳示威，與文書課長見面，陳情取消對退官人員的放領，而放領予當地民眾。又為使此一運動擴及全島，與簡吉等共商對策，企圖統合各地農民團體而組成台灣農民組合，將全島的土地爭議由台灣農民組合接手。同年七月十六日總督更迭，再度發動請願與陳情運動。詳言之，七月二十五日，台中、台南、高雄三州屬下退官人員放領土地關係民眾代表趙港以下十三名前往總督府，訪見內務局地方課長而縷縷陳情，翌日進而訪問總督官邸，向秘書官陳述請願主旨，接著訪問文化協會理事蔣渭水、連溫卿，在彼等支持之下，當晚假港町文化講座舉辦由黃石順主持的農民演講會，郵寄了呈交總督的請願書十六份後各自回家。

同年十二月十日，趙港再度率領會員五十名做示威遊行，向台中州廳陳情。接著在台灣民報社台

中支局的黃周宅，經過黃周、簡吉與趙港的協議，訂立將本案請願運動進而提呈總督以及內地中央政界的計劃。」（註7）

台灣農民運動由地方性的局部爭議，一躍而為全島性社會運動。當然與日本的壓迫有關，但簡吉居中串連，將各地經驗傳遞，作各地農民運動的協助者、指導者，卻起了關鍵性作用。而它的總體戰略也非常清楚：不要被侷限為地方事務，而要由地方爭議，向其它地方延伸，使衝突逐步擴大為全島性的影響。而其手段，就是以請願和陳情運動為名，走向公開的、正面的群眾組織和集體抗爭。

像前述台中、台南、高雄三地的「退官人員放領土地關係民眾代表十三人」之赴總督府請願，是一個擴大影響、升高衝突的方式，他們當然知道不會有答案。所以往下的行程已經安排好了：接著訪問台北的文化協會理事蔣渭水、連溫卿，在港町文化講座舉辦農民演講會，向群眾作訴求。

戴著眼鏡，看起來非常斯文的簡吉，此時已成為農民革命家。而且，在日據時期，他是唯一的「職業農民革命家」。他沒有別的職業，唯一的工作：農民運動。

「據大甲支部長趙港的侄子趙清雲先生的回憶：『當時在大肚的緣故者（開墾無主地的農民），差不多百分之七十都是趙家人，所以港叔和三伯（趙欽福）奮起領導大家抗爭。不久之後，簡吉就來到大肚協助我們。大甲支部位於大肚街上，旁邊有一條碑圳。每當簡吉來到組合的時候，附近的農民爭相走告說：「簡仔來了！簡仔來了！」村裡的農民都很尊敬他，我們年輕人更佩服他。簡吉隨身總攜帶著一個裝得滿滿的公事包，裡面全是資料及書籍，他從皮包中取出各種資料詳細告訴大家，他們在鳳山的抗爭經驗及如何與製糖會社對抗的情形。處於農村，缺乏資訊的農民都聽得大感興趣而不肯

離去。』」（韓嘉玲，《播種集》）

【本章註】

註1　見《台灣社會運動史——農民運動》篇，頁42。創造出版社出版。

註2　見《台灣社會運動史——農民運動》篇，頁43。創造出版社出版。

註3　見《台灣農民運動先驅者——李偉光》。海峽學術出版社。李偉光，即李應章，因參與革命，而改名李偉光。

註4　見《漫漫牛車路——簡吉與台灣農民組合運動》，大眾教育基金會出版。

註5　同前註。

註6　見《台灣社會運動史——農民運動》篇，頁50。創造出版社出版。

註7　見《台灣社會運動史——農民運動》篇，頁55。創造出版社出版。

第三章 ● chapter 3

台灣農民組合的成立

日本律師布施辰治（右）來台為二林事件公審辯護時，
簡吉（左）為他安排巡迴演講。（圖／大眾基金會提供）

簡吉奔走的地方，簡直到了驚人的地步。……這樣的活動量和組織能力，在資訊發達的今日，或許不難。但在通訊困難，只能靠人面對面去聯絡，而交通又極為不便，只有鐵路、少數的公車和腳踏車的當時，若不是有極大熱情，堅毅的體能和意志力，是無法支撐下去的。

壹

有一件不能忽視的抗爭，是竹林事件。此事的重要性，在於它橫跨三十五年的反抗史。一九一二年的林杞埔事件，它是台灣農民武裝抗日運動的據點；一九二六年的竹林抗爭事件後，它是台灣農民組合運動時的地方支部；光復以後，一九四七年的二二八事件，在國民政府軍隊鎮壓全台之際，反抗民眾更在此地成立了武裝基地，名為「台灣自治聯軍」，與埔里的「台灣民主聯軍」相呼應。張志忠是「自治聯軍」司令員，而簡吉則是政委，也就是「自治聯軍」的最高領導人。其後，這裡成了共產黨的重要支部，與鹿窟、阿里山等地一樣，是地下黨的武裝基地。白色恐怖肅清時，此地也成了「重災區」。

橫跨近四十年的歷史，貫穿了武裝抗日、農民運動、二二八、武裝鬥爭等，這是追索台灣史最重要的線索。但一切源頭，還得回到當年農民運動。因此，此處先由「林杞埔事件」和「竹林事件」說起。

「竹林事件」的地域橫跨日據時代的台中州竹山、台南州嘉義郡梅山一帶，佔地遼闊，總面積有一萬五千六百餘甲。當地民眾是在康熙年間，自福建移民而來，經過歷代的開墾種植，竹林不斷繁衍蔓延。當地民眾有結伴入山，共同分享竹林資源的習俗。長期以來，民眾認為那是大家共有的財產。清朝時期，無人去爭取竹林的所有權，因而就沒有地契的存在。

日本殖民政府實施「資本主義化」政策中，關於土地的部份，有三大政策：土地丈量，整理隱田，和開發山地林野。土地丈量後，確立了土地為旱田水田等的性質，用黃仁宇的話說，就可以在「數字上管理」，既可預估收穫量，殖民政府更可藉以抽稅。所謂「整理隱田」其實就是把清朝時期所有權原本不甚清楚的土地，稱為「隱田」，因為無所有權，就由政府收歸國有。政府可以分配給退休官吏，或者分配給日本大企業去開發。（註1）

至於「開發山地林野」則是鑑於台灣山地太大，有必要將森林資源好好開發，但日本殖民政府不太了解山地狀況，漢族亦了解有限，所以就由日本人類研究者先進入山地林野之中，試圖以人類學研究為名，派出調查團，清查並記錄台灣山地的原住民族人種、文化、語言，配合的調查團還有經濟研究者和資源調查。這並不是日本殖民政府所獨有，而是十八、九世紀、二十世紀初，世界殖民帝國侵略時，都會做的事。人類學調查有什麼用？可以透過原住民語言了解當地民族、經濟、文化、生活等現狀；同時透過當地居民，最能了解當地的自然資源、氣候變化，以及潛在的可開發資源。開發山地林野政策在一九三〇年引起了「霧社事件」，而整理隱田則因為強佔私有地成「官有地」，引起農民運動。

貳

此處所談的竹林，地處台中竹山、嘉義梅山一帶，恰恰是原住民和漢族混居的地方，他們地契不清楚，佔地又遼闊，在清朝時期並未去登記所有權。既是「隱田」，又正好是「山地林野」，日本殖民政府自然將之視為公有地了。

一九〇八年，殖民政府為產業開發目的，決定從事該竹林的調查整理。它採取兩面手法：其一是宣告民眾未具土地所有權，但繼續准許當地民眾利用竹林，以緩和矛盾；同時以保護繁殖及經濟利用為理由，認為在當地民眾的配合與官廳的主導下，設立紙漿工業最適宜，乃決定交由三菱合資公司擔任開發任務。

三菱製紙廠即在警察的強權庇護下，侵佔該山地並大舉採伐竹木。

依賴這些竹林維生的住民約有五千五百戶，二萬人左右，他們無以維生，立即陷入困境，問題十分嚴重，遂向「總督府林野調查會」提出抗議，要求總督府把土地放領給從前就具有生產聯帶關係的附近住民。為了敷衍，「林野調查會」向當地御用紳士調查，而御用紳士言論一向只是日本人的工具，就故意回答說，本地人可自由進入山林採伐。如此一來。居民生計困難的問題就變成不存在，政府乃對抗議置之不理。總督府則更為理直氣壯，強硬的答覆必得依照所發命令執行，且命令警察從嚴取締。庄民求告無門，憤恨到了極點。

一九一一年，三菱公司依據與總督府的契約，在嘉義廳轄內的縱貫鐵路林內站前，設了製紙工廠，開辦企業，社會矛盾日趨尖銳，民怨已近爆發邊緣。它在等待一個「點火人」。這個點火人，在中國傳統民間社會，往往是帶有神道色彩，流浪在鄉村的知識份子，身份可能為和尚、道士、算命人等（如西來庵事件的余清芳）。劉乾正是這個點火的人。

參

劉乾是一位居住在南投廳沙連堡羌仔寮庄（南投縣鹿谷鄉），他家道清寒，靠占卜為生。在地方上頗受敬重。他曾被日警侮辱，被沒收卜筮工具，是以對日本警察四處欺壓庄民，恨之入骨。為了閃避日人，他遷居大安山居住，結庵禮佛。有時下山，他常住宿于信徒林逢的家裡。平時除了宣傳神佛信仰之外，也常討論日本政府的種種惡行，向大眾灌輸台灣民族思想。

而在南投廳大坑庄中心崙有一居民，名叫林啟禎，平時依靠採竹木而經營製紙業。一九一〇年四月，林啟禎照常上山伐竹時，被三菱製紙廠的巡視員發現，當場被抓到警察派出所。警察毆打他，導致他身負重傷。附近村民平時就被欺負，此時藉著林啟禎大聲叫屈，大吐苦水，聲言要討回公道。林啟禎也把遭警察欺侮之事向劉乾訴苦。劉乾見抗日時機成熟，乃決定發動起義。

一九一二年三月二十三日（大正元年）拂曉，以劉乾為總指揮，參與起義的人員有林啟禎、林慶禎、劉賜、蕭知、蕭溪、黃邱、張祿、楊振添、張桂、林助等人。憤怒的村民襲擊頂林(竹山鎮頂林里)警察派出所，距離林杞埔（今之竹山鎮）約有五公里。駐在此地的兩個日人警察飯田助一、川島與川及一個台灣人巡查捕三人皆當場被殺。頂林派出所已告全滅，庄民信心大增。劉乾想乘勝追擊，再襲擊林杞埔支廳。劉賜乃率一隊直奔林杞埔。但這些無組織、無訓練的起義庄民，在尚未到達林杞埔時，由庄人林玉明告知日本的武力遠遠超過所了解的。他們才了解武力對比懸殊，不敢正面交戰，一些人有怯意，決定散去。劉乾知道庄民害怕，無法再戰，也匿入山中。

不久林杞埔支廳知道頂林派出所被襲，立即派遣警察隊並發動保甲壯丁團在頂林庄中心崙展開嚴密逐家逐戶的搜索。當地成年男子怕遭魚池之殃，全數逃離。當日在頂林庄只有捉到沒有逃亡的劉賜及蕭知二人。同時日本南投廳也派出警察大隊及壯丁團入山搜索。至三十日被捕抗日義民共十二人，當場被殺一人。四月十一日宣判劉乾等抗日義士八人被判死刑者，一人無期徒刑，三人有期徒刑者、無罪一人。

反諷的是，三菱公司因計劃發生錯誤，原料的桂竹產量不足，紙質也不如預期，產品粗劣而收支不相抵，宣告投資失敗，於一九一四年宣告停辦。距離林杞埔事件，只有兩年的時間。

企業雖然停辦，但三菱可沒有放棄對竹林的經營。它知道農民心中不滿，三菱也難以管理，所以轉而投資於不必花什麼成本的「竹林的增殖與林相的改善」。究其實，所謂「竹林增殖」就是向總督府申請模範竹林的「預約發售許可」，將竹林明訂權利地域，以「預約發售」的方式和老百姓簽約。一九一五年，總督府簽約許可，竹林有九千甲、原野約六千甲。一萬五千甲的地，就這樣劃為三菱所管轄，並且依此和當地民眾簽約。

至於製紙用的桂竹採集、筍干用筍採集、桂竹林承租、竹林買賣經營等官府核可的事項，則要與三菱簽約。契約為期十年，由一九一五年至一九二五年四月六日止。由於規定了「當地人民的共同自用竹林及竹筍，任其無償採集」，等於不必付費而可以使用，大部份居民同意的簽了約。

這是一個緩兵之計。由於簽約，居民等於承認了三菱的實際所有權，只要十年一到，就得和三菱繼續簽約，才能再使用。這樣，就等於業主權是三菱所有了。不管如何，當地民眾與三菱相安無事的過了九年。（註2）

肆

但到了第九年，事情就複雜了。此時文化協會的思想啟蒙，正在全島各地激盪，竹林民眾因為生計受壓迫，對文化協會的民族主義與反抗意識，感同身受，乃起而抗爭。當地民眾認為，如果三菱取得土地的「業主權」，以後的契約就不會如此寬鬆，以往的有利契約，勢必更改。他們先提出，應在三菱取得業主權之前，雙方談好條件，簽訂協議；也有人提出三菱要拿出替換的土地，才可以繼續簽約。總之，民心開始動盪了。

自此，由當地的保正帶頭，向三菱事務所要求遵行有利的契約，但三菱不答應。他們向總督府申請將業主權直接撥售給保甲。從一九二四年七月開始，在地方保正帶領下，有時上百，有時數百人到總督府陳情。名為陳情，實際上有時是刻意聚眾示威。

到了一九二五年，契約期滿的當天，抗爭趨於激進，竹山庄發動拒繳租稅課賦，宣傳抗拒保甲義務，本省人讀的公學校發動罷課。其後不僅向台中州警務部長陳情，更動員四百人到竹山郡役所示威。四月中，聽說大正天皇的第二子秩父宮殿下將蒞臨，還以竹山全體關係人的名義，寫陳情書，並企圖散發詳記居民困苦生活的傳單。（註3）

可以想見，這一切行動早已脫離「林杞埔事件」的農民起義，而是近現代性的社會運動模式，這絕對不是地方農民的知識足以形成，而是文化協會在背後指導的結果。

由於事情無法解決，民眾不滿加深，農民運動逐漸興起。到了一九二六年，當時是農民組合長的簡吉和竹崎庄農民林龍等聯絡，擔任竹崎的鬥爭指導，事情立即起了本質的變化。為了強化地方群眾鬥爭意識，一九二六年七月為迎接日本勞動總同盟幹部麻生久來台，簡吉安排他到各地作演講，而竹崎也是演講活動重點。當天，麻生久極力鼓吹設立農民組合，以進行有組織性的鬥爭。九月二日，在簡吉、趙港蒞臨指導下，真武廟舉行嘉義支部支部成立大會，組合員有七十多人。自此，竹林的所有問題，與農民組合統合起來，一切民眾運動皆在農民組合的統合指導下，作全盤開展。（註4）

自此，竹山地區的反抗由最早的武裝暴動，轉為現代性的群眾階級組織，它不再被孤立於荒山之中，而是與全島連結，成為農民運動總體戰的一環。

在回到簡吉的故事之前，我們不妨將竹林事件的結果，預先做一個交待，好讓故事有一個完整的輪廓。

農民組合嘉義支部成立後，竹林爭議日趨尖銳。一九二六年十一月，皇太子朝香宮莅台時，企圖以三十三名當地關係人的名義，向皇太子直訴。而且刻意不理會契約時限已過，仍舊進行竹林採伐。

民情繼續擾攘，農民組合運動不斷升高。不是只有竹林一地，還有中壢、台中、曾文、高雄、屏東等等。總督府為了降低衝突，逐步解決，決定採取兩面手法。一方面，總督府在一九二八年三月以「違反森林法」的名義，檢舉了二十六名竹林關係人，結果他們都被課以三至四個月的徒刑。然而，反諷的是，以「違反森林法」的名義檢舉，恰恰證明了日本政府與三菱公司對此地並無「業主權」。

而在另一方面，則是軟化的一面。在竹林問題上，總督府發表了解決的條件是：保管竹林以時價之三成計價，成功期間定為五年，准許售予關係各庄。庄方應自獲准之日起，令一向之保管人承租竹林，成功期間屆滿後，則按時價格之六成五分讓給售予關係承租人。」這是比較寬鬆的條件，比當初三菱公司的條件好多了，它等於承認了承租人的優先權利。但農民組合仍無法同意。

農民組合認為竹林是農民的傳統生產領域，不需要政府同意。有些地方的農民較為軟弱，而同意簽約，但小梅、竹崎兩庄的農民依舊不肯簽約。一九二八年五月八日，總督府決定對抗爭者「檢奪彈壓」，展開搜查，並隨後動員一百多名警力，四出逮捕。最後檢舉妨害職務者九名，違反森林法者十五名。

當地農民在雙重壓制下，只有逐步簽約。但反抗的意識卻未曾停息。後來的「赤色救援會」，這裡是簡吉群眾基礎最堅強的大本營。二二八時，小梅基地是台灣自治聯軍的武裝基地。這裡有堅強的反抗傳統，歷史悠久，遠遠超出人們的想像。

伍

一九二六年，簡吉奔走的地方，簡直到了驚人的地步。

他協助成立的農民組織，就有台中大甲農民組合、雲林虎尾農組支部、台南曾文農民組合、嘉義農組支部等。這樣的活動量和組織能力，在資訊發達的今日，或許不難。但在通訊困難，只能靠人面對面去聯絡，而交通又極為不便，只有鐵路、少數的公車和腳踏車的當時，若不是有極大熱情，堅毅的體能和意志力，是無法支撐下去的。

《警察沿革誌》曾分析：「在全島各地反對將土地放領予退官人員的運動過程中，與日本農民組合、勞動農民黨建立了連繫，尤其為二林事件而來台辯護的麻生久、布施辰治的協助與啟發，逐漸走向左傾農民組合的形態，同時增強了結合為全島性的統一農民團體的機運。」

曾在一九五〇年代白色恐怖時期，因下營案而坐牢三十三年的洪水流先生，對童年時代所參與的農民組合運動，有非常鮮明的記憶。這也是現今留下來關於農民組合運動最完整的「現場報導」，那也是日據時期台灣農村最真實的寫照，值得細細去品味當時的情境。

「大約是一九二六年，我唸小學四年級時，有一天下午三點放學回家，走到農民組合下營支部長張行的哥哥開設的雜貨店前，那裡已經聚集著四、五十人，正圍觀著插在店門口一面迎風飄揚的紅旗子，那旗子紅底上有一根甘蔗、一根禾稻，根莖交叉枝葉向上，兩邊彎成橢圓形，甘蔗枝幹一節節，蔗葉綠色，禾稻枝葉也是綠色，稻穗穀粒是金黃色的，甘蔗與禾稻的中間橢圓形裡面，是一把鋤頭和一支鐮刀，鋤頭柄和鐮刀柄也是交叉的，下面十個白字『台灣農民組合下營支部』。

那是下營支部長張行拿回來插上的，大家圍在那裡議論，都說那旗子做『農民組合旗』很合適，又很美麗。最初農民組合並沒有固定的集會所，組合員都到張行的哥哥店去，所以旗子就插在店門口。後來組合成員日多，在雜貨店做生意處集會不太方便，張行和組合成員就另找了一個集會所，在往頭港路邊，距離張行家約三、四戶人家的兩間房屋，組合旗插在那裡，日夜都有組合員在那裡聚集，尤其晚上都擠滿了人。那時農民組合發展迅速，不多久那兩間房屋又容納不下了，每夜組合成員都站到外面路上，一遇到下雨，大家都淋成落湯雞似的奔跑回去。

於是集會所又換到姜姓的公厝去，公厝的門楣上掛一塊『台灣農民組合下營支部』。公厝有庭院，房子較大，前面是大馬路。下營支部遷到公厝時，組合員已經相當的多，下營差不多有半數的人都加入了，於是設立了青年部和婦女部，每晚七至十點，有好幾十個青年男女，也有老婦人，都聚在公厝學漢文及農民歌曲。漢文教的是平民課本及平民千字文課本，平民課本第一課是：『來來來，來讀書，來識字，不讀書，不識字，苦一世。』平民千字文課本有國父孫中山先生的像和傳略，也有中華民國國旗，是五色旗，青紅黃白黑，象徵滿漢蒙回藏五族共和的中華民族，那些書有喚起民族覺醒的作用。

教唱的農民歌曲有七字四句的歌仔戲調，也有喚醒台灣民族覺醒的曲子，我記得有支曲子是〈六月割稻〉，歌詞為『六月割稻真辛苦，點點汗珠滴落土，田頭家啊快活收租，哎喲，哎喲……』平舖直述，言簡意駭，男女老少一聽即懂，人人隨學隨會，牽牛割草的牧童都會大聲的唱。

教讀漢文、教唱農民歌，經常被日本警察干涉，尤其是農民歌謠最為日警忌諱，一九三〇年以後，農民組合雖遭壓制而被迫解散，但是只要有人唱農民歌曲，刑警就十分注意。

家父也買了四冊平民課本給我，我雖沒有參加農組的讀書會，有時也偶爾去旁聽一下，他們所學的漢文我都會了，漸漸對中文發生興趣，心想我們既是中國人，要學中文才是，學日文幹嘛？

平民課本、平民千字文課本聽説是從上海買來的，也買回了好多以國父孫中山先生的肖像為標幟的「中山」牌火柴，下營支部也拿了十箱（一箱兩百封）來推銷，賣給組合員一封（十小盒）五錢；當時店舖賣的日本製猴標火柴，一封賣七錢。『中山牌』用起來和猴標的一樣好，火柴支數也比猴標多一些，所以銷路非常好。農民組合原計劃從上海批更多的貨來賣，下營支部也計劃設立購買部，但是日本統治者不准農組發展到有經濟來源，於是海關禁止大陸的貨物進口，購買部的計劃也就胎死腹中。

日警對農組壓制很大，一切都很不如意。青年部和婦女部教讀漢文，唱農民歌經常被日警干涉，來參加的人常被叫去派出所或抓去檢束。」(註5)

陸

有感於各地農民組合組織增多，有需要建立一個全島性的組織，來團結農民，聯合力量，交換經驗，共同抗爭，依據簡吉、趙港等的提議，一九二六年六月二十八日，於鳳山召開「各地方農民組合幹部合同協議會」（合同，閩南語的意思即會合），討論此一問題。參加者有來自大甲、曾文、嘉義的代表共十人，由簡吉、黃石順提議設立「台灣農民組合」，結果無異議通過。

震撼日據時代台灣史的最大社會運動組織「台灣農民組合」，捲起大時代的風雷，宣告踏上歷史舞台！

一九二六年八月，台灣農民組合章程以猶如經大會決議而成的形式，分發各地。九月二十日，設本部於鳳山街縣口三五〇番地，並決定十月於鳳山舉辦創立大會。但因9月下旬發生鳳山支部組合員於陳慷慨宅的治安警察法違反事件（這是日本總督府有意的壓制政策而製造的事件），而未舉辦成立大會。但台灣農民組合等於宣告成立了。

台灣農民組合的第一屆幹部名單如下：（註6）

中央委員長　簡吉

中央常任委員　簡吉、陳連標、黃石順

庶務部長　陳連標
財務部長　陳連標
教育部長　簡吉
爭議部長　黃石順
調查部長　簡吉

這是初步成立的陣容。一九二七年九月中央常任委員改選，陣容擴大為：簡吉、黃信國、黃石順、趙港、侯朝宗、陳德興、陳培初、謝神財。中央的事務分擔則是：

簡　吉　組織部長　台南州駐在
陳德興　教育部長　台南州駐在
謝財神　爭議部長　台中州駐在
黃石順　調查部長　新竹州駐在
黃信國　財務部長　台南州駐在
趙　港　統制部長　本部駐在
侯朝宗　庶務部長　本部駐在
陳培初　顧問書記　古屋律師事務所駐在

陳　結　本部及法律事務所助理

由於時間倉促，台灣農民組合成立時，未及寫下創立宣言和綱領。但《警察沿革誌》卻認為，設立大甲農民組合時，所發表的綱領與創立宣言，應是由簡吉所草擬。當時台灣農民組合尚未與日本勞動農民黨、日本農民組合取得連繫，它代表了簡吉與台灣農民組合在從事農民運動之初的思想；也是台灣農民組合的第一份宣言。組合的綱領與宣言如下：「

《大甲農民組合綱領》

增進我們農民的知識，砥礪其技術，涵養其德性，以期農村生活之樂利與農村文化之完成。

我們依靠互愛互助的力量，相輔相成，以期農村生活的提高。

我們農民秉持穩健踏實，採取合理合法，以期達成共同的理想。

〈組合之主張〉

交易合理化

全台灣農民組合的奠定

台灣自治制度的訓練

農民教育的發達

農村文化的開發

〈組合宣言〉

農為國本，為古今東西洋，均無可否認的真理。蓋因一國的貧富，工商的盛衰，實有賴於農業的強盛，貢獻不少之故也。如今世人視農業為卑賤，貧者依賴他人之門閥而不顧隸屬，富者則弱肉強食，唯利是圖，掌握利權，吸民膏以自肥，圖私利以殘民，毫無福利均霑之念。於是，農民的疲弊，農民生活的降低，日甚一日，不堪設想。世人又將此歸因於農民自取其辱，譏為無知所致，予以輕視侮蔑嘲笑，予吾人以最大恥辱。嗚呼！他是人，我也是人，豈可忍受？吾人為國家發展經濟，為社會謀求安和，維護秩序，為吾農村則謀農民福利，每念及此，夙夜憂慮，雖無奈亦緘口無言，徒然掩面痛哭。職是之故，吾人召集同業，崛起而組織農民組合，以應時勢的要求，改革積弊，謀求吾人知識的增進，改善耕約以期改善生活，復興我農村等，為根本方針外，別無他意。

請看國際勞動會議，它保障吾人的團結自由。意即敦促農民的覺醒與奮發，捨此無他。時勢已不能允容優勝劣敗，亦不容許吾人的束手無為。凡我同業同志，但願為提高吾農村的文化而奮起直前，藉親睦互助以冀免於沈淪，則家邦幸甚，亦為吾人幸甚！」（註7）

這一份宣言，反映了簡吉早期的思想。他是為農民抱不平，為農村的衰落而奮起，為社會的貧富不均，農民所受的不平等待遇起來反抗。樸素的農民思想，以及為農民爭團結權的理念，表露無遺。但他在實際的社會運動中，經歷前所未有的打擊與迫害，卻愈挫愈勇，最後成為農民運動的戰士。

或許是考慮到到簡吉是領導者，台灣農民組合本部設在鳳山。簡吉任中央委員長。

在簡吉留下的少數幾張照片裡，有一張是和布施辰治、李應章、謝春木等人的合照。照片中人都衣著整齊，神色安定。有一種革命同志一起奮鬥的精神。另有一張照片恰恰形成強烈的對比。

那是和李應章在一九二七年四月二十日午後十時所照的，上面的説明文字特地註明：「二林農村演講被檢束紀念攝影」。那應該是簡吉應邀到二林演講，被日本警察制止檢束後，於夜間所照。照片裡，簡吉戴著一頂帽子，上身著西裝背心，寬鬆的長褲，皮鞋上沾滿灰塵，雙手放在背後，整個人看起來風塵僕僕，面色嚴肅，彷彿還在抗議著被檢束。而李應章則身著長類似醫生的長白袍，彷彿剛剛從醫師的診療室走出來，來不及換好衣服，就衝去和簡吉演講似的。他雙手插腰，目光直視，唇角下抿，非常不馴的憤怒著。

在他們的身上，在塵土飛揚的農村奔波演講的辛勞，不斷和日本警察的檢束抗爭的憤怒，在眼神中，如實的保留了下來。一個時代的兩個知識份子，為農民並肩作戰的情義，彷彿超越時空，見證了一個時代，最有尊嚴的容顏。

當時的農民組合受到多大的歡迎，農組時代還是小孩子的洪水流，老年曾如此回憶：

「大約是一九二七年的農曆正月初一至初三，白天台灣農民組合開大會，夜晚辦演講會，那時是下營支部發展最蓬勃的時候。

當時下營沒有大的建築物可供作開大會的場所，遂在茅埔窟北面，借一塊約可建五、六間平房的寬廣的空地，做為開會場所。那裡離我家只隔三間房子而已。會場於過年三、四天開始佈置，張行叫組合員每天二、三十人輪流搭建，他們從廟裡借三台戲棚皮搭做會議講台，會場四周圍約一丈距離，豎立一排竹柱，把竹柱劈開，用以夾住稻草或甘蔗葉，再用竹篾縛草片圍起來。會議席位是用兩根竹子橫放，再以兩塊磚墊高，打樁絞連緊紮，會場上面則是架著帆布蓬及許多打穀桶覆蓋，遮遮太陽而已。

元旦那天學校放假，天亮吃過早餐後，我就跑去茅埔窟邊玩，才進入大會場就看見三、四個小朋友在台上蹦蹦跳跳，弄得戲棚板呼崩的響。我也跟著上去玩，看見附近的大人帶著小孩在會場裡來來去去，鑾熱鬧的。不多久，許多組合員抬來了好幾張桌椅和長板凳，分別擺放成議長席、來賓席、臨監官席及旁聽席（日本官方要來旁聽）。張行哥哥的店裡一位長工拿來很多糖果，分成好幾盤放在來賓席的桌上，他一邊問：『那邊臨監席、旁聽席要不要放糖果啊？』那時已有好幾個警察巡查進來，有人故意大聲的說：『看日本臭狗子吃不吃？』

組合員陸續來了，張行和順治君及三、四個樣子很斯文的人進到會場，有人拿農民組合旗掛在中央議長席後面。很多日本警察、巡查都進入會場，一個警察對著我們說：『那些囝仔統統趕出去，大人要有農民組合員入場券才可留在會場，沒有的也都趕出去。』

兩三個巡查立即來趕我們，我們對巡查說要留下來看開大會，巡查說囝仔不可以留在會場，全部出去，我們被趕出來後，仍留在茅埔窟邊看熱鬧，人陸續而來，有的站在會場外。警察、巡查佈滿會場，隔著三、四丈就站立一個警察或巡查，入口處有一位警官帶著二十個刑警在查驗組合員的入場券，沒有入場券的一概不准進入，許多人被阻在門外，他們趁巡查稍不注意，撥開當圍牆的稻草，鑽個小洞溜進去，我也如法泡製跟了進去。

會議場內到處都是密密麻麻的人，張行站在議長席上講話，左右兩旁有數不清的日警監視和記錄著。我站在權充椅子的竹槓上，四周人群擁擠，不到三、四分鐘，一位巡查就過來把我硬拉出去：『不能偷進來，出去！』

中午休息時間我又偷跑進去，裡面有三、四十個青壯年人，他們在翻閱用白報紙書寫的大字，一個識字的大聲唸出來：有農組的工作報告、三菱及三井的竹林問題、鹽埕問題、煙酒專賣問題、地主對佃農收租問題、勞工勞動時間問題……等等。

中午休息一小時後，警察又來清場，組合員也陸續又來了，如同早上一樣驗入場券。下午議場內人更多更擠，因為外莊的組合員也趕來參加了。

夜晚八點的演講會不需入場券，任何人都可以去聽，六點多會場內外就擠了好多人，七點半警察、巡查也都來了，在入口處見到小孩就說：『囝仔不要進來，會被擠死，萬一發生事故踩都被踩死了。』

八點時，張行帶著農民組合及文化協會的知名人士進入場，一大群的臨監官、警官、刑警也跟著魚貫而入，聽眾自四面八方擁集而來，會場容納不下，裡裡外外都是人。

演講開始，掌聲震天價響，我硬從草牆中擠入會場內，在擁擠的大人縫隙中聽演講。

『咱台灣的農民兄弟姊妹說起來實在很可憐，從天亮做到晚，三餐吃蕃薯簽，配醃瓜、豆醬，穿粗布破衫褲，住破舊的房屋。咱每日做十五、六個小時，但是收成統統被政府扣重稅，被地主重稅剝削走了，使咱不能贍養父母，養育妻兒，生活很艱苦。咱農民的子弟無力去接受中高等學校的教育，這是為什麼呢？這就是日本帝國主義的殖民地愚民政策，他們要咱做牛做馬當奴隸，咱憨憨一直做，做給他們吃喝享受。』

臨監官立即喊：『注意！』可是聽眾的掌聲雷動，演講者又繼續講：『這是日本來台灣硬佔台灣人便宜，譬如說，同樣是在工廠做工，日本員工做的工作比台灣人輕鬆，他們一天工資兩元多，咱台灣人任最高級的員工，比他們能幹，工資還不到八角，大多數中級員工六角、五角，而粗工只有兩三角；錢賺得比他們少還要看他們臉色，仰他們鼻息，為了討他們好還得請喝酒、送禮！這實在太不公平！而且還要受他們支配欺壓！』臨監官又喊：『中止！』，他下台，立刻又換一個上去講。

演講內容各式各樣，大都強調日本人與台灣人之間的差別待遇和日本政府對台灣同胞的剝削和壓制。

有一個演講者說：『日本到台灣來硬奪去咱祖先開墾的土地，他們用各種名目把台灣人耕種幾代的土地，放領給日本的退休官員，硬奪去幾千甲土地，使台灣幾千戶人家失去田園，沒有土地耕種無以為生，日本政府這樣欺壓台灣人，比強盜土匪還野蠻。』

另一人上台又說：『……製糖會社的大資本家與台灣總督府勾結，為他們劃定會社的專利權區域，給予會社的經濟壟斷，剝削蔗農，在會社專利區域內種甘蔗，蔗農不得外賣，也不能私自製糖，連自己吃甘蔗都不行，蔗價也由會社自訂，會社自設秤量，很不公道。蔗農與製糖會社爭議，會社即利用警察，把蔗農抓去關。』他說地方警官不為地方人民的利益著想，反而被會社收買了去，成為製糖會社資本家的看門狗。

還有許多人輪流上去演講，說了很多地方所發生的問題，批評台灣總督府的專制、資本家的剝削橫蠻，真是一言難盡。

儘管警察一再壓制，但是所有聽眾都鼓掌叫好，大快人心，每人都百聽不厭，越聽越喜歡；我覺得聽演講會比任何好看的歌仔戲還要扣人心弦，具有魅力。

日據時代對農曆年不太注重，學校只放一天假，初二、初三白天上學，晚上就去聽演講，使我對日本起了反感，而只要去聽農組和文化協會演講的人，不論老少婦孺都和我有同樣的感受。」（註8）

【本章註】

註1　見矢內原忠雄著《日本帝國主義下的台灣》，周憲文譯，台灣銀行經濟研究室出版。

註2　見《台灣社會運動史——農民運動》篇，頁60。創造出版社出版。

註3　見《台灣社會運動史——農民運動》篇，頁62。創造出版社出版。

註4　見《台灣社會運動史——農民運動》篇，頁65。創造出版社出版。

註5　見韓嘉玲《播種集》，自費出版。

註6　見《台灣社會運動史——農民運動》篇，頁69。創造出版社出版。

註7　見《台灣社會運動史——農民運動》篇，頁74。創造出版社出版。

註8　見韓嘉玲《播種集》，自費出版。

第四章 ● chapter 4

帶著小提琴的革命家

許多農民追憶起簡吉，都不會忘了提他的小提琴才藝。（圖／大眾基金會提供）

有許多夜晚，簡吉從農村歸來，滿臉的塵土和風沙，全身大汗，扶著腳踏車，喝一口水，說不到兩句話，他就說：「快累死了，得回去休息。」就回到農組辦公室。然而過了一陣子，農組的辦公室那邊竟傳出小提琴悠悠揚揚的琴音。

壹

在布施辰治來台演講的照片中，有一張攝於基隆聖公廟的照片，純樸而貧窮的農民聚集在廟口聽演講。而有些照片的背景，則看起來像是農家的曬穀場，藉此聚會演講。

農民組合的演講現場如何呢？洪水流有非常鮮活的回憶：

「阿貴和我是鄰居，他大我三歲，當時已經畢業一年多，以前還沒有畢業時，我們每天都是一起上學。有一天晚上，我們一起去聽演講，廟前人山人海，演講台前後都站滿了人，我人太矮小，在人叢中鑽來鑽去，什麼也看不見，後來鑽到一個同學父親開的店前廊下，和那位同學站在長板凳上，才看見講台。演講台中央有一張桌子，有個人站在桌前演講，右邊也有一張桌子，戴金黃色帽子的臨監官和通譯官，及三名記錄警官坐在那兒。那時我還是個子孩子，為了好奇湊熱鬧，頭一次去聽演講，並不注意演講人說了什麼，只聽到大家頻頻鼓掌。當時還沒有電燈設備，講台點著電土（乙炔石）火，四周昏黑一片。在黑暗中忽而會有手電筒的閃光這裡那裡的閃著，我聽到旁邊的人說舉手電筒的是日本警察，他們在照認誰去參加演講集會。

我在長板凳上站了約七、八分鐘，當群眾正熱烈鼓掌時，突然聽見臨監高喊：「注意！」那演講者稍微回過頭去看了一下，又轉過來繼續講，兩、三分鐘後，臨監官又喊：『中止！』演講者便下台去，立即又換上一人繼續講，不到幾分鐘，聽眾又是掌聲雷動，但是臨監官又大喊：『中止！』演講者在聽眾的掌聲中猶有未盡之言，不肯下台，警察便上去把他強拉下去，而立即又有一人上台繼續演講，但這時台下一陣騷動，警察把剛剛被強制下台的演講者抓走了，說他違規，應予檢束。

之後，連續又有好幾個人沒講幾分鐘就被中止，最後警察命令中止演講會，解散聽眾。但是聽眾正聽得起勁，餘興未盡不肯散去，許多人高聲喊：『再講，再講，不要散去！』臨監官遂叫巡查用台語宣佈：『臨監官大人說叫大家解散回去睡覺，若不散會要抓你們去檢束。』台下立即有人高喊：『要檢束，要關人，大家統統讓你們抓去關好了！』有許多聽眾任憑警察巡查怎麼恐嚇也不肯散去，但也有一部份走了。當聽眾與警察相持不下，陣陣騷動時，在人群中我突然找不到阿貴了，卻遇見了一位熟識的鄰居，便和他回去睡覺。

第二天下午放學回來，聽見父親和一位叔叔聊天，才知道昨晚發生的事情。原來演講會被迫停止之後，聽眾不肯散去，於是警察集中站在講台上，不讓人再上去演講，人便漸漸散去了很多，最後只剩下兩百多人。聽說四人被抓去檢束，張行與眾人商量決定帶人去麻豆曾文郡役所討回被抓去的人。張行顧慮路途遙遠，便叫老弱者先回去睡覺，留下約一百多人去麻豆包圍曾文郡役所，到麻豆已經十二點多，半夜裡突然去了那麼多下營農組的人，不但使曾文郡役所上下大為驚慌，也驚動了麻豆街上還沒睡的居民。麻豆也有農組的組員，均趕來助威，人潮越聚越多，把曾文郡役所團團圍住，結果郡守和警察只好讓步，把抓去的四人放出來；一行人等回到下營，還在廟前下營派出所門口放鞭炮。

來回走那麼遠的路，好些人腳底都起了水泡，有幾個外地農組和文化協會的人趕來聲援，他們都是斯文的留學生，穿皮鞋的腳都磨起了水泡，跛著腳走不動。有兩個女的，一位叫玉蘭，一位是葉陶，她們脫下皮鞋拎著走，而被赤腳的農夫開玩笑說：我們種田的赤腳漢比讀書人的腳勇！」（見韓嘉玲《播種集》）

葉陶，就是當時被稱為「土匪婆」的農運女戰士。因為參加農民運動，她與另一位農民運動的年輕人楊貴談戀愛。楊貴，就是後來著名的作家楊逵。

從一個廟口到另一個廟口，從一個曬穀場到另一個農家，從一場檢束制止，到另一次抗爭。設想，當時農民是如此貧困，怎麼會有錢贊助到處奔波的車費？一切經費得自籌，而這一切，只有求助於當時的台灣知識份子和醫生。知識份子家庭一般是地主，還有一點錢可以贊助。像霧峰林家，就是贊助者之一。在簡吉的要求下，謝雪紅就曾為了農組的經費問題，求助於林幼春等地主和一些醫生，為農組募款。

貳

回到當時時空，一個交通極端不方便，只有火車、公共汽車、自行車和徒步的時代，簡吉和農民組合的幹部，竟可以在經費困難、交通不便、日本憲警到處搜捕的條件下，籌組起全台灣農民組合的組織，全島二十七個支部，會員達到二萬四千人，這只能說明當時日本式政府的壓迫是如何全面，而簡吉和農民運動者的對抗意志力，是何等驚人！

更特別的是：簡吉在這一段時間裡，以高雄、屏東為基地，進行農組的組織工作。根據當時參與農組的周甜梅（她與後來擔任過嘉義市長的張許世賢是同學，許世賢是台南第二高女第一屆，她是第四屆。許世賢的女兒張博雅，後來是她的媳婦，她在二〇〇四年受訪時，已經九十五高齡）回憶，當時簡吉都是騎著腳踏車，從高雄鳳山來到屏東市，再以屏東市的一處農組的辦公室為中心，到附近的農村如萬丹、萬巒一帶去演講辦活動。

當時的農民還是非常恐懼日本政府的高壓統治，除了土地被日本政府侵害才起來反抗的人之外，大部份農民不太敢出來參加演講。反而農村的年輕人比較有勇氣，願意來參加。

在屏東的日子裡，簡吉常常白天出去，晚上才回來農組辦公室休息。次日一早，又出門去了。簡吉的交通工具就一輛腳踏車，在農村的牛車路上奔走，從屏東到另一個村子，一次來回就是十幾二十公里，中間又要演講，為農民排難解紛，處理爭議，其辛苦不難想見。但簡吉卻是以此為職志，日復一日，在路上奔走！

「台灣人，一點血，一點淚。」八十年後，周甜梅還記得那時候，簡吉總是這樣說。

「台灣人，唐山移民來台灣，兩手空空，靠兩隻腳，一雙手。一塊土地啊，一粒稻米啊，都是血汗，都是眼淚。日本人什麼都不管，來了就搶。台灣人，真可憐。一點血，一點淚。」簡吉說法，總是讓周甜梅夫婦深深感動。

當年屏東農組的辦公室就在她家對面，他先生和簡吉感情很好，簡吉來屏東，就住在農組辦公室裡，常常會過來喝茶聊天。有時從農村回來，累了一天，會順道過來打個招呼，喝杯水，說兩句話，再回去休息。周甜梅夫婦都欽佩簡吉，他們知道當年的老師，可以戴上象徵榮譽的官帽，還可以佩帶一把劍。在農村，那是一種地位，一種權力的象徵，簡吉卻拋下了「權力之劍」，帶上他的小提琴，在農村流浪奔走。

她記憶最深的是，有許多夜晚，簡吉從農村歸來，滿臉的塵土和風沙，全身大汗，扶著腳踏車，喝一口水，說不到兩句話，他就說：「快累死了，得回去休息。」就回到農組辦公室。然而過了一陣子，農組的辦公室那邊竟傳出小提琴悠悠揚揚的琴音。

周甜梅不懂小提琴，不知道那是巴哈的「協奏曲」，或是柴可夫斯基的「悠揚的慢板」，或者是「流浪者之歌」，她只知道那音樂雖然好聽，但簡吉不是騎了幾十公里的路，累得快死了，怎麼還在拉琴呢？

她和先生跑去問道：「你剛剛不是累得要死了，怎麼還在鋸呀鋸的，鋸個不停呀？」

「不是啦！」簡吉自己也笑起來，說：「你們不知道啊，如果我不拉，那才真的會死呢！」

「不拉怎麼會死？」周甜梅覺得這個人真是怪，不休息才會累死！

「你不知道啦。我啊，不拉小提琴，才真的會死呢！」簡吉依然笑著說。

「好啦，好啦。我們知道了。你就早早休息吧！」

即使年紀九十五歲了，周甜梅依然記得那些安靜的農村夜晚，那個白天在牛車路上奔波，為農民拚命，從事農民運動的革命者，夜晚卻拉著小提琴，讓南方農村的星空下，飄浮著悠揚的樂音。

塵土飛揚的牛車路、貧困而荒涼的農村，無告的被壓榨的農民、粗礪的食物、彷佛永遠踩不完的腳踏車之路，簡吉奔波演講，組織起台灣農民第一次的反抗運動。

這是革命者的外在生活。但社會運動者的內心深處，那最細緻而幽微的人性裡，是一個人的音樂之愛。小提琴樂音悠揚纏綿，要靠靈敏的音感，掌握演奏時的樂音。它需要靈敏的手指，準確的耳力，和細緻的心的感覺，讓臉頰貼著小提琴，去感知和表現出它的美。那是細緻的音樂。而簡吉，白天是牛車路上的革命家，晚上卻是一個細緻的音樂家。那麼大的反差，卻融合在一個生命裡。

然而，從更深層來看，這音樂之愛和對農民之愛，外在形式雖然如此不同，然而，在本質上，卻是同一種生命氣質。它更像是鏡子的兩面，映出簡吉的內在靈魂。

參

要和日本殖民政府鬥爭，台灣農民不能只關起門來自己反抗，而是要學習其它地方的農民運動經驗，和其它國家的殖民地反抗理論與實務。對台灣農民來說，他們生活太貧困，知識能力太少，更沒有機會讀書學習。此時，唯有靠簡吉、趙港這樣知識份子，才能打開知識之窗，開啟下一個階段社會運動的道路。

在農民運動的抗爭經驗裡，「台灣農民組合」的成立，只是完成了初步的組織工作，對簡吉來說，下一個階段如何繼續下去，讓農民運動延續生命力，才是一個最困難的課題。

擺在眼前的課題是：如果農民的反抗，永遠沒有結果；如果日本殖民政府的壓迫，永遠有效；如果農民人微力弱，反抗只會帶來更嚴重的鎮壓；如果農民組合不能帶領農民反抗，並在反抗中得到一部份的勝利，為農民爭得權益，則農民組合會逐漸冰消土崩，一步步被殖民地政府瓦解掉。

但如果要繼續抗爭，台灣農民首先必須打破現在的孤立處境。因為，台灣總督府對農民的鎮壓，是採取「關起門來打狗」的方式，讓他們有苦無處說。農民組合，要打出一道缺口。

一九二七年二月二十日，簡吉和趙港為「土地拂下」和「竹林爭議」，一起赴日本東京，參加了日本農民組合第六回大會。他們直接拜訪首相、農相、議員等人，向帝國議會請願。但沒有人接受。只有議員清瀨一郎於三月十二日向眾議院提出請願書。雖因政府官員不出席，未獲得任何結果。然而，這一次日本行，不僅目睹了日本風起雲湧的農民運動，同時拜訪日本農組與勞農黨，與日本左翼團體建立結盟關係。日本社會運動健將十三人包括布施辰治、古屋貞雄等人，都允諾擔任台灣農民組合的顧問。（註1）

為了保存這一段珍貴的歷史，我們還是記錄下他們的請願書內容。

「有關台灣之土地放領案」的請願書要旨如下：

敬請取消由台灣總督府已放領及擬放領予台灣之退職官吏及製糖公司、政商及其他人員之現由農民耕作中之大肚庄田二十五甲、地二十五甲（以下列舉二十五所田地面積）之處分，並為現時耕作中之開墾者分別設定所有權。特此請願。

理由

農村之盛衰攸關國家者至大，故我政府現設種種法律，以謀凋弊農村之救濟對策。基於此旨，特此提出請願。

竊前載之土地及竹林係耕作人之祖先於二百數十年前從事開墾耕作，清國政府承認其所有權，交付田契、契單等證件，令其繳付租稅。於改隸我領土之際，總督府予以調查，依舊承認其所有權，且予課稅。然而右列土地中，田地於明治三十年（一八九七年）左右以及明治四十四、五年（

一九一一、一二年）兩次，因洪水而流失荒蕪。因此政府將此視為荒地，准其免租。爾來各緣故者（原所有人）歷盡辛苦，種植草木，建設堤防，投入大量勞力與資本，致力於開墾整理，結果始得復田，呈現今日面貌。其間緣故者多次申請賦予所有權，但政府均以開墾不足為理由而駁回，間亦有全無任何下文者。不料，台灣總督府於大正十四年（一九二五年）之行政整理後淘汰多數官吏，為撫慰此等官吏長住台灣、促進台灣人之啟發與內台人融洽、且開發未墾原野而策進工商業繁榮等為理由，由農民手中奪取前列土地給予退職官吏。

其次，關於竹林，於明治四十一年（一九〇八年）二月，政府命令當地緣故者攜帶印章向所轄警察官吏派出所報到。及緣故者集合指定地點時，當時之斗六廳長聲稱轉達總督之命令，告以：

「汝等之竹林發育極佳，其美冠於全島。故此次總督府為保育此竹林，決定編列為模範竹林。此乃汝等之光榮而有利於汝等之處亦大。雖予編列，竹林之採伐生產仍為汝等之自由，毋須憂慮。總督府並為褒揚及獎勵汝等世代致力栽培之辛榮，特此決定發給補助金。」語畢，即令部屬警員取出預記地址姓名之字紙，促令各人蓋章。然緣故者有所不安，均躊躇不前，於是警官施以各種恐嚇、暴行與威壓，強令其蓋章，對仍予拒絕者則以筆舌難以道盡之苛酷殘忍之態度予以監禁，強制其蓋章。然後政府藉模範竹林之美名而沒收此一竹林，標木上墨跡未乾，即交予政商三菱。

伏維前記土地與竹林，第一為耕作者承自祖先之遺產；第二為洪水後流失之田地得以復田如今實有賴於現行耕作者之開墾努力，第三為以往多次向政府申請賦予所有權，第四為此等土地均為緣故者獨一無二之生活資源。倘或政府奪此而交彼政商、退職官吏，則緣故者立即無以為生，將陷入攜帶妻小徬徨街頭之慘境。反觀退職官吏之流，大體擁有律師等相當之職業地位，且享有年金終身俸之特典。受請參酌前述情況，特加研討，惠予裁定如請願要旨為禱。謹此請願如上。」

簡吉和趙港的日本行，打破了台灣農民組合的孤立，和日本農民組合變成革命同盟軍，為下一個階段農民革命，奠定良好的外部支持基礎。

肆

謝春木在《台灣人的要求》一書中指出：台灣農民組合受日本農組影響不小，尤其簡吉、趙港在日本，學習到不少日本的鬥爭手法，如：排除使用陳情請願這種溫和手段，而採取直接與地主交涉談判，拒繳租金，隱藏已收割的稻作，竊回被扣押的物品，設立假債權等等。簡吉與趙港到處演講《日本農民運動》《日本農民組合》等為題提供日本鬥爭經驗，讓一九二七至一九二八年的農民運動，邁向新的高峰。（註2）

這一趟行程，也讓簡吉認識了日本律師古屋貞雄。古屋貞雄晚年留下一篇介紹他自己和他在朝鮮、台灣見聞的文章，這是他留下唯一一篇回憶。其中談到他是如何來台灣的：

「一九二八年（昭和三年），三一五事件後，我又去了趟漢城。乘船回來時，我驚奇地發現老婆和孩子都在下關等我。我本來是準備從下關回東京的。他們的出現使我驚訝不已。他們異口同聲地說：「現在回東京有危險，碰巧台灣有人邀請，索性去那裡為好。我於是聽從決定，即刻帶著家眷前往台灣，一直待到第二次世界大戰結束。

邀請我去台灣的那個人的姓名我記不起來了，是一位出身農民而當過教師的人（這個人是簡吉——作者註）。據說，他一直在從事農民運動，但力不從心，要求幫忙。

因台灣製糖會社搶奪土地，與庶農發生了多起糾紛。各地的農民組合相繼出現後，在台中一家劇場開了統一大會。農民運動急需一位律師來為它辦事。

這裡曾發生過兩起所謂本島人『共產黨事件』。

第一次因當局沒找到證據，只好罷手。第二次謝南光和楊春松被抓了起來。謝南光從台灣高等師範畢業後，到《新民報》擔任記者。楊春松是從事實際運動的。他被判了五年徒刑，謝南光被判了十年徒刑。因謝南光患了肺病，三年後我便設法讓他逃回到大陸。

另外，在三井財團占有的竹山發生的農民抗租運動，機器工會向廠方要求支付工人工資的鬥爭等，曾發生過多起，但都遭到了當局的鎮壓。對霧社蕃人事件（一九三〇年，即昭和五年十月）的鎮壓尤其殘酷，當局把一個部落的人通通殺絕了。

我在台灣時，自由法曹團的許多人都前來幫我。布施先生在我來台前曾為二林庶農組合事件來過一、兩次，在我赴台後也來過兩次。記得水谷長三郎和上村進也來過兩、三次。

大約在一九三〇年（昭和五年）左右，台灣總督府下了一道命令，要我離開台灣。我就嚇唬他們說，我背後有自由法曹團的支持，如果趕走我，就會有一百個經驗豐富的強有力的律師同時站出來，那時你們怎麼辦？最後還是沒敢讓我離開。當然說一百人是有點誇張。」（註3）

此處有一點奇怪的地方，依據《警察沿革誌》的記載，古屋貞雄律師是於一九二七年五月四日首度來台，在全島各地舉辦演講，二十二日返回東京。復於七月四日再度來台，在台中開業當律師，從事農民組合的指導以及有關農民爭議的民刑事案件的辯護與爭議指導。但他的回憶卻說是一九二八年「三一五事件」之後，因回東京危險才來台。時間點上的不一致，讓人非常疑惑。

但再參考《警察沿革誌》所記載他參加了一九二七年十二月四日，在台中市樂舞台召開的台灣農民組合第一次全島大會（見下一章），當時應是警方、特務雲集監視，詳記各地來參加者，以便日後追查搜捕，錯誤的可能性相當低。所以此處較有可能是古屋貞雄的記憶有誤。或者，不無可能是，雖然在台灣開業，但他曾回日本（參加勞農黨的會議，或任何原因），剛好碰上三一五事件，又轉赴漢城開會，或聲援韓國農民運動（這在當時是平常的任務），所以帶了家眷回到台灣。只一年內的差別，記憶交錯，很可能讓古屋律師的時間感混亂了。

古屋來台後的影響，《警察沿革誌》有清楚的記載：

「他又致力於台灣農民組合陣容的擴展，整頓及其戰術訓練，將勞動農民黨的思想背景與戰略戰術，原封轉讓於台灣農民組合。因此古屋來台之後的台灣農民組合顯著增強了階級鬥爭色彩，具有濃厚的政治鬥爭傾向，又採取暴露戰術，經常對大眾加以宣傳、煽動、挑撥農民的不平不滿情緒，遇事則每每動員多數農民大眾，藉陳情、請願之名，行示威之實，如提出抗議書，頒發偏激文書指令，與島內各思想運動團體形成聯合戰線，與島內外友好團體的合作等等，皆全力以赴。」

古屋貞雄也是一個農民的孩子，他是如何開始成為日本「自由法曹團」的律師呢？由於他對台灣農民運動貢獻，此處實應加以介紹：

「我是在一九二一年（大正十年）自由法曹團成立時當上律師的。在此之前，我在家鄉的山梨縣從事農民運動。一九二〇年（大正九年）信州（長野縣）和甲州（山梨縣）降了一場大霜，把桑樹通通凍得漆黑枯死了。這一帶農戶是靠養蠶為生的，他們為此分文未得。可是契約書上卻明文規定，不管是否有天災人禍，田租必須如數交納。不少農戶為了交納田租，只好出賣女兒或讓兒子去當傭人。那時我還是明治大學的學生，覺得不發動農民運動展開抗租鬥爭不行，於是在山梨縣的農村到處演講，進行鼓動。這樣，一九二〇年在我家鄉的村鎮成立了田租組合。由於大家都遇到同樣的困難，田租組合似野火春風般地迅速在全縣內推廣開來，並成立了縣級聯合組合。所以，我只上了三天大學，實際上一直在從事農民運動。儘管如此，如果交不起田租，兩年的契約過後，土地還是要被沒收的。請的律師只是沒完沒了地要錢，卻不為農民辦事。於是我自告奮勇，決心當律師，為農民辦些實事。結果，我真的考取了律師資格。

我在演講上說，土地是日本領土的一部分，它不是地主所有的，而是屬於日本的，應由全體日本國民有效利用。那是大家都很贊成我這樣的說法。

自從當了律師後，我一直只為農民和工人辦事。」（註4）

伍

當然，農民組合不是孤立的社會運動。就日據時期的社會運動來看，這一段時間也正是「文化協會」發展達於高峰的階段。

文化協會自一九二一年成立以來，為啟發民智，舉辦一系列文化啟蒙活動，例如發行《台灣民報》，設置讀報社，開辦講習會，開辦夏季學校，舉辦演講等等。一九二三演講次數僅有三十六次，聽眾人數二一，〇八五人，至一九二六年，演講次數不斷上升到三一五次，聽眾人數一一二，九六五人。影響力日益上升的同時，內部政治意識也不斷激進化。

根據矢內原忠雄的研究，農民組合的演講與組織，受到文協的影響非常大。然而，隨著文化協會的發展達於大盛，內部開始醞釀路線之爭，尤其世界性的左翼運動，讓文協的穩健派與激進派逐漸分歧。一九二七年一月三日，文協終於宣告分裂。舊幹部如蔣渭水、蔡培火等人退出，另組台灣民眾黨，服膺孫中山的三民主義。而連溫卿、王敏川等激進左派幹部主導的文協，則走向激進的共產主義運動，無論行動或言論，都進入全面抗爭時期。（註5）

日據時期的台灣社會運動可分為政治團體與階級團體，文化協會與台灣民眾黨屬於政治團體，而階級團體則有農民組合與台灣工友總聯盟。有關工業勞動者的社會運動，起因於台灣人工資與日人工資的差距，往往達一倍以上，同工不同酬，引起勞動者的不滿。

至一九二七年止，全島各地有機械工、鐵工、木工、石工等各種工友會的成立。一九二八年二月成立台灣工友總聯盟，計有會員六千三百多人。工友總聯盟的背後指導者是台灣民眾黨的蔣渭水等人。由於蔣渭水服膺孫中山先生思想，其會章也是以中國南京總工會為藍本，而指導精神則是得自三民主義。

在兩個政治團體與階級團體之間，文化協會與農民組合結盟，台灣民眾黨與工友總聯盟結合。文協與農組以共產主義思想為主，並容納無政府主義思想，對外則是與日本的勞動農民黨建立結盟關係。而台灣民眾黨則是以個人名義與日本國會議員介紹結合。二者的分道揚鑣，意味著台灣社會運動團體的分裂。此後，左翼運動愈發激烈起來。

簡吉發表於一九二七年七月二十七日《台灣民報》的「大同團結而奮鬥」一文，就帶著當時鮮明的左翼色彩：

「日本資本主義，和世界資本主義一樣，在沒落的過程中。牠因為想延長其餘命，於是對於台灣露骨地進行著更強度的榨取。為要完成這種榨取，要延長這種榨取，於是用盡一切欺瞞政策、陰謀政策、加以壓制，橫x、迫x等等的直接行動。日本—世界資本主義的一環—更加動搖，這種行動則更加兇惡更加嚴重。

這次台中一中事件，也不過是其中的一表現。在現在的台灣，教育機關只是他們的一種工具。若是被否定的我們，把持著真正的階級，則就是他們的致命傷。於是他們必然地抹殺我們的這個意義，而注入奴隸根性。教育機關是要幹這種陰謀的工具。……

被否定的階級啊！

我們須正確地認識一切事物，不可只看見片面的現象，而沒卻了事物的本質，不可只『看見樹木，而忘了森林』。

我們須得提高我們的階級意識，而結成廣大的堅固的團結，而進攻呀！大家趕快起來鬥爭，而獲得我們的生存權。

日本資本主義要倒了，世界資本主義也要倒了，我們不僅僅是要由教育機關解放出來，而且要由一切壓迫解放出來！一九二七年、六、二〇夜」

陸

簡吉文中所談的「台中一中事件」，在當時是教育界的一件大事，連《台灣總督府警察沿革誌》都有詳細記載。當時全台灣各地的「一中」或「一女」，都是以日本學生為主，而台灣學生則屈居在二中。唯一的例外是台中一中。當時是由台中地方士紳、大地主等率先要求總督府設立第一中學，以建立地方教育基礎。後來日本總督府設立日本人讀的中學時，本欲取名「台中第一中學」，而讓原來的一中退居「二中」，但因台中當地士紳集體強烈反對，總督府不得已乃退居二中。這是全台唯一的例外。台中一中素有反抗傳統，自此而起。

發生於一九二七年的事件，則是起因於寄住在學生宿舍的五年級（相當於現在高二）學生，以廚夫態度過於嚴格為由，要求舍監將他罷免。並由各宿舍的室長做代表，於五月四日向舍監請求。（作者註：為什麼學生選擇在「五四」？是不是受大陸的「五四運動」的影響呢？有關文協、台灣社會運動與「五四運動」、文化啟蒙運動的關係，已多有論述，此處不贅述）。但學校方面拒絕學生的要求，訓戒後令其退下。幾天後的八日晚上，不滿的寄宿學生在熄燈時刻前，把校內的燈全部熄滅後，向舍監室投進大小不一的大量爆竹。舍監室頓時化為戰場。

校方憤怒異常，全面調查是何人所為。但全部學生一起團結守密，校方無法突破，決定命令五十幾個五年級學生「退寮」（即退出宿舍）。有趣的是：校方為此事召開家長會時，文化協會幹部張信義、農民組合幹部趙港、廣東革命青年團張深切（無政府主義者）以家長身份出席，逼校方明示對學生的處分方法，家長會一時陷入混亂。而寄宿學生則聚集在家長會場外的庭院裡聲援，校方一時也無法宣告學生「退寮」。校方只有在會後對五年級學生全體重新命令退寮。但文化協會張信義等認為不當，而向校長追問，也向教育課長抗議。而張深切則面會寮生，煽動大家同盟不退寮。到5月13日，所有二年級以上的寮生（寄宿生）全部離校回家，導致同盟的罷課。

其後，台中一中畢業生出面聲援，作成「全體學生的完全復校為正當」的決議，向內務部長提出，但遭到拒絕受理。

而文化協會、東京台灣青年會也來電聲援，情勢日益複雜。校方為了快刀斬亂痲，於五月二十五日針對與文化協會無關的家長使出對策，將五年級學生十名予以勒令退學，其餘學生則經由家長使之逐漸回校而初步平靜。但回校後的學生仍時常鬧事，例如破壞舍監室門扉，向舍監室投擲橡皮球、墨水瓶、石頭、木片等，破壞舍監門窗。到了六月中，校方共處分開除了二十六名學生，才慢慢平息。（註6）

整個事件的過程，簡吉相當了解。他的「革命戰友」趙港、文化協會幹部張信義和廣東革命青年團的張深切等人以家長身份，共同參與了學生與校方的鬥爭，但學生卻一一被開除，因而他極為憤怒的寫下了「大同團結而奮鬥」。

不僅是農民組合的簡吉，整個文化協會對日本帝國主義的批判也達到新的高峰。例如以東京文運革新會所寄來的檄文，就有極為露骨的批判：「自從台灣隸屬於日本帝國主義以來，以充實人格為原則的教育，影蹤已沒，如今只強迫人們隸屬、屈從，以養成奴隸劣根性及促其增長，這不就是教育的全盤嗎？」

柒

隨著台灣農民運動的開展，農民思想與行動啟蒙的擴大，衝突的日益尖銳化，日本殖民政府的統治也愈來愈嚴酷。當時影響最大的蔗糖爭議事件裡，日本所採取的壓制政策已非常明顯。

洪水流是如此回憶的：

「一九二七年農曆三月中旬，那天是農組與製糖會社約定在新營製糖所商議的日子。之前一天，下營支部長張行與本部派來支援的幹部及組合員都忙著準備，派人聯絡外莊的蔗農，統計可能參加的人數，而本莊的組合員也儘量的鼓勵他們的子弟參與，愈多人愈好。半夜裡公厝仍然人來人往，組合員都來和張行及農組幹部聯絡商量；青年部、婦女部的青年男女也都在商談明天的事，沒有時間上課教書或讀書。

這同時，日本警察及會社人員也明查暗訪的在偵察情勢，農組的這項行動因為是大會決議的，日本官方早已知曉，連台灣總督府都十分注意。

我在路上遇見了鄰居朋友阿盃和阿貴，他們都興緻勃勃的邀我明天一起去，我心裡擔心缺課會被先生罵，但是阿貴說：『缺課一日不要緊，怕什麼，跟我們去！』

翌日早晨我們三人走在一起，前後都是要去會社的人；大家都沿著糖廠鐵路走，到了糖廠鐵路急水溪橋南，那裡有糖廠堆放的煤屑，十來個警察站在那裡擋住去路，不讓蔗農過去，約有100多人被擋在橋頭，而且人愈來愈多。我們三人走到最前面去，發現相距兩、三百公尺的縱貫道路急水溪橋南的三叉路口，也有很多警察在那裡攔阻，縱貫道路通到柳營的路上，也都是滿滿的人潮。我正墊著腳向前面遠望時，忽然有個巡查來叫我：『警部大人要我來叫你去！』即帶著我到一位帽子箍金紋、腰佩長刀的人跟前。

那人問：『你是不是學校的學生？』

『我是下營公學校五年生！』我用日語告訴他。

『學校的學生來這裡做什麼？』

『我家每年種二、三甲甘蔗，但是蔗價太便宜，蔗農不能生活，蔗價不提高家裡沒有錢讓我讀書』

佩長刀的警官聽完後，搖著頭對旁邊的日警說：『小孩子也曉得這麼說，農民組合真是很可怕了』

正當此時，阿盔向前走去並高喊：『大家走啊，大家走啊……』，阿貴也隨著走去，一邊走一邊向大家大聲喊：『走，走，走過來！』於是大家邊走邊喊，衝過了警察的阻攔。走了約兩三百公尺就是縱貫道路急水溪橋的南端，這裡警察更多，約有五十名攔阻在橋南幾十公尺的三叉路，堵住了由南面柳營、東面太康莊、西面下營聚集而來的農民，三條路人群都延續了好幾里長，而且愈聚愈多，急水溪南的人都集中到急水溪橋的三叉路，估計有萬人以上。我們下營過來的人又被擋住了，這次我沒有跑到前面去觀望，一個人走到溪邊，繞到警察後面去。警察只顧攔阻大群的人，沒有注意後面，我即走上急水溪橋，那座橋剛完工不久，我走上去東摸摸西看看，走到橋中央時，回過頭來向阿盔、阿貴招手：『阿貴過來啊，怎麼不過來？過來啊！』

這時，農組的青年部長看我向阿貴招手，也立即連喊：「大家拼過去！」然後大步衝過警察。阿盔也聚跟著衝，連喊著：『大家走，大家走，免驚，免驚，走走！』於是大家齊喊：『走，拚過去，免驚！』嘩然沸騰的衝過橋去，日本警察對蔗農的封鎖，就這樣在我這個小孩子一聲無心的招呼之下瓦解了。

到了會社旁磅秤亭西的地方，那裡是會社小火車的卸貨地，小火車到各處去搬運甘蔗，然後集中到這裡來過磅；這個場地面積有好幾甲，這時都站滿了人，他們有的從新營各地走不同的路線趕來，估計約有兩萬人以上，把新營製糖所三面包圍了起來。

會社裡的警察更多，又來攔阻磅秤亭邊一條南北通路的人，不讓他們走向東邊糖廠的事務室；但是人群擁擠過來，衝過去，警察根本無法抵擋，他們不斷地往後退，一直退到事務室前。事務室門口路上停放好多輛警車，一兩百坪庭院四周均打上三尺高的竹樁，用繩子圍起來。在繩子裡面警察、巡查約兩尺就站著一個，且全付武裝，拿警刀、警棍、手銬。他們喝阻蔗農不得超越繩子，否則就違犯命令，統統要抓起來關。事務室庭院裡邊還有許多高階警官在指揮著警察隊。

蔗農的人群很快的包圍過來，把事務室層層圍住；但是都被擋在繩子外面。在警察吆喝聲及群眾喧叫聲中，又有五、六個穿西裝的人從事務室走出來，大概是社會及大官員，其中一位戴肩章，掛佩刀的説：『傳下命令，叫大家靜聽不要喧嘩，派代表出來。』大家以為他們真的要和我們談判了，便寂靜下來。

『蔗農代表出來，蔗農代表出來！』警察大叫著。

說時遲，那時快，蔗農代表才站出去，立刻有四十多名刑警從裡面衝出來，把蔗農代表抓綁起來。一位我不知姓名的蔗農代表，被兩個警察以擒拿術抓住，將手反轉背後綁住，推上警車押走了。我熟識的琴伯、塗伯、窗叔、然叔、及兩個我不認識的蔗農代表，還有家父，他們一看情勢不對，立即大喊：『怎麼要抓咱……』，但已經沒有時間，也沒有機會爭辯了，每個人都有五、六名刑警向他們逼近，他們雖然強力掙扎拒捕，但還是被綑綁押上車去。琴伯的身手最靈活，和刑警拼衝閃躲，兩手兩腳揮舞，使警察無法抓住他，最後二十幾人圍捕他一人，才被綁住硬推上車。家父也在力拒無效後，被逮捕了。

蔗農群眾被擋在那道繩子外面，眼睜睜的看著日警抓人，大家情緒激動想衝過繩子去，但是警察隊非常嚴厲的守著防線，每個人都揮舞著警刀、警棍和手銬；高聲吆喝：『不可過來，不可過來！』要是衝進去的立刻被警察拖打、趕出來。那時警方和蔗農群眾相互對峙，大喝大喊非常緊張。

蔗農代表被抓走之後，大家都很失望，你看我，我看你不知如何是好。警官下令叫警察、巡查驅逐蔗農解散，於是巡查等就大嚷：『大家回去就沒事，不解散就統統抓起來關！』

大家看農組選出的代表被抓走，會社也沒有誠意與蔗農協商，留下來也沒有用，便漸漸散去了。烏合之眾，一遭挫折便意志消沉駭怕，剛才的聲勢也就崩潰喪失，而作鳥獸散了。

大家漸漸離去之時，我跑入那條繩子的裡面，把父親跟刑警掙扎時，掉在地上的帽子撿起來。阿盔和阿貴對著眾人喊叫：『大家不要散去，一起去圍新營郡役所要人！』警察聽到後立即過來吆喝：『再亂嚷亂講，就把你們都抓去關。』我們三人不約而同的回答：

『就是要讓你們關，怕什麼！』但是警察追趕著，沒有人聽見我們的吶喊。有位巡查說：『你們三個囝仔不知死活，還不回去，再叫也沒有用，沒有人像你們這麼傻。』

包圍新營製糖所的蔗農中，大概屬我們三人最年輕，阿貴十六歲，阿盔十五歲，我十二歲。在警察的逐趕威脅下，一會兒，一兩萬人都散走光了。

下午三點多回到家，聽大家說下營支部長張行失蹤了。張行的太太說，張行昨晚下半夜就被警察叫去，一直沒有回來。原來連同順治君及本部派來的人員都被曾文郡役所的刑警騙去關禁；而別的支部約好要來支援的人員，也都被地方警察叫去看住而不能趕來。

據說這次鎮壓抓人行動，是因台灣總督不讓蔗農和會社講價，而下令警察壓制蔗農，同時也要壓倒農民組合。

第二天我去學校上學，老師問我為什麼昨天缺席，我不答，他把我拖上講台，一再問我，我仍然一句話也不說，他又打我兩巴掌，我跟他掙扎著要下來，他放了手罰我站，我不站，走回我的座位將書包收拾好，拿著走了。老師看我很倔強，怒目以視，不說什麼。走出校門，想起父親被日本抓去關，自己只缺席一天就遭此凌虐，心想讀日本書幹啥？不禁眼淚簌簌落下來，哭著回去了。

祖母和母親也因父親被抓正在煩惱，我又被老師打著哭回來，更加不知如何是好。我的祖父當晚到公厝找張行想辦法，又去找老師理論：『這孩子昨天看他父親被抓走，心裡難過，飯都吃不下，本來就那麼瘦弱，你這樣把他摔過來摔過去，又打又罰站，同樣台灣人，你也別太過份。』老師對祖父說他也有苦衷，校長和老師都已經挨了郡守督學的罵了，祖父因為父親的被抓，又為了我被老師毆辱的事情而情緒很壞，氣憤地對他說：『你們這些吃日本仔屎的，日本仔說了什麼就可以把台灣人統統弄死啦！』。

農民組合的人也因我的事，而去叱罵老師，我三天不去上學，老師也備受責怪。最後張行到學校找過校長，回來說老師不會再打罵我了，我才再去上學。

再過三天，被抓去的蔗農代表也都放回來，他們在獄中並不曾被訊問，關他們只是不讓他們與會社談判甘庶的價格，而一時間壓制他們罷了。

農組的人檢討說，日警預先把一些幹部關起來，又看住外地計劃前來支援的人，是大家預想不到的，可見他們仍是棋高一籌，以後對農組更會用高壓政策，農組的工作恐怕會更難開展了。」（註7）

【本章註】

註1　見《台灣社會運動史——農民運動》篇，頁75。創造出版社出版。

註2　見楊國光著《一個台灣人的軌跡》。

註3　同前註。

註4　同前註。

註5　見矢內原忠雄著《日本帝國主義下的台灣》，周憲文譯，台灣銀行經濟研究室出版。

註6　見《台灣社會運動史——文化運動》篇。創造出版社出版。

註7　見韓嘉玲《播種集》，自費出版。

第一次全島大會

第五章 ● chapter 5

中間穿西裝戴帽者，為布施辰治，

和台中大肚鄉的抗爭農民合照。（圖／大眾基金會提供）

日據時代的台灣農民、工人是透過自己的生命體會，分析並認知了要走什麼樣的道路，而非所謂「誤信共產主義宣傳」云云。而如果回到日據時期的環境看，除了同情農民、工人的左翼革命理念足以吸引被異族壓迫的農工群眾、知識份子外，還有什麼理論足以說服並吸引人？

壹

一邊是殖民政府日益增強的彈壓，一邊是台灣知識份子思想的左傾，社會運動走向左翼運動而愈形激進，兩者的決戰衝突，已勢難避免。

簡吉的〈大同團結而奮鬥〉一文，可說反映他的思想，也反映了當時知識份子的思潮：社會主義。俄國革命後，席捲全世界的左翼運動為台灣知識份子帶來理論與實踐的曙光。不僅是台灣、日本，連中國大陸也正在聯俄容共的時期，從而造成社會主義在大陸的興起與壯大。台灣的社會運動，最初是受日本影響較大，但後來謝雪紅、林日高、王萬得等台共黨員回台後，就不一樣了。

農民組合歷經兩次重大的關鍵轉向。第一次是與日本農民組合、日本勞動農民黨接觸，得到其法律援助，而在思想與行動上，由自然發生的農民運動，轉向社會主義運動的群眾團體。農民組合第一次全島大會，就是這種思想與戰略方針變化的顯現。

第二次巨變，則是謝雪紅回台組織台灣共產黨，並協助簡吉，為農民組合的組織、思想、理論武裝等，進行合作，而有農組幹部訓練和宣傳刊物的出現。這是農民組合向共產主義運動轉向，也是台灣農民運動由自發的農民組織，演變為具有階級意識的社會運動團體。簡吉，在其中起了決定性的作用。

一九二七年十二月四日在台中市樂舞台召開的「農民組合第一次全島大會」不僅是第一次全台灣農民組合支部與會員的大集會，更是旗幟鮮明的標榜革命色彩的開始。當天，邀集與會者有八百名（包括代議員一百五十名、旁聽者六百餘名、來賓五十餘名）日本勞動農民黨幹部、也是台灣農民組合律師的古屋貞雄自朝鮮，日本農民組合中央委員長山上武雄自大阪來，參與指導大會。文化協會連溫卿則坐於顧問席上。侯朝宗任會議主持並致開會詞。

大會決議議案中，有關「勞動農民黨支持案」，立場鮮明的表示：「

決議：於我國，我們可以信賴的政黨，為我們盡力的政黨只有一個，即勞動農民黨。換言之，勞動農民黨是日本唯一的無產階級政治鬥爭機構。因此我們於本島大會決議支持勞動農民黨。

理由：自台灣農民組合組成之後，以誠意提供指導，支援我們活動的，唯獨勞動農民黨而已。勞動農民黨的鬥爭都是為了無產階級與弱小民族的利益。本組合因綱領政策的相通，早即承派顧問，支援我們的鬥爭，以迄於今，這是組合員所共知的。」（註1）

在農組中央委員會提案的「特別活動隊設置案」則就自己的思想、政策、運動方針等的轉變過程，作出如下說明：「

理由：時至今日，我們的運動業已渡過從事於所謂自然發生運動的時期。由於缺乏理論，我們的目標意識亦欠明確，致使所作所為屢犯錯誤。於當今階段，我們非展開全體無產階級的政治鬥爭不可。此時自當產生各項特別活動的需要。如出版問題，對外、對工農、對政黨組織的各項活動等，均為最迫切課題。就農民運動而言，若非工人打先鋒從事組織與活動，則無法組黨以統制全體無產階級的政治鬥爭。再者難以達成解放的目的。為使農民兄弟熟知此一方針，發行我們的報紙、雜誌、書籍實屬不可或缺。於此過渡時期，這項活動難以獨立。於現今階段，其它應特別加強的工作極多，所以我們認為於此過渡時期進行此一工作極其重要。

實行方法：設置特別活動隊」（註2）

貳

另基於無產階級的認知，農民組合中央也決議要「促進工農結合」。其提案理由中說：「瀕死的日本資本主義為了保持他們的殘喘，必然會與「絕對專制政治」勾結，對殖民地或半殖民地採取苛烈榨取，以致我們台灣的工農生活遭受威脅，面臨了生存不安。因此自然而然產生了工會與農會。這些會雖仍幼稚，但為自己的生存問題勇敢地奮戰。今春遭遇空前的金融恐慌而受到致命傷的資本家，藉降低工資、延長勞動時間、封閉工場來剝奪勞工的生活，由於失業與工資降低的不安，全體勞動人民團結一致，對他們展開抗爭。……當今春發生金融恐慌時，農村陷入極度困窮，逼使農民嚐了地獄之苦，為此，農民運動組織頓增質量，暴風過境似地風靡了全島。

……我們農民非為生存而積極奮戰不可。我們的戰鬥性農民組合不問有組織否，應成為日常經濟鬥爭的主力，要勇敢進攻。被推入無底深淵的工人與農民的日常鬥爭領域雖然場所相異，但工人為主的場所以工資與勞動時間為主，農民則以田租與耕作為主。……農民運動應做工人運動的後盾。依照馬克思主義指導支持無產階級之方法，宜待之於解決農民問題之方針。因此，我們應奮發促進工農結合的實施。」（註3）

簡吉在這一次大會裡獲選為中央委員，他並擔任「特別活動隊」庶務、財務與特別活動隊，以執行有關「出版問題、對外、對工農、政黨組織的各項活動」、「發行我們的報紙、雜誌、書籍」。

在幹部的安排上：

中央委員長　黃信國

中央常任委員　簡吉、趙港、謝神財、陳德興、楊貴此處特別引用農民組合中央委員會的提案內容，是想說明一個事實：有些人為農民組合有無左翼傾向、共產主義傾向而遮遮掩掩，充滿恐懼和不必要的解釋。然而，那是由於一九五〇年之後，台灣處於戒嚴體制下，左翼社會運動是一個非常敏感的話題，以致於歷史真相無法呈現。但二十一世紀的今日，我們有必要還原它的歷史原貌。

事實上，即使是日據時期，農民組合的階級意識、馬克思主義思想、列寧思想、社會運動的結盟夥伴（工人）、未來如何加強宣傳等，從原則到策略，都已非常清楚，一點也不含糊。

而這一切，如從前述文字看，基本上不是來自空洞的理論宣傳，而是非常實際的勞動與生活的認知。日據時代的台灣農民、工人是透過自己的生命體會，分析並認知了要走什麼樣的道路，而非所謂「誤信共產主義宣傳」云云。而如果回到日據時期的環境看，除了同情農民、工人的左翼革命理念足以吸引被異族壓迫的農工群眾、知識份子外，還有什麼理論足以說服並吸引人？有什麼理論，像馬克思、列寧思想，以及俄國社會主義革命經驗這樣，既同情殖民地人民，又給予理論的指導、感情的認同、甚至革命行動的支持？

在農民組合全島大會前後的一九二七至二八年，兩年間，台灣農民運動達到前所未有的高峰。經農民組合指導的農民爭議案件，竟達四百二十餘件。而引起各地農民組成「農民組合」支部的動機，幾乎都是爭議案尋求協助。這些爭議在全島各地發生，卻都未解決而持續鬥爭。這就讓農民組合組織迅速擴大。但另一方面，則是衝突與鎮壓的力量也持續加大。

參

在古屋貞雄的指導下，農民組合展開相關鬥爭，包括：耕作權的確認，爭取生產物管理權，號召各地支部召開反對種作物扣押與入內禁止的大會，反對土地放領等。

這些鬥爭的根源，是由於當時土地關係為佃農制。地主年年提高田租，假如佃農不答應其要求，即採取「種作物扣押與入內禁止」的處分。所謂「種作物扣押」就是佃農遲交田租時，為了強制執行，或執行假扣押處分，以水田尚未成熟的稻子為扣押標的。而「入內禁止」則是依據假扣押處分，不准佃農走進其耕地。這是地主最常常採取的手段。所以號召鬥爭，實際上是爭取佃農與地主談判的條件。但即使如此，也受到殖民政府的鎮壓：「

台灣總督蠻橫無理，竟下令地方官憲，對於我台灣農民組合所提倡，台灣全島於十二日齊開的反對入內禁止、種作物扣押大會，加以無理可喻的暴力壓制。

於新竹州中壢與高雄州鳳山，以各種卑劣已極的手段，阻止其開會；於台南州麻豆則堅持停止，阻礙我大會之進行，於台中州大肚則以停止、解散、檢束的暴虐手段對待我農民大會。對於應民眾之熱烈要求而舉行之農村問題演講會，則以中止與解散對付。

當局自始即未曾絲毫考慮我無產農民的生活不安。非但如此，曾試圖搾取我們僅存的最低限度的生存資源，不惜施盡一切暴虐手段。

對於農民大會的此次暴壓，明明白白地暴露了當局的陰謀。生活陷入不安的我們集合起來協商如何能脫離生活苦境，竟遭如此魔手而被壓制。

吾人通告閣下，對於如此暴壓，吾人具有徹底抗爭的決心。於此提出對於暴壓的嚴重抗議。

昭和二年（一九二七年）十月十五日

台灣農民組合」（註4）

一九二八年七月十七日為了抗議警方對農民組合取締為不當，簡吉、趙港、張行等九人前往總督府提出求見總督，由平島秘書接見，接受抗議書。當夜，農組就在大稻埕文化講座召開了總督府訪問經過報告的大演講會，以期擴大聲勢。

給總督府的抗議書內容中，列了日本殖民政府「狂暴彈壓」的十五點證據，從中可以看出當時農民組合運動的展開，是處於多大的壓力之下：「

五月二十二日干涉在大園庄竹圍召開演講會，實質上禁止了演講。

將因開會不成而離散者竟擅自視為聚眾運動，並威脅將以違反治安維持法的現行犯逮捕幹部游木水、陳結。

該派出所許某巡查口出惡言，稱本組合為流氓團體、詐欺集團，且無任何理由在我組合員陳阿石、張阿梓、呂童的身上強行搜索。

同日，大園分室警部補強行檢查了本組合事務所的文件。

由於憤恨五月二十四日的不法暴行而前往郡公所抗議，亦以聚眾運動違反治安警察法為名，不當地逮捕南部陳結、游木水、陳阿石、王惡，關進牢獄十七天之久。

二十日為阻止桃園郡八塊厝演講會，將欲出去午餐的陳結誣以逃走罪加以檢束，蹂躪了演講會。

二十二日亦以同法，檢束了呂德華、陳結。

同日警察課長對被檢束者陳結口出狂言，說以後絕不准許舉行座談會，倘若發覺，立刻命令解散並予以檢束。

六月六日起，每天有制服巡查三、四名包圍本事務所，盯哨我們的行動，比監視現行犯還嚴重。

七月二日，叫桃園支部長到郡公所，該郡警察課長威脅說：「聽說你去找地主，做什麼力邀陳結來此處，老是宣傳共產主義或俄國情況的偏激內容，所以政府要驅逐他。剩下的只有你一人，你不要再運動。跟地主的田租，我們會圓滿調解，你若不答應，連你也要檢束。」

同月四日，大園分室主任警部補帶四名制服巡查與地主，到游木水家威脅說：「脫離農民組合停止活動，加入業佃協調會。同時將農民組合事務所遷移罷。」

七月六日，因組合員王惡、林阿昇把事務所借給農民組合而檢束了兩天。

該郡警察課長帶四名巡查來本事務所，對來訪的陳結聲言：「你別老是在這裡打轉。游木水那麼努力工作，你也快回家做正業吧。」並再度檢束。

七月九日下午九時，叫出陳結說：「你老是來此地宣傳共產主義俄國，或稅金拒繳同盟等，又說政府是地主的走狗，我們佃農與臨時僱農要全體加入農民組合，而我們台灣是我們台灣人的，應把日本人趕出台灣。這種宣傳真豈有此理。桃園有業佃會，所以不需要農民組合。我們不承認農民組合，所以你回家吧。」然後驅逐他。並說：「今後無論誰來都要檢束，回去告訴本部的人吧。」

七月六日中壢郡警察課用與桃園相同的直接方式施壓，自八日下午十時至九日上午一時，檢束我中壢支部的幹部呂德華，備予威脅。

如上情事係政府聽從地主指使的證明，不但暴露了不明吾人運動為何，且欲撲滅吾人之運動，而將我們永遠繫於榨取的鐵鍊上，甚至是欲殘殺吾等無產階級的陰謀。然而對於如此陰謀彈壓，吾人斷難緘默，特此提出嚴正抗議。

昭和三年（一九二八年）七月十二日

台灣農民組合本部」（註5）

在一個多月的時間裡，日本殖民政府不斷以各種手段，彈壓農民運動，從中止演講、檢束到威脅利誘，無所不用其極。

文中的「檢束」是指警察有權把人關在警察局裡，其權限是二十天，不必送法院，不列入前科。另有一種「拘留」，是指警察把人關在警察局裡，權限為二十九天，列入前科。超過這個限期，須移送法院（即戲劇中常見的言「拘留二九天」的由來）。警方除了這種課以自由心證的刑罰以外，還可以罰款，稱為「科料」，其金額以二十圓為限。日據時期，警方常以「拘留二十九天」的自由刑，在警察局內任其刑求、虐待、侮辱，讓許多人聞之喪膽。許多平日是地方備受敬重的士紳、地主，碰到警官一樣低聲下氣，一點尊嚴也沒有，深恐被找麻煩，原因在此。

日本警方檢束陳結等農組幹部，欲以此阻止農民加入農組，殺雞儆猴意味非常濃厚。「業佃協調會」則是由地主成立的組織，目的是要分裂農民，讓農民離開農組，失去團結，就好「協調壓制」。

應該說，日本殖民政府採取的是兩手策略，一手是直接由警察以檢束、拘留為手段進行彈壓；另一手是讓地主出面，在官廳的指導下成立「業佃會」「興農倡和會」等團體，和各州郡農會、製糖公司取得連繫，讓農民組合兩面作戰。而台灣農民組合則必須以筆戰來對付，批判他們是「官憲共謀，欺騙農民」的機構。同時訓練大量年輕幹部，以應付各地不斷出現的農民運動鬥爭，也是當務之急。

肆

然而，誰也沒有料到最大的打擊竟始於日本。

一九二八年對日本共產黨的所謂「三一五檢舉」，是一次致命的打擊。受日本共產黨影響之下行動的勞動農民黨、全日本無產青年同盟、日本勞動組合評議會等三團體，也跟著被命令解散。日本的左翼運動大受打擊。而台灣農民組合則不甘心屈服，而以「彰化勞動者農民聯合大會」的名義，寫了一封抗議書，於五月一日函送內閣總理大臣。

抗議書

田中反動內閣於共產黨事件將我勇敢的前鋒鬥士一千餘名抓進牢獄之內，更施出殘暴的魔手，解散了我們勇敢的大眾政黨勞動農民黨、大眾鬥爭團全日本無產青年同盟與日本勞動組合評議會等三團體。如此行動，顯然是資產階級與地主的走狗田中反動內閣對於工農的有意挑戰。田中反動內閣每每袒護資產階級與地主用以剝削工農的機構，遭遇金融恐慌之類的情況格外榨取工農的血稅，以利資產階級與地主。田中反動內閣又於工農的所有鬥爭，用暴壓暴行來抑制工農，支持資產階級地主降低工資、開除、提高田租、種作物扣押、入內禁止等的暴虐行為，正在虐殺工農，同時在殖民地台灣、朝鮮橫行逆施，連骨頭也要啃。所謂滿蒙積極政策也是一樣。田中反動內閣公然幹強盜行為。不但如此，田中反動內閣花工農數百萬的血稅，驅工農的父子兄弟出兵中國，妨礙中國的革命運動，剝削中國的工農，不遺餘力。這種資產階級地主的走狗用暴壓暴行來蹂躪工農的一切運動，是毫不足怪的。田中反動內閣剝奪言論、集會、結社、出版的自由，動員建國會等暴力團體，雖不足怪，我們工農一旦認清我們我們真正的敵人，就沒有妥協的餘地。我們期望用我們工農的力量，大眾的力量來粉碎田中反動內閣。

言論、集會、結社、出版的絕對自由，撲滅反對團體，即時釋放工農前鋒，撤除治安維持法、治安警察法等各項惡法，反對出兵於中國！解放殖民地！

一九二八・五・一
致反動內閣總理大臣　田中義一先生

彰化勞動者農民聯合大會

從抗議信的內容不難看出，農民組合的抗爭原則，已經不是原來的抗爭、協調、妥協的模式，而是有意識的拉高衝突，以召喚農民的反抗意識。這是另一種路線了。

日本共產黨在三一五檢舉下，被逮捕一千多人，組織幾近瓦解。而勞動農民黨又被解散，台灣農民組合失去日本友黨的奧援，倍感孤立。但台灣農民組合戰鬥的決心與鬥志，卻未曾停息。各地農民組合政治鬥爭不斷擴大。例如南投郡山本農場的爭議，後來組織了農民組合中寮支部，作長期抗爭。此一鬥爭，持續到昭和六年（一九三一年）農民組合幹部大量被逮捕，才告結束。

伍

而在中壢方面則有日本拓植公司所有地佃農爭議，史稱為「中壢事件」。

設在中壢的日本拓植公司會社總部，除了從日本殖民當局獲得大片土地外，更不斷蠶食農民的共有土地。在短短數年之間，在中壢、桃園兩郡有三千多甲地，成為擁有五千多名雇農的大會社。由於其壟斷地位，會社向佃農徵收高額的地租，同時又高價將化肥銷售給佃農。並且為了年年加重的剝削，拓植會社還隨意更改、撕毀合同。農民日漸難以忍受，卻無路可走。等到農民組合一起，立即由農民組合協助，於一九二七年三月十六日成立中壢支部。七月三日，農組派蘇清江等三名幹部與會社的小松專務（相當於副總經理）交涉，要求減輕地租。但拓植會社竟以「詐騙」「妨害業務」的罪名，向法庭起訴。而治安當局更於二十七日將六名為首的農民逮捕。

此舉大大激怒了當地農民。中壢觀音、樹林、三座屋一帶的數百農民，從七月三十日起，每日分批向中壢郡役所示威，並集會揭露殖民當局的暴行，要求釋放被捕者，並降低地租。鬥爭趨於激烈。

隨著規模的擴大化，農民的抗租減租抗爭，由中壢向桃園漫延。日本殖民當局眼看難以收拾，於十一月七日開始將帶頭的農民組合幹部黃石順、謝武烈、黃又安、楊春松等逮捕，並抄家想搜查出證據。農民組合不甘心，派人繼續至中壢郡役所示威，要求放人。警察則持續毆打農民，並以「妨害執行公務」、「騷擾」的罪名，加以拘捕。前前後後所拘捕的人，竟達到八十三人。這就是著名的「第一次中壢事件」。（註6）

由於有多人被捕，農民組合員備受壓力。一九二八年七月間，在殖民政府警察不斷施壓強迫，要農民解散，不得已中壢、桃園的農民組合支部分別決定解散。然而，中壢支部本來就是較團結有力的組織，組合員七百多人，許多人仍不甘心，所以簡吉、趙港決定不放棄，繼續抗爭。簡吉向全島農民組合各支部發出檄文，要求所有支部一起來支持中壢支部的復活。同時又將中央南部總動員，分別潛赴中壢、桃園一帶，鼓動農民要奮起。

像：

謝雪紅在她的回憶錄《我的半生記》裡，曾談到農組本部為領導農民鬥爭，其艱辛簡直難以想

「農組本部為領導農民鬥爭，經常派幹部到爭議的地方支援鬥爭，也派幹部和各地聯繫。而敵人在爭議的地方搜捕得很厲害，有許多幹部一到那兒被發現時，即被捕或被驅逐回來。因此他們要到一個地方時，不能直接在當地的車站下車，必須在鄰近的車站下，然後步行進入某一個鄉鎮。本部每派幹部去參加爭議時，只發給單程車費，因為被驅逐回來時，就可以免費乘車了。例如後來入黨（台灣共產黨）的「湯接枝」（草屯方面的人，貧農出身）曾幾次到爭議的地方去，就被驅逐回來。有一回，簡娥被派去爭議的地方，住在農民家裡，當敵人來搜捕時，農民把她裝在一個麻袋裡，掛到屋樑上躲藏。……」（註7）

在強烈召喚下，八月九日上午九時，中壢農民組合支部的事務所又掛出了農民組合的旗幟。稻米、甘蔗的旗子，在風中飛揚。同時，雖然許多幹部入獄，還是選出新的支部長及其它幹部。

這時，殖民政府也想來取締，就派出警部補及其它警察十六名到新坡派出所，他們以詢問群眾集會目的為名，傳喚張道福及其它四名組合員到派出所。有了第一次事件的拘捕經驗，此時農民自是群情激憤。有二百多名組合員跟著到了派出所，對警察大罵沒有天良，走狗……。衝突中，有人向派出所投擲石塊，就這樣，被視為指揮的趙港、張道福等三十五人按「違反暴力行為等有關法律」為名，

加以檢舉，逮捕。史稱「第二次中壢事件」。

農民組合運動走到第二次中壢事件，日本殖民政府的鎮壓政策已非常明顯。它只是以不同的手段，在不同地方，進行策略運用。一邊是強硬的檢舉拘捕，一方面是強迫地方農民組合支部解散。加上日本的勞動農民黨又已被解散，台灣農民相對孤立，衝突又更為尖銳，農民運動已走到危險的邊緣上。

陸

洪水流的回憶有深刻的現場描寫與分析：「

而日本人也看出了台灣人的弱點，知道台灣人大多數都很怕事，形勢好就隨著附和，形勢不對就溜之大吉，是觀望的觀眾而不是堅決的群眾，不能產生群眾力量，勇敢的少數人被抓起來之後，就可以驚退多數的老百姓，這是我們台灣人的弱點。

農民組合遭此挫敗後，日本的壓力愈大，張行和組合員極力要重振聲威，一再召開演講會，但是每次演講都被干涉、中止，若不解散，演講人就被抓去檢束。

聽說有一次在廟前演講，才上台講不到兩句話就被解散，聽眾及演講人皆不服，與警察發生衝突，被抓了六個去麻豆，聽眾氣憤，要湧到麻豆去討人回來，下營派出所打電話去通知郡役所，結果郡役所騙稱馬上將人送回來，大家不要去痲豆了。結果回去農組公厝等他們回來，等了一晚均不見人，大家知道受騙，但是人也大半都散去了。到第二天中午，聚集了一百多人準備再去要人，下營派出所又來阻止，說半個鐘頭之內，人就會送回來。那天十二點我正放學回家，走到公厝時恰好遇見四輛警車，把昨夜抓去的六人載回來了，後面還跟著十幾個警察。六人下車時，大家鼓掌歡迎，六人中有一個高舉著手喊：『台灣農民組合萬歲，萬歲，萬萬歲！』大家也跟著喊萬歲。有人去拿鞭炮放，警察說附近有草堆不可以放，那人不理他，鞭炮霹霹叭叭響，警察課長認為那人阻止不聽，叫人把他抓起來。正當好幾個警察把他綑綁上車時，我們都叫她永嬸的一位老婦人喊聲：『不可以再讓他們抓人去，把他放開。』於是阿旺、阿華、阿煌、春生等人衝上去推開警察，把那人的綑繩鬆解開；隨後又有很多人衝上去，整個公厝人聲沸騰。

『把搶劫人犯的統統抓起來！』警察課長大聲吆喝，十幾個警察又去圍捕阿旺、阿華、阿煌、春生等人。

『一個都不能讓他們抓去，要抓去關大家都去關，不要怕！』永嬸又大聲呼叫，群眾一齊嘩然大嚷：『要抓，大家統統給抓去！』

錦華衝上去把抓著春生手臂的警察的手擺脫，然後把自己的手肘彎勾住春生的手肘彎，喝聲：『大家手勾著手，排整排！警察若要來抓人，就用腳踢倒他！』一百多人立刻手臂勾住手臂，圍成半月形的連鎖線，排在公厝前面，大家喝聲：『臭狗子靠近來，就用腳撥倒他，用肩頭撞倒他！』警察在半月形的連鎖線中反而變成被圍困者，靠近抓人都被踢倒、撞倒，弄得滿身泥沙。如此僵持約二十分鐘，警察課長眼看抓不到人犯，便喝令停止，上車回去了。

永嬸是五、六十歲的老婦人，永叔死後，農組的女組合員玉蘭、葉陶等人，若到下營支部來便都去和永嬸住。為此，日本警察常到她家干擾，有時晚上就守在外頭監視；永嬸一點也不懼怕，她雖不識字，但是很懂事理，張行和眾組合員認為她最適合當婦女部長，便請她任下營支部的這個職位。她每晚都去公厝看人讀書，管理那些青年女子，所有組合員和男女青年都很敬重她。

農組的工作越來越難展開，刑警頻頻干涉甚為擾人，張行、楊順治及比較有名的組合員，都被日夜跟蹤，夜晚在房間睡覺，警察就拿把椅子或長板凳，躺在門前看守著。

楊順治家開布店，有一回日本的什麼宮殿下到台灣來，順治君被看得更緊，他們派一位叫『及川』的日警跟蹤他；及川不會騎腳踏車，有時順治君叫太太看店，自己則騎著腳踏車載布匹到下營附近的小村莊販賣，每次順治君一騎車，及川就在後面追趕著，跑得氣喘呼呼。當時行商賣布都用手搖著玲瓏鼓，村人聽到鼓聲就知道賣布的來了。若是有人叫買，順治才停下來，及川也才稍有喘息的機會，若是沒人叫買，順治一莊騎過一莊，及川追趕不上就在後頭呼叫：『順治君，騎慢點等等我！』做生意還被日本警察跟著，實在很討厭，順治有時會故意不理會及川的呼叫，騎得更快，讓及川跑得滿臉通紅，一身大汗；但有時看他跑得可笑又可憐，也停下車來等等他。其實及川是個老實人，奉上司之命跟蹤順治，他就一步也不敢離開，連晚上都睡在順治家門口的躺椅上。」（註8）

緊迫盯人的跟蹤，讓一般民眾對農民組合帶有恐懼，不敢加入；持續的壓力，讓農組難以擴展行動。農組只有兩種選擇，一種是退縮，一如文化協會的右翼，退縮為台灣民眾黨，主要從事文化運動為宗旨；另一種是更為激進化，把社會衝突升高為政治衝突，讓農民更為認清日本殖民統治的暴力本質。但如此一來，宣傳就變得特別重要。因為，報紙是不會刊載這些消息的，唯有透過自己的管道，才能宣揚革命理念。這一點，是農民之中最缺乏的。一來，農民不識字，需要有人去為他們讀報，讓他們了解外面的衝突與變化，這樣的行動需要更大量的幹部，派駐到農村去。二來，農組一直缺乏足夠的知識份子來辦刊物，這需要寫手，也需要印刷，更需要讓印刷物傳播出去的管道。這一切都有待建立。簡吉雖然是特別活動隊的主要人，但他卻忙於各地的鬥爭，宣傳工作還有待補充。

就在這時，剛剛在蘇聯東方大學受完訓練，受命組織台灣共產黨的謝雪紅，恰恰在一九二八年五月回到台灣。她帶著強大的革命熱情，投入農民運動。這是農民組合的另一次轉捩點。

【本章註】

註1 見《台灣社會運動史——農民運動》篇，頁82。創造出版社出版。

註2 見《台灣社會運動史——農民運動》篇，頁83。創造出版社出版。

註3 見《台灣社會運動史——農民運動》篇，頁84。創造出版社出版。

註4 見《台灣社會運動史——農民運動》篇，頁88。創造出版社出版。

註5 同前註，頁89至91。

註6 同前註，頁96。

註7 謝雪紅著《我的半生記》。

註8 見韓嘉玲《播種集》，自費出版。

一九二七、四、二〇、午后十時
二林農村講演被撿束記念撮

穿著正式西服的簡吉風塵僕僕，臉色嚴肅，李應章則穿著醫師白袍，憤怒溢於言表。（圖／大眾基金會提供）

第六章 ● chapter 6

謝雪紅的歸來

透過簡吉，透過為農民組合募款的活動，謝雪紅認識了台灣文化運動、農民運動最活躍、最重要的領導者。這對她建立起自己的人脈，發展共產黨的基礎，起了關鍵的作用。

壹

謝雪紅是被押解回台灣的。她在上海被逮捕的時間，距離她成立「日本共產黨台灣民族支部」（簡稱「台灣共產黨」）成立大會，只有十天。那是一九二八年四月二十五日，天濛濛亮的時候，有人從後門敲門，她驚覺不對勁，從窗子向外看到有幾輛車子停在馬路上。「敵人把我們包圍了！」她說。

她的共產黨同志楊金泉去查看另一個房間，回來說：「敵人把我們包圍了，……林木順已經逃跑了。」謝雪紅聽到林木順逃脫，心裡稍微放下心。林木順和她一起於一九二五年赴莫斯科東方大學讀書，接受蘇聯革命理論與武裝訓練的洗禮，一起接受共產國際的指示，在日本共產黨的指導下，回上海組織台灣共產黨，準備以後回台發展。

由於共產國際的指示是：先找出已經參加日本共產黨與中國共產黨的台灣人，加以組合成台灣共產黨，所以謝雪紅又獨自赴日本，接受日共中央對台灣革命理論、黨綱、黨的組織原則等指示，並接觸了東京的左翼台灣學生，準備拉攏他們加入台灣共產黨。後來回上海組黨，在中共的協助下，成立台灣共產黨。總之，在共產國際的指示下，因台灣為日本殖民地，台共隸屬於「日本共產黨台灣民族支部」，但因不少台灣人在上海、廈門、廣東活動，有一些人已加入中國共產黨，所以必須尋求中共協助，才能就近指導。

如今林木順先得逃脫，至少保存了實力。同時創黨時的許多重要文件（包括黨的各種綱領），都在他的身上，前一天晚上，本來要林木順帶回去藏在一個秘密的地方，但因發現他的住處有人在盯梢，就回到謝雪紅的住處，和其它同志打地舖睡覺，不料一早就出事。

謝雪紅故意穿上東方大學發給她的皮靴，那是長統鞋，一尺來高，幾十對鞋帶的釦子，讓她一邊釦帶子，一邊想怎麼應付敵人。當她一打開門，便衣的日本警察衝了進來，大叫：「找謝女士。」她轉念一想，如果是因為台共案子要逮捕她，應該是證據明確的找謝飛英（她當時使用的名字），但講謝女士，很可能是因為上海讀書會的事，要找的人其實是謝玉鵑。她假裝不懂日語，用中文說：「你們說什麼，我聽不懂。」然而，日本警察胡亂押著她就走。走到樓梯口，她才聽到張茂良對她說：「林木順逃走了，但那些文件被抄走了……。」她大驚失色。心想黨才剛剛成立十天，最重要的文件就暴露，這是多大的損失啊！

黨的重要文件，就包括了後來在日本總督府《警察沿革誌》裡披露的文件，都在此被抄走。其中，與農民組合最密切的，即是綱領中的政治大綱，其重點是：「台灣為日本帝國主義之殖民地，其本身尚殘存著頗多封建性的遺留物。然而革命主力係Proletariat（無產者。在資本主義社會下，以勞動力換取生存憑藉的無產勞動階級）農民，是故台灣革命的社會性質內容為對社會革命具有豐富展望的民主主義革命，同時亦是顛覆日本帝國主義，使台灣獨立的民族革命。」（註1）

台共成立大會是在依據日本共產黨的指示，在中國共產黨的協助下，四月十五日於上海建立的。中共的指導者是彭榮（謝雪紅認為，彭榮即是彭湃，即國民黨聯容共時期，中共派入國民黨的農民部長，擅長農民運動。但另有考證認為，當時彭湃正在其它地方從事農民運動，不在上海；從謝雪紅的描述與中共的處理原則，指導者應是中共創黨元老之一的瞿秋白。只是他化名出現，無法確認）。從理論到實踐，尤其從中共與國民黨的合作與衝突歷史，他反覆解說，分析資產階級、無產階級、工人階級、農民階級、民族革命、民主主義革命等的性質與問題。對剛剛成立的台共，尤其是還未有任何台灣政治鬥爭經驗的謝雪紅，這是非常必要的。

然而，更重要的毋寧是在日共與中共的指導下，在理論與實踐上的發揮指引的作用，從而對政策的制訂，有所助益。這一些重要的政治綱領，除了「組織大綱」、「政治大綱」之外，還包括了：一、勞動運動對策提綱；二、農民問題的重要性；三、青年運動提綱；四、婦女問題決議；五、紅色救濟會組織提綱；六、國際問題提綱。

這些文件當時被抄走了，但後來卻都詳詳細細的出現在日本總督府《警察沿革誌》裡。這意味著，其實當時日本政府已經掌握了台共的所有思想脈胳與行動指導方針。

謝雪紅雖然著急、懊惱，但她卻相當冷靜。她以自己的苦命身世，養女身份，作為不認識字的藉口（她自己說：「文化水平低，這也是事實」），想推掉加諸她身上的罪名。然而台共文件被日本破獲了，其嚴重性難以估計。

但此時的她，已經不是當年苦命的養女，被有錢人買去當二房，因不滿而逃家的小女人，而是一個參加過國民黨和中國共產黨（這是一個革命的，地下的，理想主義的團體），赴蘇聯學習（這時的蘇聯，是全世界革命者的希望所在，新社會的烏托邦，人間鬥爭最後渴望的歸宿，革命動力的來源……），現在被日本政府逮捕，押解回台的革命者。帶著這強大的使命感，回到台灣。雖然前途茫茫，但總比養女時代被虐待得想自殺好太多了，她一無所懼。（註2）

而對於台灣的所有社會運動團體的知識份子來說，謝雪紅則像一則傳奇。他們實在不敢相信，怎麼會是一個不識字的養女，先走到革命者的聖地去了！

貳

一九二八年五月，謝雪紅被日本政府由上海押解回台灣。押回的次日，《台灣日日新聞》登出一則消息：「在對岸（指中國大陸）逮捕一個『摩登女郎』，被押解回台了。」就這樣，許多人知道謝雪紅回來了。

六月初她被釋放出獄。過不久，蔣渭水去她居住的旅舍探望，並且陪著他從台北坐車回台中看望家人，兩人在車上詳細的談了台灣社會運動的情勢。謝雪紅認為蔣渭水是為了爭取她而這麼做的。過幾天，台共的中央委員林日高來台中看她，兩人交換了謝在大陸被捕的消息，並決定因林木順無法回台，謝雪紅補為正式中央委員。

謝雪紅是一個企圖心非常強的人，若非如此，也不可能擺脫養女的悲苦命運，獨自走上革命的道路。她認為既然要回台灣發展共產主義革命，就得依照最初的政治大綱行事。而工農群眾路線，從來就是共產黨的不變方針。但她並無群眾基礎，最好的辦法，就是由農民組合與文化協會開始。六月下旬，為了便於同農民組合和文化協會接觸，她在台中公園附近大正町租了一棟日本式宿舍。此時台灣小小的文化圈子，早已傳開了謝雪紅歸來的消息。

過不久，農民組合的幹部，簡吉、趙港、楊春松、楊克培就相繼去拜訪她，和她認識，並介紹農民運動的情況，聽取她的意見。

在謝雪紅的口述傳記《我的半生記》裡，她寫道：「他們都知道台灣共產黨已經誕生了，也曉得我到過蘇聯留學，在他們面前我也不否認這些事實。我認為他們來找我並不是要找我個人而已，而是有意識地希望接受黨的領導的；我也意識到自己在台灣是舉著無產階級革命旗幟的旗手；因此，他們對我們歡迎，即表示擁護黨、擁護無產階級革命的。」

當時正是農民組合最活躍的時期。全台各地有二十七個地方支部，會員兩萬四千多人。由於各地抗爭激烈，農組缺少幹部，不能應付形勢的需要，簡吉、趙港就向謝雪紅談起這個問題，並提議辦一個青年幹部訓練班。謝雪紅當即積極表示支持。因為這是培養青年幹部，作思想訓練的好機會。

謝雪紅也極力參與農民組合的內部會議。一九二八年六月二十四日起四天，在台中農民組合本部事務所召開中央委員會，決議為新設的青年部與婦女部，舉辦聯合研究會，以期培養鬥士；而強化青年部與婦女部，以利組合運動的發展。

七月間，「青年幹部訓練班」就在農民組合本部開辦了。學員由各地農組支部的積極青年中調出來，約有一、二十個人，不固定的來來去去。而學員則在學習之後，回到地方上與熱心的地方幹部，舉辦地方研究會。其課程內容先是主講農民問題，其後逐步深入，在謝雪紅的影響下，課程轉向國際共產主義運動與殖民政策批判：

簡吉主講

現時的農民運動

官有地放領問題

竹林問題

殖民地政策批判

從掌握生產物管理權到奪回生產機構

殖民政策的由來與資本主義

資本主義機構的各項問題

謝雪紅主講

國際無產階級運動

西來庵事件批判

楊克培主講

普羅經濟學

社會主義政治機構

無產階級專政

至此為止，整個農民運動的方向已經逐步轉向，它漸漸由一個農民抗爭團體，演變為有意識的農民革命與殖民地人民解放運動。

參

一九二八年七、八月間，恰恰是第二次中壢事件正在鬥爭的高潮，農組本部號召所有幹部全力前往支援，許多學員被調回支部去做宣傳，以聲援中壢的抗爭；另一方面農組的宣傳刊物《情報》也辦起來了。此時正是由最需要宣傳，以號召群眾支援的時刻。

簡吉在台中農組本部負擔起調度指揮的任務。他一方面要為油印的刊物撰稿、發動群眾，又要煩惱組合員要去聲援的經費問題，一個人實在忙不過來，於是請謝雪紅來協助募款。為此她在李喬松（農組大屯支部負責人之一）的引介下，到台中霧峰拜訪林幼春，也去看了林楓（中部的地主，思想較開明）。通過她的拜訪，農組的人再去募款，相對較容易一些。這是一方面由於她是革命的女性，在台灣社會，不免令人好奇注目，但更重要的是她赴蘇聯留學的資歷，讓所有人刮目相看。畢竟，在當時的台灣，能赴日本留學已經是難得的事，更不必說赴歐洲留學，得花多大的金錢。而赴蘇聯─革命者聖地，那更是一種不敢想像的夢。如今，這樣的傳奇，卻讓一個台中地方上的小小養女做到了。人們的敬重，更多是來自這一則傳奇。可以想見，當時文化協會等左傾團體中的文化人，看到自蘇聯歸來的謝雪紅，是如何的感受！

利用為農組募款的機會，謝雪紅幾乎認識了所有農組最重要的幹部。包括二林事件的醫生李應章，員林的醫生林糊，以及趙港、楊春松等等。趙港與簡吉交情莫逆，情同兄弟。他也對謝雪紅全力照應。趙港是大肚地方農組支部的負責人，為人非常熱情。他介紹了農組的重要幹部和謝雪紅認識。其中就有一個單純善良的農民蔡X溪。大家叫他「溪仔兄」，因為為人正直，地方上威信很高。謝雪紅也沒料到，二十年後的一九四七年二二八事件時，為她在台灣的逃亡作最後掩護，藏匿得最久的地方，竟然是這位「溪仔兄」位在大肚溪邊的工寮。

她也拜訪過葉陶，這時葉陶在旗後小學教書，也去簡娥的家「高雄旅館」找她。可惜簡娥太活躍，不知道跑去那裡了。後來，她終究發展了簡娥的關係，介紹簡娥加入台灣共產黨。

透過簡吉，透過為農民組合募款的活動，謝雪紅認識了台灣文化運動、農民運動最活躍、最重要的領導者。這對她建立起自己的人脈，發展共產黨的基礎，起了關鍵的作用。這也是為什麼當二二八起來時，她可以在台中發動群眾，化為武裝鬥爭，動員農村青年參與武裝起義，後來又得以在農組會員的幫助下順利逃亡的原因。這是一般知識份子所沒有的社會基礎。

由於日本殖民帝國的壓迫日益嚴酷，鎮壓策略更為粗暴，農民組合面臨動輒得咎的困境。此時簡吉不甘心屈服，一邊募款，為被捕的困苦農民家庭尋找經濟支持，也為前往聲援的農組幹部找一點費用。但最重要的是可以擴大鬥爭的宣傳面，這就需要出版物來補充。但農組沒有報紙，更沒有雜誌，只能對抗爭現場作報導，而為了節省成本，只能油印。此時殖民政府有意識要壓制，派出特務全面追蹤。

一九二八年秋天以後，因第二次中壢事件被捕許多人，更需要可以傳播農組訊息的管道。但每一次農組要發行油印的機關報《情報》時，敵人都會知道。有人開始懷疑，農組內部一定有內奸。因此《情報》的事，就決定由專人負責，他人不得過問。自此，《情報》的工作就由簡吉在台中農組本部選稿、刻腊紙，然後由蔡財（一個在農組本部幫忙的貧困農民）把刻好的腊紙送出去油印，印好直接在外面寄發到各地。這個辦法實行後，《情報》的內容就不再洩漏出去了。（註3）

根據楊克煌的回憶，這一年冬天以後，因蔡財有其它任務，加上他的身份也暴露了，簡吉就叫楊克煌代替阿財，執行《情報》的發行聯絡工作。楊克煌每個月到農組本部一次，去向簡吉拿刻好的腊紙，帶到台中商業學校北面，靠中豐公路的一個農民家裡，一進屋子，就看見簡娥已經在那裡。他把腊紙交給她，她告訴楊克煌第二天可以印好，再來取。第二天，楊克煌把印好的《情報》帶回去郵寄到各地，也帶幾份回農組本部。這個工作，一直做到一九二九年的「二一二事件」大逮捕為止。

據謝雪紅說，當時農組本部到底有沒有內奸的問題，是直到日本投降後，聽當年特務說了，才查清楚。原來日本特務是從同一棟房子的隔壁間二樓天花板上，走過來農組本部這邊偷聽的，不是由於內奸。但由此也可以想見當時的壓力之大。

肆

一九二八年九月底左右，台中農民組合本部樓上，簡吉、陳德興、陳海、楊春松、楊克培等人進行秘密集會，討論農民組合要不要聲明支持台灣共產黨的問題。這是謝雪紅提出的。

對參與會議的人來說，個人的支持絕對不是問題，楊春松在大陸曾加入中共黨員，台共成立後又加入台共，楊克培本是黨員，簡吉的思想早已非常鮮明，趙港更不必說了。問題只是農民組合該不該這時候站出來表明和共產黨的關係。

如果站出來，農民組合立即由原本的社會團體、民眾團體，或者說，帶有幾分模糊的農民階級的受壓迫團體，變成一個政治團體。它受到的矚目與壓制，絕對與以往不同。農民的支持態度也可能受到影響。當然，在此之前，農民組合的聲明、抗議、言論內容都已左傾，但它和正式公佈農組與共產黨的關係，還是有一段距離的。如果因此而嚇退了農民，讓日本殖民政府有更直接的藉口鎮壓農組，對農組與社會運動，不是正確的選擇。

簡吉的態度顯得冷靜而客觀。在《警察沿革誌》的記載裡，簡吉說：「於現時情況，連幹部都有許多人不知道黨是什麼，而我們也正在研究。另一方面，現在的農組幹部裡有農組方針相反的楊貴一派的反動勢力的餘黨，排除他們是當務之急，另外鑒於現在的農組的合法活動都受到如此彈壓時，即刻接受黨的提議一事需要多加考慮。」

《沿革誌》中也記載了日本殖民當局的觀點。他們認為農組中央委員、中央常任委員中早有台共黨員；簡吉、楊春松、趙港、陳德興等人都可以說「當時已在黨的指導之下進行著農民組合的潛伏小組似的活動」。

此處特別引用這一段話，有兩種作用。第一，看見簡吉的性格。他雖然支持共產黨，本身也是台共黨員，但他不會因此盲目的、無區別的處理台共與農組的關係。二者有不同的社會角色與功能，社會的認同程度也不一致，因而要區別對待。這是他性格中成熟冷靜的地方。第二，該注意的是，日本特務機關為什麼如此清楚簡吉在內部如此機密的會議中的發言。是不是有內奸？或者是日本有非常厲害的打聽方法？或者在後來的大彈壓之後，才從轉向者的口中問出來的。果如此，日本政府之矚目簡吉，以及農民組合的動向，絕對不只是看它的活動與抗爭，而是連內部的思想動向、行動方針、與共產黨的關係等。其關注甚至到了細節的地步。

以此看，一九二九年初春的「二一二事件」就不是簡單的「違反出版法」這種事了，而是籌劃已久、監視已久的大逮捕的開始。

農民組合面對著內外的問題。外部是日本殖民政府的壓力加大，組合員不斷被檢束；內部則是楊貴的「反幹部派」形成的分裂局勢，而第二次全島大會又召開在即，所以必須慎重處理。這才讓簡吉不想再橫生枝節，把台共問題攪進來。

伍

「幹部派」與「反幹部派」，用《警察沿革誌》的說法，「幹部派大體上是依循日本共產黨二七年基本綱領的路線的傾向，因而遵奉以二七年基本綱領為指導的台灣共產黨方針的一群人；反幹部派所主張卻接近被稱為所謂左翼社會民主主義的山川主義、合法性、實踐性的色彩極濃，隨著黨的勢力的擴展，其衝突有不可避免之勢。」

總而言之，農組內部的幹部派與反幹部的內部衝突，其實來自日本共產黨的兩條路線的鬥爭。一條是正統的共產主義，奉行第三國際的路線，簡吉、趙港、陳德興以及大部份幹部都屬於這一派。另一條路線為托洛茨基派，在日本又稱為山川主義，楊貴、葉陶、謝來進等屬之。原本在農民運動的大旗下，分歧還不明顯，但謝雪紅極力介入農組後，受共產主義影響日深，便不能免於日本共產黨的影響，內部的兩條路線的矛盾日益明顯。

生活作風也是分歧的原因。農組當時的經濟支持非常少，作風節儉刻苦，和農民同甘共苦。生活於農組本部的簡吉，還常常沒東西吃，只拿幾根香蕉果腹度過一日。但楊逵和葉陶比較像文人，他們

喝酒抽菸，生活比較浪漫，政治行動也不一定與農組本部配合，乃引起其它幹部的議論。（註4）

一九二八年六月，當文化協會的連溫卿一派遭到文協左派排擠而退出戰線之後，楊貴感受到自己在農組內部也遭到批判，就和連溫卿會晤，商量如何對付幹部派。但簡吉與趙港聞悉此事之後，決定先發制人。於六月二十四日在台中農組本部事務所召開中央委員會，對楊貴作了相當程度的查詢，最後請中央委員表決，結果以七比三，剝奪了楊貴在組合裡的一切職務，包括中央委員地位。

楊貴對此相當不滿，曾寫了聲明，正在猶豫要不要分發之際，農組本部已經將該次會議記錄發出去了。其中當然涉及對楊貴生活作風的一些批評。楊貴於是展開反擊。於是農組內部的不合，就公諸於世了。這對農組的團結，當然是有傷害的。楊貴自此脫離了農組的公開活動，轉而創作小說，最後反以小說名家傳世，長遠看，這於他未曾不是「塞翁失馬焉知非福」的事。

殖民地的社會運動往往有這樣的特質：愈是壓迫愈嚴重，雙邊對如何對抗壓迫，就愈容易出現兩條路線的鬥爭。激進派認為，非直接反抗壓迫，不足以呈現殖民帝國的野蠻與暴力本質；非強化抗爭，不足以喚起民眾的覺醒。

溫和派認為，鬥爭可以有多種方法，過度激進，會嚇退生性溫和的農民，要帶領農民抗爭，這是沒有錯的，但可以走在合法的邊緣上，採取多種抗爭方法，可以更多樣，靜坐、聚集不散的人群、廟口的開講、流動的演說等，都可以實行，不必非發動群眾，包圍警察局，激烈衝突不可。

雙邊為了這種路線問題而爭執，是所有社會運動必然面對的課題。而為了強化內部的團結力量，為了凝聚向心力，統一思想，強化組織，以對抗外在野蠻的壓迫，是絕對必要的。所以，為求團結一致，最後只有內鬥分裂，清除出不合作的隊伍，整理出戰鬥的隊伍，這往往是必然的結局。

但內鬥有什麼結果？誰會勝利呢？從歷史經驗看，往往是激進的一邊獲勝。

為什麼？因為激進者的邏輯是最簡單易懂的。強烈的對立，極端的二分，讓是非黑白分明，將群眾作切割。群眾運動是無法訴諸理性的，它只需要清楚的敵我指引。在強大的壓迫下，人們更難以維持理性。人們期待思想絕對，行動單純，對抗意志堅強。

然而，歷史有時是非常弔詭的，因為溫和者，也不一定能獲勝。所有的鎮壓者、暴力國家機器不是以你合不合法，要不要守法為界定，而是你是不是屬於反抗者的一方。如果是，鎮壓當然會持續到最後。

台灣文化協會先分裂為激進與溫和兩方。激進的一方備受打擊。而溫和的一方組織了台灣民眾黨，表面上維持了暫時的生存與小範圍的社會活動空間。但等到激進的文化協會都被打擊得無法生存，入獄的入獄，流亡的流亡，對溫和派的打擊就開始了。台灣民眾黨最後仍不免於禁止的命運。因為失去激進者的對比，這些溫和派就不成其為溫和；因為他們本身的脆弱與易於妥協，壓力來臨時，連反抗的力氣都沒有了。

一九四五年之後，日本殖民政府曾逐步公佈當時資料，一份機密文件指出，總督府曾擬定過對付台灣社會運動團體的辦法。簡言之：第一，加以分化，先打擊激進派，扶植穩健派。打擊文協左派，扶植文協右派（即台灣民眾黨）。使之分裂，取締左派活動，容許右派活動。二者互相猜忌，民眾黨被罵走狗，雙方無法合作。第二，取締左派，讓其幹部或入獄或流亡，至其消亡後，再來取締右派。

總之是以二分法，將所有團體切割，打擊激進，扶植穩健；等到一階段結束，再將現存團體分為激進穩健，繼續分化打擊。最後所有團體零細化，就消滅了。

以「後之視昔」的角度看，這確實是一著狠棋。日據時代，從文化協會到農組，都被分化打擊，最後在暴力國家機器的鎮壓下消亡了。

然而，一九二八年當時，台灣農民組合還不知道日本政府有這種陰謀，農組的幹部們帶著強烈的左翼革命夢想，召開了「第二次全島大會」。

陸

第二次全島大會可以說是在台共的指導下召開的。一九二八年十月，台共東京特別支部成立後，林木順指示林兑，給予「預定於十二月底在台灣召開的農民組合全島大會，以反映黨的影響使命，應前往台灣」的指令，然後起草「農民問題對策」為題的指令書。這時已是台共黨員的林兑把指令書的要旨先函知簡吉，再於十一月二十九日化名返台，和簡吉見面。雙方討論如何把「農民問題對策」透過大會的議案，加以實現。

為了壯大聲勢，整個農民組合幹部都動員起來。遠在朴子的侯朝宗、李天生接到農組本部指令，決定發動群眾北上台中。他們採取最樸素的辦法，徒步苦行，走到台中市去。沿途上，群眾夾道鼓掌、放鞭炮歡迎，有人跟著參加隊伍，本來十來個人的隊伍，走到北斗的時候，己上百人。這一群台灣水牛一般堅毅、樸素的農民，自己帶著白米、蕃薯乾、鍋子走在泥土飛揚的牛車路上，餐風露宿，仰天而眠，沿途還召集農民開會，宣傳農民組合第二次全島大會的重要性，走了五天，終於到達大會的會場—台中市樂舞台戲院。

這整個過程，如此動人，刻畫在李天生所著的《天星回憶錄》裡。

「大概在一九二八年十一月接到農民組合本部的通知，將於是年國曆年底（十二月三十日）假台中市樂舞台戲院，舉行第二次會員大會。

當時長女碧蘭出生，做了父親，家庭的責任加重了。當然家人一再規勸，要我以上次被判徒刑為殷鑑，重新做個規規矩矩的商人。但我權衡輕重緩急，決定先『公』而後『私』，暫時撇開家庭一切，參加全島性的大會。況且本部的指示要勸誘農民盡量參加以共襄盛舉。我與劉啟光（作者註：本名侯朝宗，後因台共大檢舉，而流亡大陸，參加抗戰，而改名劉啟光。他是農組第二次全島大會的會議主持，兼致開會詞）、劉溪南等朴子附近同志邀得數十名農民，為了節省旅費，為了沿途宣傳方便，決定徒步前往台中。我們除攜帶行李以外，以麵粉袋、布袋裝食米及甘薯簽、魚乾等糧食及簡單炊具向北港出發，當進入西螺後，再沿縱貫道路一行浩浩蕩蕩，或唱歌或喊口號相偕而進。我們天未亮就動身，每走到中午或黃昏，就找靠近村莊的路邊樹下，或廟宇前的空地休息，簡單地填飽肚子。待休息之後，我們往往見機而行，如未見日警監視，我們就找附近農民集會大肆宣傳。如有願意參加大會的農民，我們即時邀其加入；晚上，我們就地露宿於路邊的樹下或是廟宇的廊廡下，我們的隊伍人數逐日增加，通過北斗時已接近百人。在第三者的眼裡一定覺得是奇形怪狀的組合。有的用扁擔挑著烘爐、鍋子，有的背著布袋，有的手裡拎著包袱，身上的衣服都蒙上一層灰塵，似乎是流亡的難民。我還得照料我們隊中的兩個女性。一個是劉啟光（侯朝宗）的妹妹侯春花，另一個是北港鎮南面蘇厝寮村的蘇英女士；在那個思想閉塞的時代裡，這兩人是短髮的年輕女孩，思想新維，行動活潑，在一九二七年已經參加農民組合，專就婦運工作方面而努力。

當我們由西螺，經北斗再向目的地進行時，風聲已遠播附近鄉村，是以每經過一個村莊時，就發現沿途兩側，早已列著男女老幼拍手喝彩高呼萬歲，有的燃放爆竹歡迎。我於晚上露宿時，有的時候過了半夜，好久未能入睡，望著滿天的星星，難免想起家鄉的妻女，於心頭湧起歉意參雜著淒涼的一抹哀愁。可是想到有這麼多民眾的熱烈鼓舞，晚上的哀愁和白天的疲倦都忘得一乾二淨了。我想這是維護民族自尊的大行動，是台灣人翻身的時候，愈想愈覺得活力倍增，意氣昂揚。徒步四天，直至第五日的下午才抵達目的地台中市。」（註5）

十二月三十日，農民組合最盛大的一次全島大會在台中市初音町樂舞台舉行。日本官方記載，參加者有全島代議員一百六十二位，來賓一百三十名，旁聽者三百五十名至四百五十名。大會選任楊春松為議長，蔡瑞旺為副議長，由議長任命簡吉為書記長。整個活動背後的隱藏指導者是台共，即謝雪紅與林兌。農組的議案與對策，幾乎是依照「農民問題對策」的綱領進行。

這一點只要看看「台灣農民組合第二次全島大會宣言」就知道了。

台灣農民組合第二次全島大會宣言

勇敢的工人農民兄弟姐妹啊！一切被壓迫民眾啊！

我們台灣農民組合自一九二六年成立以來，對日本帝國主義者、資本家以及反動地主發起勇敢的宣戰，猛烈的進攻，使凶惡橫暴的日本帝國主義者、資本家以及地主膽戰心驚。狗官劣紳及一切走狗極感慌張狼狽，一心一意想利用種種蠻橫暴戾的手段來有計畫地不斷壓迫我們的運動。但是勇敢的農民大眾不但對這瘋狗式的暴壓淫威毫不畏懼，反而以不辭一死的大決心，更加活潑更加勇敢地推動熱烈的鬥爭，堅守組合的陣營，擴大組合的勢力，堂堂地將組合陣容設立在本島。

做為殖民地反帝國主義運動的一支大軍，為了準備有組織、有計畫、有意識地攻擊萬惡的帝國主義與反動地主，也為了清算過去一年鬥爭運動的適當與否，台灣農民組合排除一切暴壓與障礙，召集數百名勇敢且精銳的鬥士——代議員，在如此狂風暴雨之下，舉行了第二次全島大會。

戰鬥的工人農民——一切被壓迫民眾啊！台灣農民集合第二次全島大會的任務及其意義又大又重要。我們的公敵帝國主義者還沒倒下，封建餘孽還沒殲滅，民族解放尚未成功的現在，不論由民族上政治上的反帝國主義運動戰線來看，或由農民本身土地、民主主義解放運動來看，這回提出於大會的工農結合問題、台日鮮共同委員會問題、大眾黨組織促成問題、機關報問題、救援會問題、青年部婦女部建立問題、事關農民死活的耕作權的建立及生產物管理權的建立及地租減免……等等問題，都是在殖民地政策蹂躪下的我們不可須臾忘記的問題。

在我們的解放戰線上，我們希望各團體堅強勇敢的各位同志全力以赴，撲滅敵人的一切陰謀毒計，排除一切障礙，以期完成我們的重大任務。

各位戰鬥的工人農民——一切被壓迫民眾。瀕死的帝國主義與反動地主為了保持狗命，正全面準備屠殺工農的第二次世界大戰，對無產階級—尤其是殖民地台灣的無產階級——的壓迫與剝削更為積極，更加殘忍，愈來愈露骨。因此，台灣的工人、農民、小市民在政治上經濟上所受的痛苦已經達成極點。試看嘉義、高雄的大罷工、新竹事件、第一次第二次中壢事件以及最近的大肚土地問題，不是把統治階級的凶暴殘忍性暴露無遺嗎？

工人、農民——一切被壓迫民眾啊！自從工農祖國蘇俄建立以來，如何為其治理下的工農群眾謀求解放，增進福利，如何為各國被壓迫階級與被壓迫民族的解放而提供援助指導，已經很明顯了。國際帝國主義雖然予以大規模武裝進攻，經濟封鎖……等等的危害，但遇上工農堅強團結的蘇俄則始終徒勞無功，未攻未戰而不得不自己撤退，不是嗎？現在的蘇俄不但在政治上得到了絕大勝利，在經濟上也得到比革命前大數十倍的增收，工農階級的自由幸福是世界上無可比擬的。

長久在世界第一號的英國帝國主義者的鐵蹄蹂躪下的印度、埃及也順應時代的要求，舉起反英的的叛旗，還有摩洛哥、爪哇、蒙古……都為擺脫帝國主義的桎梏而要求獨立，沒有不向帝國主義宣戰的。中國工農群眾也全國武裝奮起，反抗國際帝國主義及其爪牙新舊軍閥、貪官污吏、土豪劣紳，於廣東、福建、江西、湖南、湖北組織工農政府，步步得到勝利。日本、朝鮮的工農群眾也英勇地與帝國主義鬥爭著。在同一公敵之下呻吟著的中日台鮮無產階級當然應該趕緊聯合起來，更加團結，拿出勇往直前的精神與一切力量，撲滅日本帝國主義者與一切反動勢力。

工人、農民及一切被壓迫民眾啊！我們要覺悟這是我們的命運。我們的組織和團結將使我們走向苦盡甘來的道路，決定我們的命運也正是決定全無產階級的命運。

我們要前進。我們打先鋒，我們鬥爭到底。最後的勝利終將歸於我們。光明就擺在眼前，我們要急起高呼：

農民啊！快來加入農民組合。工人啊！快加入工會。
工人、農民團結起來。
建立耕作權，建立團結權。
台灣被壓迫民眾團結起來。
台日鮮中工農階級團結起來。
擁護工農祖國蘇維埃。
支持中國工農革命。
打倒國際帝國主義。
反對新帝國主義戰爭。
被壓迫民族解放萬歲！

全世界無產階級解放萬歲！（註6）

這一次的大會是在日本警察的高度壓力下進行的。開始的人事任命、賀電一唸完，由張行開始進行「本部情勢報告」，就面對六次的中止命令，由六個人以接力的方式唸完。各支部的情勢報告，更連續被大叫中止，衝突叫罵不斷升高。簡吉盡力控制會場，努力維持秩序。一旦有升高到非常危險時，他就先宣佈休息暫停，大家拍照留念。第一天是在這種狀態下勉強結束的。

這一天下來，農組的主要負責人已經預感日本政府不打算讓他們平安開完會了。次日開始，立即變更議程，先進行預算決算報告與委員選舉。簡吉仍當選為中央委員，並推舉黃信國為中央委員長。在審議議案的部份，議長楊春松看破日本政府的企圖，乾脆只出示印刷物，宣佈無需說明，不讓日本政府派來的臨監官有找藉口的機會。果然等到議長說明議案內容時，就不斷被臨監官下令中止，引起場內一片不滿的嘩然，全員起立抗議，大叫不當。結果，第二次全島大會就此被下令解散。簡吉等八人還遭到檢束。

《天星回想錄》對這一段過程，以及後來他所遭遇的逮捕刑求，有詳細的描述：

「開會的地點是市內的樂舞台戲院。我們前往報到時，已有數百人在那裡，非常熱鬧，當夜，我們在舞台後面席地而睡。臨睡前，我們會見了農民組合的幹部，他們分配十幾人擔任主席團的工作。我負責的是開會中守衛講台，並高呼口號。翌晨上午九時開會以前陸續由附近及市內擁進戲院的民眾約近千人，不僅長凳子上坐無虛席，兩邊走道都擁滿了站立的人。可怕的是數十名武裝憲警也隨著進來，如臨大敵分站在民眾的後面，另有十幾人登上講台。看他們兇猛的臉孔，我陡然滋生這次大會必有麻煩的預感。主席簡結（編輯按：原文寫『結』，應為台語之『吉』。李天生可能記住台語音，而寫錯了，下同。）勇敢地站起來，步至講台的前面，宣布開會之後開始演說。講了一、二分鐘到了精彩的講詞，大家喝彩鼓掌，台上的一個日警大喝一聲：『停止！』如此停停講講，終於簡結被拉下來，換了另一位幹部上去演說。還是說不到幾分鐘就喝令停止，這樣鬧了好久，使得滿場的空氣緊張起來。我由台上看到與會大眾無不滿面怒容，有的揮舞著拳頭大聲叫嚷著。他們內心的憤怒可想而知，但面對著武裝的日警真是無可奈何。主席終於宣布散會，並說明日再繼續開會。我依照前夜預定的計畫，馬上以間不容髮的速度高呼口號：『打倒日本帝國主義！』台下的民眾也跟著大叫起來。正是那個時候，站在後面的日警抱緊我，另一個日警跑過來，用手銬扣住了我的雙手。我又被捕了。

我被拖出戲院外，送至台中市役所警察課的拘留所。當天下午，訊問開始了。日警二人一口咬定我們另有陰謀暴動計畫，預計襲擊政府衙門。這是冤枉的，我當然拒不承認。（因為簡結及劉啟光他們未曾告訴我這種計畫。我只曉得大會要舉行二天，第一天演講及報告，第二天要通過大會宣言。）他欲屈打成招，在一再被拒之下終於動了刑。我早已曉得刑求是日警一貫的作風，他們輪流揍我，當初用拳頭，後來用直徑寸許的木棍抽打，不管我的死活，在背上、腹部、手腳任意橫施暴力。我一個字也不招認。我咬緊牙根，忍受劇痛，甚至躺在水門汀上打滾。日警依然無法可施，只好把我扣押過夜。翌日又被折磨一個下午。倘如我禁不起拷問而貿然承認，我必定被判處徒刑，並且要連累到許多同志。他們甚至眼看著硬的不能生效，便改變方式哄騙我，要我將功贖罪，告訴我如我招認，可將我以無罪釋放。我的堅強意志與義氣不許我做出違背善良的勾當，仍然堅決否認。他們後來無計可施，提來一鉛桶尿潑在我身上，真是惡臭難當。如此慘無人道的凌辱，仍未使我屈服，繼續拘留了我一夜，第三日上午始將我釋放。」

這絕對不止是李天生個人的遭遇，而是農組幹部被「檢束」時常常有的「待遇」。但李天生被刑求逼供，要他承認農組有「陰謀暴動計劃，預計襲擊政府衙門」，卻不是偶發的，而是日本殖民政府有意進行大逮捕，對農組大鎮壓的徵兆。

這是台灣農民組合最激進的一次集會，也是最後一次大集會。透過中壢事件、密集監視、現場施壓、壓制農民退出組合活動、檢束幹部等等政策，簡吉和所有農組組合員當然知道，強大的鎮壓正在來臨。但他們不能不戰。因為再不戰，這將是最後的一戰了。

【本章註】

註1　見謝雪紅著《我的半生記》。

註2　同前註。

註3　同前註。

註4　同前註。

註5　見李天生著《天星回憶錄》

註6　見《台灣社會運動史—農民運動》篇，頁144。創造出版社出版。

第七章 ● chapter 7

二一二大檢舉

日本勞動農民黨派遣黨員古屋貞雄律師（後排中間）來台指導農民組合運動，他並擔任二一二事件辯護律師，與簡吉（前排左二）及農民組合的幹部合影。

（圖／大眾基金會提供）

沒有後悔，沒有情緒，簡吉只冷靜説出監獄的報復主義管理，不把人當人看；至於他自己，他從未認為自己是犯罪，更沒有違法。他有如在監獄裡作了一場精神修煉，以更強的意志力，準備回到社會好好為農民運動做事了。但等在前方的，竟是更嚴酷的考驗！

壹

一九二八年底，農組第二次全島大會的高度緊張，甚至沒什麼行動，只是宣讀一些綱領，都已經引起彈壓，這就預示著日本鎮壓時代的來臨。有沒有違法，違反什麼法，到什麼程度才應該取締，取締的現場要不要取證，是不是合法合理……。這一切都不是理由，總之，殖民政府就是要藉口中止，檢束農組幹部，使農組無法繼續活動下去。這不是片面的對付農組的某一部份人，而是全面性的「開戰」，整體的鎮壓。

洪水流的回憶鮮明的記載著農組的應變：「一九二九年，農組瀕臨危境，集會、演講都大受限制，甚至在公厝召開支部會議及青年部、婦女部的教讀漢文也被壓迫禁止。組合員若要聚會，必須秘密約在某人家裡，而且人數也不能太多，免得日本臭狗子知道了找麻煩。我記得有一天晚上8點多，父親剛從外面買了米粉和罐頭回來，順治、玉蘭及附近十幾個組合員都到我家來，商議如何因應日本的高壓政策。順治一進來就向我要張紙，他在紙上劃了十幾條線，一條線寫一個人的名字，然後排在桌上對在座的人說：「萬一臭狗子來查，我們就說大家在『拈虎鬚』，抽誰請客吃米粉，這樣臭狗子就無法說我們是非法集會了。」據說那夜農組分成好多小組，在各處開座談會，要大家提出意見商討如何對付日本人的壓制迫害。」（註1）

然而這種細部的調整，戰術的改變，以及壓抑的氣氛，只會讓民眾更為恐懼，即使有部份敢於對抗的人出來，但總體而言，卻無法應付日本殖民政府的國家機器暴力壓迫。「拈虎鬚」只能延緩鎮壓的感受，但不會改變鎮壓的本質。但農組要不要展開全面對抗的「焦土戰略」呢？

後來，台共領導者的謝雪紅與翁澤生、王萬德曾就此時農組該不該調整戰略，作全面對抗，有過爭論。一方認為此時不採全面對抗，而想用合法手段，試圖低調過關，是機會主義；但另一方認為，此時應採有技巧的持久戰，才能保存實力，作長遠鬥爭。但其實，他們兩邊都未估計到日本殖民政府的鎮壓，是一個全面的政策。再低調，一如第二次全島大會，也一樣會被中止解散。（註2）

從後來的結果看，日本殖民政府的總體政策是鎮壓，徹底的鎮壓，直到台灣的反抗運動徹底消失。差別只是如何有技巧的著手壓制，一步步迫害，使文化協會與農組瓦解而已。

而對農組幹部來說，反抗與不反抗，命運將是一樣的。與其沈默被鎮壓下去，不如直接起來反抗。簡吉就是主張直接反抗的人。

一九二九年開春，二月十二日，農曆大年初三早晨，家家戶戶還在新春的喜悅中，日本殖民政府就發出了「全島大整肅」的逮捕令。這就是著名的「二一二事件」。

簡吉在後來的日記中寫道：

「去年的今天是舊曆正月初三，屠蘇的醉意未醒，而且是正在屠蘇的酣醉之中。是歡樂的新年！然而，侵襲清晨的是，全島三百餘人被大檢舉，五百餘處住宅被大搜查。與農民組合有關係的人以及與他們來往的人和家都完全一片混亂！在搜查住宅時，故意粗野蠻橫，拘捕時更是粗暴示威，完全破壞了全島的屠蘇祥和氣氛！自己正在本部。因為不願做飯，就把朋友送來的甜粿、菜包、魚丸等等都胡亂地混在一起，也不知是甜是鹹，作成非常離奇的煮年糕，初一初二都是這樣度過！在那以前幾天的事情現在記憶猶新。

今年的今日也是舊曆正月初三，它已在十二天之前過去！可是，在此最近的約兩週期間，就是從舊曆正月初三到新曆的二月十二之間，可能是使民眾回憶去年情景的恰當時機！

與回憶情景的同時，恐怕還需要讓民眾認真思考下述一些問題！為何會發生這種事件？它為何違反治安維持法，又成為違反出版法，為何只將十二個人交付公審？現在又怎麼辦？」

貳

同樣是這一天，謝雪紅在台北的國際書局，買了一些好東西來吃，和書局員工分享，算是過一個平安的年。因為愛吃「長年菜」，一下子吃太多了，十一日晚上就起來拉肚子，腹瀉好幾次。但不安穩的夜還未天亮，日本警察就來敲門了。

謝雪紅在回憶錄《我的半生記》中寫道：「

一九二九年二月十二日早晨，天還未亮的時候，聽到有人來敲門，楊克培去開門。只見十幾個「高等刑事」（又稱高等特務）衝了進來，他們即刻上樓找我，要我們跟他們到警察署，我知道又是來逮捕了。這天離國際書局開業剛好一個禮拜。

事情為什麼一而再，再而三地那麼巧合！在上海時，林木順帶台共黨文件來我處過夜，翌晨日警就來逮捕，文件落入敵人手中；去年十月初，林日高花了許多心血去日本帶回來我綱領文件，交給我的手，第二天敵人就來搜查；這次王萬得才由日本帶回文件交給我，翌晨敵人又找上門來。

平日對於像台共綱領這樣重要的文件，我習慣把它藏在身上，不是藏在「肚圍」（腹卷），就是放在大腿有鬆緊帶束襪子的地方，我絕不讓它離開身上隨便放置。

那天清晨，我聽到有人敲門的急促聲，趕緊穿了一件衣服時，這時特務已來到我跟前，我說要到廁所拉肚子，敵人並沒有阻攔我，我就往樓下走。在樓梯的 地方以及樓下，我看到都有特務在那兒站崗，使得我下樓的一路上心是很不安的，擔心萬一敵人機警一點的話，要求搜身時，黨的文件就會落入敵人手中；這應是他們這次進行全島大搜捕的目的了。幸好沒有一個敵人懷疑到我身上藏有東西，都讓我通過了。

一進入廁所，把門一關，這時才放下心來，我立即取出那些文件，把它捲起來塞進糞溝裡，這還不放心，又用放在旁邊的一隻破掃帚把它捅進去；當我從廁所出來時，就沒有什麼顧慮了，什麼也不怕了。

後來敵人分別用小汽車把我和楊克培押到台北警察署的留置場；此時敵人並沒有審問我什麼，我心中納悶著此次敵人進行逮捕的目的是為了什麼？

到了下午兩三點鐘左右，敵人用小汽車帶我到台北火車站，兩個便衣警察同我坐火車，我看到車往南開；在車上我沒有看到楊克培或其他的人，因而更加使我懷疑他們這次逮捕意圖是要幹什麼？

火車抵達台中已是晚間了，下車後敵人把我帶到一個留置場。我忘了這個留置場是屬於「大屯郡警察課」或是台中州廳，只見裡面有幾間牢房，全是關女的，男的牢房在另外地方。

翌晨，很早就聽到隔壁牢房有人講話，說：「昨晚又有人來。」我聽出是熟人的聲音，就大聲喊：「我是謝雪紅。」這時他們也各自報上名來，有葉陶、張玉蘭、侯春花，還有林碧梧的母親。這時我才知道敵人進行了全島大逮捕。日後大家把這次的大逮捕稱為「一二．一二」事件。

林碧梧，豐原人，一個相當大的地主，也是文協的重要幹部，當時思想比較左傾。敵人去逮捕他的時候，把他家的房子包圍起來，他母親是個無牌照抽大煙（鴉片）者，一看到警察，心虛以為是要來抓她的，心裡非常緊張；又聽到窗外有腳步聲，想必是家人，她就把抽大煙的道具往窗外送，站在外面的警察就一件一件接過去。結果，她也被逮捕了，成了這次大逮捕的副產品。

事後得知，我和楊克培被捕後，敵人馬上對國際書局進行「家宅搜查」，當然他們什麼也沒有撈到。店裡只剩下楊春火宣和阿雙姐的女兒兩個未成年人，阿火宣小學剛畢業不久，才十五、六歲，而阿雙姐的女兒還在唸小學。因此，阿火宣就打電話到彰化告訴楊克煌，說我們被捕了，店中無人管理，要求他即刻來台北。

二．一二事件的大檢舉是由台中地方法院檢察局指揮全島的警察進行的，所以，各地方警察都要把案件及犯人送到台中地方法院檢察局來。

我在拘留所（警察期間）被關七天，於二月十九日被送到「台中地方法院檢察局」去「送檢察」（一般人叫做「過檢察」），先在那兒辦了一些形式上的手續後，即轉迭進「台中監獄」（刑務所）。

在警察留置場期間，敵人沒有審問我一些稱得上案件的問題，只問我怎樣同農組、文協的幹部認識啦？我為什麼到台北開國際書局啦等等。敵人問這些無關重要的事，表示他們這次進行的大逮捕是徹底失敗、是撲了空的。

在警察期間和檢察期間，我都一貫地表示：我到上海想唸書，本來誰也不認識我，你們卻把我捉回台灣來；本來我是一個沒有學問，只會教教人家做裁縫的人，竟然因而出了名，使那些有學問的人也來找的，我有什麼辦法呢？這些都是你們抬舉我的結果。後來大家教我學會了很多東西，幾個朋友勸我來開一家書店，使自己有機會學習，又可給別人方便，就這樣才開了國際書局……。敵人就再也沒有什麼可以問我的了。

而在送檢察期間，敵人也只向我審訊幾次關於國際書局的事，以及在上海的事，還問一些不能構成罪狀的問題。當時敵人摸不著頭緒，作為一個案件誰是頭頭全不清楚，是農組的人或是文協的人？連我和楊克培誰資格老都搞不清；因楊克培是日本的大學畢業，而我是無學問的。

送檢察十天後，記得是三月一日，敵人把我從台中刑務所釋放出來。記得這次出獄時，我在台中沒會見到任何人，連我二姐家也沒能去。可能是當時敵人釋放我時即買車票給我，把我直接送回台北的。這種辦法台灣方言叫「打地架」（扑遞解），就是把你驅逐出境。敵人這樣做的原因是害怕這樣一下子把幾十個危險人物同時釋放，又讓他們在台中相聚的話，他們必然會開會譴責這次的大逮捕，或進行啥活動，所以，才採取這種分別驅逐的辦法。

在這次事件中，有關中壢事件的被捕者並沒有被釋放出來，如簡吉、趙港等；楊克培何時回台北我忘了。

日本帝國主義在台灣的法西斯當局，以為台灣共產黨的綱領等文件早已掌握在他們手裡（一九二八年四月二十五日在上海被搜走的），妄想採取同時對全島的革命群眾進行一次大逮捕，用這種突襲方法，可以找一些與台共有關的東西——黨的文件（持有人必定是黨的關係者），或找到什麼蛛絲馬跡也能暴露幾個與黨有關的人或組織。敵人也知道台共成立到當時為止，還不到一年等等，因此他們滿以為經過這次大逮捕，無疑地，整個台共組織就可以一網打盡了。可見日本帝國主義對台灣革命群眾進行這一次大逮捕的目的是企圖消滅台灣共產黨的組織，以達到鎮壓台灣人民反對日本帝國主義殖民地統治的民族解放鬥爭。顯然，這回敵人的企圖是落了空、失敗了；然而，這次事件帶給台灣人民革命運動的影響是很大的。」

謝雪紅的判斷沒錯。日本殖民政府要查的台灣共產黨勢力與農組的具體關係。殖民當局只知道台共的最顯著活動，是透過農民組合來進行，但根本不了解其實情。他們一方面恐懼農組的共產主義化的傾向下，逐漸影響農村，形成革命基地；另一方面又無法掌握具體狀況，心生恐懼；於是以「不能放任農村於思想惡化」的名義下，決定仿照清查上海讀書會的模式，對農民組合進行大逮捕。

參

《警察沿革誌》記載，二一二當天，進行家宅搜查的處所，包括農組本部、支部事務所、有關團體（文化協會、民眾黨、共產主義團體、研究會等）、及主要幹部的住宅等，共三百多處。查扣的證物，多達二千多件，依拘引狀（逮捕令）執行者有五十九人，但同時被逮捕的人，遠遠超過。但物證之中，除了已發現的資料之外，並無特殊物品。這是日本官方的文書記載。

但農民組合可不是這樣描述的。根據趙港所寫的「處於再建時期之農組基本綱領」所描述：

「二月十二日凌晨，全島以台灣農民組合為主的所有組織都同時被官警襲擊了。將近兩百名的眾多領導者被奪走了。官警從我們的事務所到鬥士的家宅，從屋頂的隙縫到床底壁角，為了搜出任何有關共產黨的文件而上下亂翻。文件與書籍一紙不留，找到的都強奪而去。被暴力性的ＸＸ（原文為《警察沿革誌》所刪除）力破壞之後的我們陣營，一時陷入混亂狀態，但是放出來的戰士與沒被抓到的戰士，打算轉移新的陣地。然而遭到官警的狠毒無比的彈壓與迫害，都被驅逐或拘留。白色恐怖橫行，企圖把咱們的運動逼入非法地位，且正在斷然行動。

我們只看一個事實就可以明白。官警嗅出我方戰士潛行於桃園地區，立即總動員州內的警察，搜索所有的農家。他們甚至化裝成農夫，日以繼夜在該地的每一個角落佈下層層戒網，為逮捕我方勇敢的戰士而狂奔。而且抓到就關進拘留所二十天以上，然後驅逐出境，做瘋狂的末日掙扎。二林也是如此。潛往的戰士差不多都被關進拘留所二十天以上後逐出。其它正在鬥爭的地方也都一樣，都落入了那些傢伙的白色恐怖。

這種事情不過是加諸我們工作人員的迫害的一端。他們官警看到我們農民組合的領導者被抓走後，認為『機會來了！』一下就伸出魔掌，恐嚇我們組合員，逼他們脫退組合。此外，於四月間，以刊登有關二一二事件的報導與情報，把我同志陳結莫名其妙的關進牢裡，達二個半月之久。為了連根剷除我們的一切活動，他們加以罪大惡極的彈壓迫害與追究，連鼻屎大的自由也剝奪掉了。……」

《警察沿革誌》記載：由於檢舉範圍太廣闊，牽連太龐大，涉及農組全體的主要幹部，整個農民組合的基礎幾乎動搖。除了部份地區依然堅定抵抗，其餘支部的組合員統制開始紊亂，解散的支部有兩個，辦事處有一個，有些意志薄弱者不無因而脫離農民組合的事。檢舉前的組合員數為一萬一千四百十名，檢舉結果，減少了兩千一百多名，成為九千三百六十九名。其中實際負擔組合費用者。不過僅僅三百二十名。這是殖民政府的官方說法。

但在趙港寫的檢討裡，他分析過去的錯誤是只重視量的增長，卻未重視組織的訓練，以致於加入者的三萬人之中，不到一萬人交費，思想訓練不足。這就意味著農組組合員的的參與人數，應超過殖民政府的估計。只是參與人數發展太快，沒有完成組織訓練，就遭遇鎮壓。

肆

二一二事件被逮捕者有五十九名，其中八名由警官釋放，五十一名則以違反治安維持法為由送檢方。主要的組合員如簡吉、楊春松、張行、陳德興、陳崑崙等十三人以違反出版規則的名義，交付預審；其餘的三十八人尚未決定起訴與否，即予釋放。但預審仍無法證明這十三人與台共的關係。什麼叫違反出版法呢？就是由於他們印製第二次全島大會宣言。

根據楊春松的回憶：「林新木在預審階段即被免於起訴。在法庭上，簡吉為保護同志將大會宣言的印刷出版一事，自始自終咬定是自己所為，與旁人無關，願一人承擔全部責任。但裁判長識破了簡吉的這一意圖，未予理睬。」（註3）

根據一九二九年八月廿日，公審宣判，簡吉被判刑禁錮四個月，其餘一律二個月。簡吉是刑期最重的。

簡吉後來在獄中日記裡寫道：

「專門處理法律事務的審判官，在第一審時只判處監禁四個月，連未判決拘留的一百二十二天計算在內，第二審卻判處監禁一年，差距實在太大。更兼，作為所謂共產黨案件，當成違反治安維持法案件在全島大檢舉三百餘人，從而轟動一時。為了掩飾那種毫無事實根據的局面，遂捏造成違反出版法事件。前年的事實是，由於散發同樣文件，送交台南地方法院公審，結果是一審判為無罪結案。事實上，成為本案證據的所謂台灣農民組合第二次全島大會宣言書，是去年一月三日住宅遭受搜查時，其原稿與許多文件一起被警察署帶走，第二天的四日，其他文件有兩三份受到禁止宣佈處分，關於這份文件在毫未受到注意的情況下，安然歸還以後，換句話說就是在警察核閱完畢的一月五、六日印刷後寄往各地，但在寄送途中幾乎均被警察沒收（只有麻豆的很小地區收到）。這個事實毫未使自己有罪惡感。」

然而，作為以階級為主體構成的農民組合並非如此脆弱。二一二事件之後，的確有一段時間陷入大困境，動搖分子脫落，失去領導人的組合離散，活動停頓。但隨著前述三十八人的釋放，及一九二九年七月趙港、八月三十一日簡吉的保釋出獄，所有幹部再度集結，共同致力於再建方針的訂定與實踐。趙港起草「農民組合新行動綱領」，簡吉出面成立農組台北辦事處，事務所設於台北市上奎府町，由張道福、許月里開始辦事。

而在台共方面，由於二一二事件主要是針對台共進行彈壓，因此更激起農民組合中的台共黨員的反彈。在農組擔任的幹部職務的台共黨員，在台共中央委員會中，正式接受組成台共農民組合分部的命令，主要幹部相繼入黨，逐漸爭取活躍的組合員，對無法爭取的人，則排除在陣營外。

這種地下化的組織形態，是由於合法運動已經不可能，只有走向非法，完全「潛行」於地下。農組大事發行鬥爭情報，指令情報，在全島建立秘密的分發網，予以散佈。再藉由地下的座談、個人訪問、街頭聯絡等，來重建農組的陣容。同時，台共方針有關設置青年部、婦女部、救援部的計劃，也一九三〇年開始，逐步發展。應該說，農組並未被擊垮，反而更為左傾而激進化了。

利用八月間保釋出獄的機會，簡吉、趙港快速的進行農組的再建。除了成立台北辦事處，恢復新竹州瀕臨瓦解的各支部以外，還改選臨時中央委員，推舉簡吉、趙港、楊春松、陳德興、張行等五人為中央常務委員，審議並通過農組的新行動綱領。

伍

一九二九年十二月二十日，高等法院開了控訴審，判決的結果，出乎人們意料之外，原本被判刑四個月的簡吉，竟被改判一年，而原本判決禁錮一個月的張行等人，竟被重判為十個月，由於他們當場提出上告，竟當場被取消保釋，立即入獄。楊春松原本就不甘心，利用保釋機會，提早逃亡到大陸參加革命了。此時，簡吉的律師古屋貞雄看出殖民政府是有意以此殺雞儆猴，對反抗者刻意加以更強大的壓制，乃建議所有被告先不要再提上告。就是這樣，簡吉入獄，在獄中開始寫下他後來留下的日記。

一開始，他用反諷般的筆法寫著：「控訴審（相當於高等法院）宣判。審判長面帶微笑宣判。簡吉，監禁一年。楊春松、張行、江賜金、蘇清江，各監禁十月。……」

然而，他的心情是堅決而輕鬆的。他有過太多次被「檢束」的經驗，二一二之後，也曾被拘禁了六個多月，所以他一點也不憂慮。作為農家出身的農民運動的領導者，他非常清楚這個時節的農民在做什麼，他甚至想到冬天裡，孩子要下田，心中有不捨，寫信說道：「祖母，父親，母親各位大人以及其他人都安好？插秧可能業已結束！在我的眼前浮現出這般情景：在這種連小孩子的手腳會凍僵的寒天裡，你們還是跑到水田裡邊哼著小曲，邊插秧！」

事實上，在獄中並只是肉體的不自由，連精神也得受折磨。他被命令寫感想，閱讀、寫信與寫日記都會受到監視。即使在受監視的情況下，他依然努力要鼓舞農組的同志。在寫給弟弟簡新發的信中，他勉勵弟弟要認真：「你有在用功唸書嗎？我至今總認為須隨時努力提高自我認識，如果不在自己確信的工作上賣力，是在縮短自己的壽命。現在對此有更深一層的感受，我本來好靜。如果感到孤獨寂寞時，就獨自一人邊吹口琴，邊想要想的事，考慮要考慮的事，或者埋頭閱讀愛讀的書，作為最起碼的慰藉。現在，想像你們都在珍惜自己時間，好好做事，就是我唯一的安慰！願你們積極努力！」

在寫給簡娥的信中，他知道簡娥仍在各地工作，不斷鼓舞她。

「娥君：

您二十五日寄來的信，與古屋先生『不上訴為宜，亦向其他人作同樣建議中』的明信片一起於昨天晚飯時收到，是我入獄以來收到第一封信，也可能是今年的最後一次通信。對你的筆跡備感親切懷念！

錢是在渭然兄需要療養費等的窮困之際特意寄來，令人感激落淚。道福君也寄來兩元錢。通信費用已經足夠。可能妳還不曉得我已到這裡來，這封信竟談些個人之事！

情況愈發複雜化，恐怕會遇到更多困難，而我卻無能為力，每思及此就深感於心不安！但請妳要更堅強地好好幹下去。我會冷靜、嚴肅和認真地，並像書中常說的『以我滿腔的熱忱』，從此鐵窗下經常寫信給你們！正如妳常說『遇到阻礙，只會使人愈挫愈勇！』、『那種事情可能嗎？』、『一切都為鬥爭！』但是不論到任何時候，絕不要厭倦。你母親好像仍然採取以往的手段而消耗錢財，可是他們卻是在認真地進行，而且對其結果抱有很大期望！對於他們思想的程度，也就是說他們為什麼必須作那種事，應給予理解。與此同時，要十分注意絕對不要被他們牽連。

經過考慮的事情，也絕對不要做出屈從或者犧牲自己之事。不要被環境拖著走，或者缺乏嚴格、冷靜和認真的態度，要克服自己的一切軟弱情緒，這當然很困難，可是我認為你應做出最大努力！感謝妳經常到我家去安慰我的祖母。因他們毫無了解，一提起監獄就只是擔心，請好好作些解釋。我很健康，由於睡眠充分，神經衰弱也幾乎好轉了，一點也不要掛念。請替我轉達祝福她身體健康。你也要多保重！我由於睡眠時間長，故夢境很多，有時重現過去生活，或描繪未來空想，總之，在夢的世界裡經常和你們在一起。」（一月十日信）

陸

這時的簡娥在做什麼呢？她正「潛行」於台灣農村，繼續從事農民運動。

「二一二事件」以後，農組成為非法組織，只好潛入地下活動。若不如此就不可能再有復興的機會。簡娥變裝潛在中壢、桃園一帶，約年餘。警察知道有農組的份子潛來當地工作，所以白天警察會來巡查，簡娥就喬裝成客家人，穿上客家人的衣服——長長的黑褲子服裝；還戴上斗笠，有時也會戴上手套或走路時挑著空籃子。她富於機智以神出鬼沒、行動敏捷而見長。簡娥在這一帶的工作進行的

很好，若警察來，這莊的農民就會向另一莊的農民通風報信〝警察來了〞；於是她就趕快離開，和農民一起下田工作。（註4）

不僅是直接壓制，對農組的成員更進行威脅利誘。

洪水流回憶有如下的記載：

「大約是一九二九年底或五月初，聽說曾文郡守召了姜姓宗親的主事者去，威脅著警告他，不能讓農民組合的人在姜姓公厝集會：『農民組合張行等人是要聚眾謀反，你讓他們在姜姓公厝聚會，等於你們姜姓的人支持他，與他同謀，若是事發，你該知道利害。所以，要保護姜姓親族安全，你要與我合作，回去叫張行把農組遷到他自己家去，同時叫參加農組的姜姓族親，全部退出農民組合，以免被牽連。我是要救你們姓姜的人，你是姜姓主事者，若與我合作，我會給你好處，你要做什麼生意，都准許你去請牌照。』

同時，下營派出所也召集了各保正，要他們勸保內參加農民組合的人都退出，派出所並從農組搜走了組合員名冊，警察和保正便按址到各組合員家去，要他們在「退出農民組合」的名簿上蓋章，若是有人不蓋章，派出所便施加壓力，叫同姓氏裡年高望重的長輩出來規勸蓋章。如此一來，在官方脅迫及親族長輩之力勸下，大都蓋章退出農民組合，這終於造成了下營農民組合的潰散。」（註5）

堅強如下營農組都如此，其它地方也不例外。有些意志不夠堅定的地方，甚至停擺潰散。農民組合的幹部從地上轉入了地下，工作更艱難了。

即使在獄中，簡吉仍不忘鼓舞同志。但他卻遭遇更為艱苦的情況。一九三〇年一月二十六日，他被移監到台中監獄，而台中監獄的條件是非常困難的。

「下午零時十分抵達台中車站，可能是戴著斗笠的關係，本應很熟悉的台中車站以及街道的情況卻都感到有些異樣，因為沒有眼鏡，感到一片模糊和猛烈晃動。去年作為被告來這裡的時候，還沒有汽車，而現在，汽車已經開到車站。一點過後到達台中監獄，監獄長說，『不允許狂妄自大』，進入一舍二室。

衣服是襯衫兩件，褲子一條。三件襯衫相當於台北的二件，褲子短而薄，兩條相當於台北的一條。毯子兩條，其中一條與台北的同樣，但另一條厚度卻只約其一半。台中理應比台北暖和，卻冷得發抖。晚上因為冷而幾不成眠。」（一月二十六日獄中日記）

柒

台中的生活條件與食物，也讓簡吉吃盡苦頭。

「飯在台北分成大中小三種量，小的為大的二分之一，中的約為大的三分之二，大的裡面加進與台中大約相同的白薯，中的裡面則比那裡少，小的則幾乎沒有加進白薯。早餐供應小或中，午餐供應大或中，晚餐供應大的。大的量容器裝不下，超出到容器邊緣的上部，也裝滿容器的平面。台中供應的量比台北小量還小、加進很多白薯，三餐都是如此。米的方面，台北為糙米，米粒大，黏性強，絕對沒有不成熟的或腐爛的米，稻殼每次飯裡最多混有四五個。白薯也是絕不放進腐爛的。台中監獄的米則有很多不成熟的、黑色腐爛的、砂子，還有不成熟的壞稻穀和稻殼，僅僅稻殼一碗裡就有百個以上。白薯把腐爛的也放了進去。患腳氣後更加對糙米（純粹的）有好感。因為糙米不像白米那樣，在數日之內變壞！

菜的方面，台北是兩種到四種蔬菜的混合，脂肪放到能看得見的程度。蔬菜有白菜、白蘿蔔、芋頭、南瓜、捲心菜、蔥、胡蘿蔔、牛蒡、山東白菜、葉菜等，白嫩部分也在內，三餐使用不同的蔬菜，每天都有變樣，早餐有湯，用與裝飯的容器相同大小的容器盛。午餐晚餐幾乎都是一滿碗菜。供應一次後尚有餘剩，很多情況是還希望要的可再供應。晚餐在星期三、六和星期日時，供應與當天午餐相同的好菜。也就是拿出最好的南瓜、芋頭、捲心菜和脂肪很多的菜，其他日子則供應特別的泡菜。台中則把黃而硬的葉子也加進去。近日數量增多，另外，不時還供應兩種以上的菜。

同是監獄向同樣的受刑者提供的設備，因監獄的大小而有所差異，這是沒有辦法的，可是連食物也有這樣差異不知原因何在？根據什麼決定的呢？一天是多少錢？又是幾個人？又該是多少呢？」

由於食物太少，營養不良，他身體日漸衰弱，時為病痛所苦。三月八日時，天氣開始轉暖和，但他卻身體發冷。日記記載著：「據前來作內科診斷的醫生說：『原因在於營養不良造成的衰弱，除增加食物數量並吃有營養的東西以外別無他法。但是監獄的規則是不許隨意給予良好食物的。所以先給些肝油。吃藥也沒用。』」

三月九日星期六，他「從昨晚五時許開始，突然感到頭昏腦脹，冷得發抖，接著稍稍發起燒來。今早便了兩三次，量很多，聽覺漸漸遲鈍，耳朵更聽不清。越來越沒有精神，昏昏沉沉，有貧血的味道，甚是痛苦。收到郵簡，向崑崙兄發特別信。」

然而，他在寫給陳崑崙的信中，他竟然隻字不提自己的受苦，只擔心家裡老父的憤怒。

「送來的世界文化史大系已於二十五日收到。同時，弟弟也寄來了值得讚揚的信和世界語全程、六法全書。我從正月起曾寫兩次信他都沒有回信。從這封信中，正如我所想像的可以看出父親的憤怒。去年年底祖母患重病，要我回家，當時恰逢農民組合召開第二次大會，故未能回去，去年八月保釋出獄，未照要求回家而去了台北，去年年底又因祖母生病要我回家，正在準備回去時已經再次入獄。」

然而他並不沮喪，反而要陳崑崙為他寄書。他要的書有：《世界語自學書》、《世界文化史大系》（十三冊）、以及最新世界地圖，以便閱讀《世界文化史》時參照。此外他閱讀的書還有《世界語辭典》、《六法全書》、《覺醒的朋友》、《基督教的由來》。有些是他請求家人朋友幫他買的書，如：《地球的起源與歷史》青山信雄著；《大地漂浮》竹內時男著；《大地的結構》青山信雄著。

在營養不良的情況下，他的胃病變得嚴重，體重不斷減輕。四月二日日記寫著：「接受健康檢查，以後藥品將三天給一次。體重四十一點五公斤，等於日本的六十八斤一百二十兩，連七十斤（四十二公斤）都不到。比平時減少三十多斤，比進台北監獄時的七十八斤還少了近十斤（等於六公斤）。」四、五月間，他還曾一度嚴重到上吐下瀉，無法進食。所幸他還年輕，勉強支撐了下來。即使如此，他仍然讀書不輟，筆記不斷，並且繼續寫信給農組的同志打氣。

不斷寫筆記，也引起獄方的關切。7月6日日記寫著：「昨天早晨九時許，監護主任前來，說是『監獄長要看日記簿、世界語研究和學習簿等』並拿了去，不久功夫只把世界語研究和學習簿兩冊還回，他說，『日記簿監獄長還在看，以後再歸還』，十時過後，歸還回來。」這就意味著他的日記，是在監視檢查之下所寫出來的。其中所用文字必然小心謹慎，不敢表露出對獄方的不滿。否則，如此營養不良的食物供應，如此苛待犯人的獄政，簡吉受苦至此，怎麼會不發出一句批評？

簡吉終究忍耐了下來。他在獄中讀書、寫筆記、學世界語，一年的時光就過去了。出獄當天，他在日記上寫著五點感想：

十二月二十四日（星期三），出獄當時的感想：

（一）像我入獄當時所寫的感想那樣，關於這次服刑，自己並未感到有任何罪惡。違法行為並不一定就是罪惡行為乃至不道德行為，可是，自己連違法的感覺都沒有。

（二）報復主義思想還很濃厚的人，並不把在監人當作人看，即使不研究社會問題，恐怕也需要理解「犯罪的社會性」。任何大罪犯都是從彼此相同的社會中出來，如果認為自己是社會一員的話，應該是咎由自取。

（三）在獄內沒有受過其他教誨教育。

（四）衣食都感到不足。寒冷季節夜間冷得不能入眠，如果睡不好覺，肯定不能鍛練身體，只會害健康。衣服更換期間長，很不衛生。夏季出汗多，被雨淋後，還連續穿兩週或二十天，很是痛苦。

（五）祖母臨終時未能見面，極其難受。

沒有後悔，沒有情緒，簡吉只冷靜說出監獄的報復主義管理，不把人當人看；至於他自己，他從未認為自己是犯罪，更沒有違法。他有如在監獄裡作了一場精神修煉，以更強的意志力，準備回到社會好好為農民運動做事了。

但等在前方的，竟是更嚴酷的考驗！

附錄

簡吉獄中日記，多次寫及簡娥。當時簡娥因日本殖民政府鎮壓更為酷烈，而「潛行於地下」，躲藏在農民之間，繼續農民組合的活動。但因追查太緊，她無法出面回信，否則會暴露行藏，因而後來就失去聯絡。

被稱為「農民運動花木蘭」的簡娥，是一個傳奇人物。為了讓她的故事不要湮沒，我將她故事簡單的寫在這裡。

我是根據簡娥次子陳國哲所述，作了如下的筆記。而陳國哲謂，他所談的內容，主要來自母親簡娥，其中有些是未曾對外說過的第一手資料。同時，也參考引用韓嘉玲著《播種集》。至於湯德彰的故事，則是簡娥告訴陳國哲的，他後來轉述給我聽。其中，有一部份也參考黃裕元著的《二二八人物誌》。

故事一：簡娥傳奇

簡娥的祖父為清朝秀才，在地方教授漢文，余清芳是他的學生。余清芳為了抗日而出家，建立西來庵。以宗教外衣，掩飾其革命行動。他以建庵為名，向民眾募款。所募款項，又花在向外購買武器軍火。當時有不少人赴大陸做生意，卻病死於大陸，往往運回台灣安葬。余清芳藉此向大陸買武器軍火，藏在棺木中，運回西來庵附近「埋葬」。但事實上是「埋藏」。因為行動的整個過程有太多人參與，事機逐漸洩漏，西來庵附近藏有軍火乃漸為人知。日本警察也耳聞其事，開始警覺而展開調查。這事，也為余清芳知道，他知道被迫必須起義，再不能等待了。

簡娥的母親是因夫死而改嫁，前夫姓張，因此帶來一個張姓的同母異父兄長，當時在派出所當工友，做些掃地、擦桌子、清洗東西等雜務。當時派出所所長叫板井，娶了一個原住民的妻子，姓湯。

她本性很好，為人善良，許多台灣人如果犯法，被處罰，都去向她求情。她也樂意幫忙向日本丈夫說情，頗得地方上的好評。

起義當天，簡娥的同母異父哥哥在派出所打雜，黃昏時忙完了事，轉頭要回家。忽然想起有東西忘了拿，就轉頭回去派出所。卻看見有不少人埋伏在派出所附近，人數不少，東張西望。他預感事情不妙，走入派出所，卻見所長板井下了班，正悠悠閒閒的帶著孩子在玩。

他心想，如果不告訴所長，孩子會死，就說：「外面有人包圍了派出所，而且人數不少，看起來怪怪的。」所長問了情況，知道大事不妙，就託他道：你趕緊揹起孩子往外衝，不要回頭，幫我救救這孩子一命。

他揹起孩子衝了出去，走不到幾十步，後面的槍聲就響了。震撼歷史的噍吧年事件，就這樣開始了。

簡娥的母親只見自己孩子揹一個穿日本和服的小孩子回來，也感到奇怪。問明原因，就知道大事不妙。她只想孩子無辜，救命要緊，就匆忙為孩子穿上台灣衣服，以避免被發覺而殺害。

然而，保護了日本孩子的母親，卻保護不了自己的丈夫。簡娥的父親，名為簡宗烈，漢文基礎良好，在地方上當中醫，頗有聲望，也加入起義行列。當戰事一起，他就隨余清芳等人轉戰到深山裡去了。自此，他不曾再回來。

當時日軍調動大部隊前來，以大炮攻打這些村莊。余清芳等人靠一點私下買的少量軍火、傳統刀劍，如何抵擋。日軍在當地展開大屠殺。據說他們在地方上立一根竹竿，舉凡男子超過竹竿高度，就予以槍決。當時幾乎所有青少年都屠殺一空。而且為了避免麻煩，日軍在當地挖了一個萬人塚，凡是砍頭槍決者，立即埋入。整個噍吧年地區，許多人家是同一天祭日，因為他們的先人死於同一場屠殺。

有人說，簡娥的父親被日軍殺害，埋葬在萬人塚，也有人說他死於山上。唯一可以確定的，他未曾再歸來。簡娥的母親因此一見到萬人塚，就流淚不止。然而，反諷的是，因為救出派出所所長的孩子，簡娥的同母異父兄長倖免於難，據說，他是當時全村子最高的男子，因為所有和他一樣高的人都被殺了。

日本人深為痛恨噍吧年一帶的人，殺之還無法洩恨，就故意將之取名為玉井，因為，玉井是當時日本一處有名的風化區名字。他們要以此侮辱這裡的人。當時國際傳聞日本在此屠殺八百多人，壓力太大，乃又由台北調來不少流動人口移居於此。

由於事件的影響，簡娥的母親帶著孩子離開傷心的故鄉，搬到高雄市去，初到高雄，孤兒寡婦又無依無靠，簡母遂以賣擔擔麵為生，以養活幾個孩子，生活非常辛苦。

簡娥自幼聰慧，學習又好，在公學校上學時每學期總是第一、二名。所以畢業後，順利考上高雄高女。這個學校大多是日本姑娘，台灣人很少，一年大概只有七、八人而已。農民組合另一位女鬥士張玉蘭和簡娥就是同班同學。在殖民統治下的台灣教育和日本人之間有著明顯的差別待遇，在校期間，無論台灣的學生或老師都受到明顯的歧視，甚至學校內有東西遺失了就賴是台灣人偷拿了。簡娥在高雄高女的求學生涯，讓她認識到日本殖民統治的本質。

學生時期她就和同窗好友張玉蘭常常一起去聽農民組合和文化協會的演講，當時她還是一個十八、九歲的年青少女，因為簡父被日本人所屠殺，所以這些演講特別能打動她。一九二〇年代受全球民族主義及社會主義思潮的影響，台灣的社會運動也趨向於反對帝國主義與資本主義的鬥爭。當時台灣的左派運動，無論是農民組合，還是文協、民眾黨一方面進行反對殖民主義、反對日本統治台灣的鬥爭，一方面進行無產階級的鬥爭。在這樣的環境下，她自然也受到了社會主義思潮的影響。農組的簡吉、蘇清江和陳德興在高雄組織了一個讀書會，經常一起研究《共產主義ABC》、《資本主義的奧妙》等書籍，她很早就報名參加。她特別指出自己是受那些思想的影響才跑出來參加運動，並不像日本特務所污蔑或坊間一般的書籍所稱是因為戀愛才參加運動，她認為這是對女性運動家的歧視。

從一個單純的高中女學生到農組的女鬥士，簡娥自述除了反日及社會主義思潮的觀念等因素外，就是受同窗好友張玉蘭的影響。她倆志趣相投，遂成為摯交。由於張玉蘭參加農組被學校退學，使簡娥也萌生退意，不久即積極的加入正蓬勃發展、又非常缺乏人手的農民運動中。簡娥退學參加運動，遭到家裏的強烈的反對。她被家裏抓回去，監禁起來。然而意志堅決的簡娥趁清晨母親熟睡當兒，跳到家後面一棟房子裏逃跑了。日本警察遂煽動簡母，女兒逃跑名聲不好。簡母愛女心切遂到法院，控告農組的簡吉「誘拐」良家婦女。簡娥親自到法院出庭作證，公開聲明自己是自願加入農民組合的，不是別人誘拐的。所以簡吉就當場無罪開釋。這件事在當時曾是轟動一時受人矚目的消息。

簡娥一開始是去台中農組本部工作的，後來就去屏東支部，當時剛好發生二林爭議。簡娥一到那裏，就被警察無故拘留十天，她認為警方任意抓人，故提出要求申請正式判決，因為沒有紅戳子，她曾將手指咬破，以血書寫判決書，後來果然判決無罪被釋放。簡娥的機警、勇敢，使她成為農民組合聞名的女鬥士。

做為一個普羅團體，農組日常的主要活動是農民村座談會。農民白天下田播種插秧，只有晚上吃過飯後才有空。簡娥在屏東支部時，常在傍晚時騎自行車去村裡指導農民開座談會，通常她們在村里一些較進步人家的晒穀場上，大家就圍在那裡座談。以便了解民眾生活中所面臨的疾苦。此外還教導沒有受教育的農民讀書識字。農組裏有給年輕人看的書，簡娥經常找一些淺易的書來教導農民，農組還編撰針對農民生活的新三字經。不管男孩、女孩、青年人，都非常喜歡讀，都來參加，簡娥還分別組織了青年部、婦女部，在他們熱心的教導下，成功的教育了農民，並使他們能有無產者的意識。

「二一二事件」以後，農組成為非法組織，只好潛入地下活動。若不如此就不可能再有復興的機會。簡娥變裝潛在中壢、桃園一帶，約年餘。警察知道有農組的份子潛來當地工作，所以白天警察會來巡查，簡娥就喬裝成客家人，穿上客家人的衣服——長長的黑褲子服裝；還戴上斗笠，有時也會戴上手套或走路時挑著空籃子。她富於機智以神出鬼沒、行動敏捷而見長。簡娥在這一帶的工作進行的很好，若警察來，這莊的農民就會向另一莊的農民通風報信「警察來了」；於是她就趕快離開，和農民一起下田工作。

農民組合也支持其他的團體，如台共領導的台北透印印刷廠罷工。一九三一年三月受農組本部的指令，簡娥北上支援透印會社的罷工。訪問各女工奔走組織工會。並負責募捐工作。另外，在高雄苓

雅草寮草繩工廠罷工有很多女工，簡娥也代表農組去支持，號召「罷工要繼續、工錢要提高」。（註6）

一九三一年五月簡娥參加了在王萬德太太鄭花盆家裏舉行的第二次台共大會議即松山會議。在這次會議她被選為台共中央委員會候補委員，會後她被任命擔任中央常務委員聯絡員。若有信件寄達，就負責去取給潘欽信、蘇新等人。簡娥因此和潘欽信戀愛。

一九三一年趙港被捕後，日本大肆逮捕台共和農組成員。簡娥決定和潘欽信一起轉移到中國大陸。他們藏在基隆碼頭等船，但因日本警察的嚴格檢查，等了很久都上不了船，最後他倆終於在基隆被捕。當時，簡娥已經懷孕，後來在獄中產下一個兒子。但因潘欽信已經結婚，簡娥與潘分開。後來和陳啟瑞結婚。

光復後簡娥因為結婚、生子加上身體不好（肺結核）長期在家靜養，而沒有捲入政治活動，但他丈夫陳啟瑞原係農民組合的屏東潮州支部長。在白色恐怖時期，卻因資助昔日農組的朋友，而以資匪的罪名和農組的張行兩人一起被捕。

在白色恐怖的年代裏，簡娥當年的農組的朋友和台共的同志，不是被殺就是被關，或逃亡或失蹤。國民黨還要日據時期因抗日而參加共產黨的人去自首與自新。簡娥沒有去自首，但她作為政治犯的家屬，又有許多政治犯朋友，長期處於被監視的狀態，精神上非常苦悶。七〇年代初，她終於決定離開台灣，移民到美國。

後來簡吉的兒子簡明仁，作家楊逵，以及當年參加過農民運動，後來流亡到大陸的許多朋友，都曾到美國看望過她。

二〇〇五年三月，簡娥以九十六高齡，在美國過世。

故事二：湯德彰的悲劇

我們曾在簡娥生命的開始，提到一個日本警察的孩子，被簡娥同父異母的哥哥救了。這個日本警察的孩子，跟著媽媽姓湯，名為德彰。

噍吧年事件之後，孤兒湯德彰靠著日本警察單位的救濟和原住民母親製作布鈕扣維生。玉井公學校畢業之後湯德章原本考取了「台南師範學校」，但在學兩年之後卻因日籍教師的歧視與服裝不符規定等因素輟學。輟學後，湯德彰經人介紹進入「玉井糖廠」作上山燒木炭工作。這個工作讓他能與山間樵夫習得少林拳，並向鄉間耆老傳習漢文，打下日後文武雙全的基礎。

一九二六年底，湯德章參加「台南州乙種巡查」考試，以優異成績獲得破格錄取，先後被派任為台南州警察教習生、東石郡巡查，一九二九年又參加「普通文官考試」在日人排擠台人的情勢下，如願及格，兩年後，又升任「台南警察署巡查部長」，成為破格任用的主管。一九三四年，二十七歲的湯德章又升為「台南州警察補」，幾年間便成為一位年輕的台籍局長級警官。（註7）

這期間，恰恰是台灣農民運動最激烈的年頭。簡娥到處參加農民組合運動，後來也因台共案件被逮捕入獄。當時許多人驚訝於在獄中，所有人都受到嚴刑拷打、殘酷刑求，然而簡娥卻比較輕微。後來才知道，是因為湯德彰的特別關照，她才能少吃一點苦頭。

湯德彰後來因無法忍受日本殖民政府的歧視政策，也不願意在警界任職，乃轉赴日本轉讀法律，通過高等文官考試，然而他卻拒絕判事（相當於法官）官職，回台灣擔任律師，在台南開業。當時已是一九四三年，戰爭走入尾聲。

一九四五年台灣光復後，湯德章被推任為「南區區長」，但由於不滿官員對當時霍亂預防的漠視，而憤辭區長職位。次年當選「台灣省參議會候補參議員」，並被選為「台南市人民自由保障委員會主委」。

而二二八事件爆發後，三月二日夜間台南出現群眾解除派出所武裝及學生編組等情事，市參議會於是迅速邀集政府人士、民意代表及地方人士，組成「台南市臨時治安協助委員會」，湯德章既有律師資格，又有警察資歷，獲選為治安組長。

三月三日「臨時參議會」決議對政府提出撤銷專賣局、縣市長民選等七項要求，並以「台南市民臨時大會」名義發佈，此後台南市一方面有政府與地方人士組織的政治斡旋，一方面又有群眾、公家機關、民間武裝組織間交雜的零星衝突，湯德章從三日的臨時治安協助委員會到五日成立的「二二八處理委員會台南分會」，始終以治安組長的身份，收編安撫地方組織及武力，力圖平息暴動，從六日起，台南便已平靜，市長也歸位辦公。

然而在秩序逐漸恢復的情況下，陳儀一面佯裝接受改革，另一方面卻秘密要求中央派兵。三月六日陳儀去電蔣介石要求派兵，亦提出幾點改革要求。然而，在當天晚上向全台廣播之時，卻只提：「在縣市長未民選之前，現任市長之中，當地人民認為有不稱職的，我可以將其免職，另由當地縣市參議會共同推舉三名人選，由我圈定一人，充任市長……」對派兵一事，卻隻字未提。

許多縣市對陳儀的言論信以為真，台南市並於九日（一說為三月八日）否定現任市長，進行新市長候補人票選。湯德章次於黃百祿、侯金成而居第三位。正當地方人士歡欣自治成功時，三月十日政府愕然宣佈戒嚴，各地二二八處理委員會被撤銷，南部防衛司令楊俊率兵迅速接收台南，包圍參議會、舉行收繳武器會議，並逮捕湯德章，稱其為「為首倡亂者」，由於湯德章堅持不供出二二八事件間台南民眾組織的名單，在多方酷刑後，未經審判便直接由南部防衛司令部判死刑。

十三日上午十一時，湯德章被雙手反綁、背上綁一標簽，押在卡車上遊行，從西門路轉中正路至市政府前的民生綠園槍決。並下令不准收屍。

湯德彰一生，彷彿是悲劇的縮影。他的身份複雜多重，是日本人與原住民的孩子，父親死於漢人的反抗暴動，卻受到日本殖民政府的歧視；他成為律師，卻無法見容於日本社會；光復後他涉入政治，卻因二二八的暴動，再度讓他被槍決，而且是最慘烈的示眾，不許收屍。如今，為了紀念他，特地在台南市蓋了一個紀念公園。（註8）

簡娥與湯德彰，多麼奇特的交集。一個是口焦吧年事件的反抗者的孩子，父親死於事件中，一個是日本警察的孩子，父親一樣死於事件中，卻奇蹟似的活了下來。二人雖然命運不同，一個成為農民運動領袖與台共幹部，另一個成為警官，卻同樣受到日本殖民政府的歧視，而走向反抗之路。而台灣光復之後，一個死於二二八事件，一個受白色恐怖牽連，丈夫入獄，自己也被監視。而他們的命運，竟都起源於一九一五年的抗日武裝起義的口焦吧年事件。當時他們還是敵我的雙方。

在大時代的風中飄蕩，人的命運，如塵埃，如柳葉般，飛揚而起，為理想獻身，最後飄落。人的生命啊……！

【本章註】

註1 見韓嘉玲《播種集》，自費出版。

註2 見謝雪紅著《我的半生記》。

註3 見楊國光著《一個台灣人的軌跡》一書。

註4 見韓嘉玲《播種集》，自費出版。

註5 見韓嘉玲《播種集》，自費出版。

註6 見韓嘉玲《播種集》，自費出版。

註7 見黃裕元著《二二八人物誌》。

註8 見黃裕元著《二二八人物誌》。

高山上的小屋

第八章 chapter 8

這是一九三一年初，〈台灣民報〉回顧一九三〇年社會運動所發表的照片。
圖中女學生模樣的女子，即是簡娥。（圖／大眾基金會提供）

「赤色救援會」可說是日據時代最後一波社會運動。簡吉是戰到最後的一個領導者。他將台灣最堅強的、永不屈服的戰士組織起來，依然在各個角落戰鬥。

壹

一九三〇年十二月二十四日，簡吉還未出獄，就知道面對的將是一場艱苦的對抗。

一九二九年開始的世界經濟不景氣逐漸加深了，台灣更加貧困，而全世界的共產主義運動則因此而蓬勃發展，台灣也不例外。台共勢力隨之擴大，而農民組合的抗爭也走向激進化。

二一二事件後，被壓制的農組不甘心，動員群眾作非法對抗，手段不斷趨向多樣多變。農組以暗中發出指令的方式，指導各地方農組支部，進行全面性的反抗活動。

例如十一月七日，台南州曾文郡下營支部為了記念蘇聯革命十三週年，以霧社事件為名，作非法抗爭，刻意挑起爭端。

早晨七點，兩名農組幹部埋伏在通往公學校的半路上，攔住學生，向他們說：「霧社事件非常嚴重，昨天晚上有蕃人打到學校了，殺害了學童與職員，所以目前軍隊已到達麻豆。」或者：「今天是窮人的假日，所以你們不必上課」為理由，要學生回家。這些話傳到了學校，全校的學生在八點左右，就已經收拾書包準備下課。學校教職員大驚失色，問其理由，學生回答說是「昨夜生蕃襲擊，有危險」，而有些學生則乾脆擺明了是要罷課，就說「父兄被軍隊征集而要出發」，回家送行。如此，當天下營公學校缺席的學生有九十三名，其中，農民組合員的子弟佔了三十人。（註1）

同一天，曾文郡飛子港部落有暗中舉行演講會傳聞，後因被軍警包圍取締，而宣告解散。在屏東支部，則與台灣製糖株式會社之間發生佃耕爭議，農組支部全力支援農民。十一月七日這一天，屏東郡鹽埔莊香蕉捆裝所出現了「蘇俄聯邦革命十三週年記念大會」的字樣，準備進行演講大會，幾十農組的會員已經到達會場。取締警察官對主要數名幹部進行檢束，但隨之而來的農民愈來愈多，有一百八十多人，雖然警察下令解散，但聚集不去，高喊口號，如「土地歸於農民」「田租即時減少三成」「爭取言論、出版、集會、結社的絕對自由」「打倒一切反動團體」「支持中國工農」「反對日本帝國主義強盜戰爭」等。（註2）

而台中的竹山、新竹的大湖及許多地方，也有暗中召開的記念會。這種全島蜂起的運動，目標一致，口號一致，正是農組地下行動的傑作。

有關一九三〇年六月以後的鬥爭經過，一九三一年的《新大眾時報》曾報導如下：「

七月三十日，曾文支部動員三百餘名組合員包圍製糖公司，要求改善庶作條件及提高售價。

八月一日反戰紀念日這天，各地農村召開了座談會，尤其是屏東支部舉行紀念大會，動員了一百六十餘名，高呼打倒日本帝國主義、反對帝國主義戰爭等口號。

九月二十二日，為了抗繳或減免嘉南大圳水租，在台南州支部聯合會領導之下，動員一千餘名的農民群眾，包圍學甲、佳里、麻豆、下營等各莊公所。

十月中，為反對起耕，於屏東前後兩次各動員六十餘名，擊退地主的強耕起耕。同月七日於革命工農領導者渡邊政之輔紀念日，台南州聯合會舉行紀念大會，同時舉辦示威運動，動員了六十餘名。

十月二十五日張行同志出獄。南聯動員千餘名歡迎他，與官警衝突。

十一月四日，舉辦屏東支部鹽埔辦事處成立典禮，動員二百餘名，參加示威運動。

十一月七日的俄國革命紀念日，南聯動員了三百餘名，高聯則動員了六百餘名。

十一月，打倒反動團體鬥爭委員會主辦的全島巡迴演講動員了二萬餘名（二十處）。

十一月，桃園支部為反對種植物假扣押而動員一百餘名，割光了地主所欲扣押的稻子，使地主不知所措。

十一月二十三日，為抗繳租稅，南聯動員千餘名包圍各莊公所，不分男女老幼，有的抬出棺材，有的搬出馬桶，有的牽出水牛，進行示威運動，使公所、警察數小時狼狽不堪。」

這些行動，鮮明的看出有幾項特性：一，非法取代合法，由野貓式的突擊，取代了正式的抗議；二，日常性的鬥爭加強了，讓鬥爭有更普遍的群眾基礎；三，全島串連的巡迴演講，開始了；四，與共產主義運動的紀念活動合流。但其中最大的隱憂是：群眾的參與者變少了。它變得只有部份激進者參與，一般群眾退卻了。這是日本殖民政府全力鎮壓與分化的結果，但也可見出農民組合的處境已日益艱困。

貳

當時農組的檄文清楚的反映出日本鎮壓的嚴密。

「二一二事件被告出獄當時，猶如戒嚴，密探網布滿於本部；出獄不久，優秀精銳的王松春等數名同志就受到「戒告」（這是執行『浮浪者取締法』的預兆）；此外，加諸眾多同志的莫須有的檢舉、拘留、驅逐；在鳳山為破壞組合而把戰鬥農民關進豬圈（警察拘留所）；對於下營演講會的全體檢束與毆打、刑求、收買，尤其是以治警法強加於張玉蘭同志；還有戰鬥農民因私事而由鳳山前往中壢時，說是『帶組合使命而來』，一個個打入豬圈；因合法活動根本不准許而潛行戰鬥的我們的鬥士——簡娥君亦被抓走；其他如長時尾隨跟蹤幹部等等，不勝列述。這樣的恐怖政策今後將越廣泛，更趨峻烈。然而，除了招致階級鬥爭的激烈化與尖銳化以外，不會帶來什麼。再說，浮浪者取締法等惡法今後將更猛烈襲擊而來。並且把我們的組合遭到完全不合法，而由他們自己來造成一九一三、四、五年的俄國形勢吧！暴雨下吧！狂風吹吧！我們深信『從帝國主義戰爭到內亂』。並且無論風雨如何，我們的這信念不但將更加堅定不移，而且把它化為加速前進的螺旋槳。這也是我們必須把大眾導向日常鬥爭，予以激勵的理由。而唯有更果敢更嚴密地組織起來，才能夠擊退所有的白色恐怖政策啊！

爭取台灣農民組合運動之絕對自由。

即時撤廢浮浪者取締法。

絕對反對帝國主義戰爭。

建立工人農民ｘｘ（原文為《警察沿革誌》所刪除）」（註3）

不僅是這一篇，當時農組發出了幾篇文詞激烈的檄文，號召民眾趕緊覺醒，起來反抗。包括了〈奪回埤圳管理權之鬥爭〉、〈嘉南大圳抗繳水租運動〉、〈對地方要求減免田租〉等，以及一篇針對台中市將舉行演習而發的反戰檄文。

這檄文沿用農組的分析認為，台灣農民已民不聊生，原因是：「

自一九三〇年六月起，台灣捲入了經濟大恐慌的漩渦，一切農產物——尤其是米酒，下降了五成以上。

日本帝國主義者為進行準備第二次世界大戰及進攻蘇聯的目的之下，做更殘酷的剝削，租稅增加兩、三倍，且實施著無工資的強制賦役——如軍用道路的新建——討伐番人人夫的招募等等。

產業合理化的結果造成一大群失業軍的回鄉，招致佃農與農業工人的增加，自然造成了田租的上升與工資的下降。

因此，農民運動必將奮起，成為風潮，農組要克服內部問題，在台共的領導下，帶領農民運動。

一九三〇年十一月，農組中常委擴大會議在陳崑崙宅舉行，決定召開第三次中央委員擴大會議。」

參

一九三一年一月一日，出獄剛剛好七天，簡吉就接到開會的通知，他匆匆忙忙趕赴嘉義竹崎參加會議。

這一場秘密會議開了四天，詳細的審議十七項議案，包括：一，支持台共案；二，提倡組織反帝同盟，集結反對日本帝國主義之所有勢力，實行抗稅、反對道路賦役等的鬥爭，解散文化協會；三，建立赤色救援會之組織；四，舉行第三次大會；……。

在會議中，簡吉依照會議通過的「戰線配置案」，與湯接枝、廖煙三人前往北部聯合會。這是一場嚴肅而充滿戰鬥性的會議。為了農組的生存，也為了農民革命的大業，會議一結束，所有戰線的鬥士立即「潛行」於各地，向各支部傳達農組中央委員會的決議。二月初，簡吉在台北支部召集會議，參加者有楊克煌、劉雙鼎、廖煙、李三吉、李媽吉等。

由於受到嚴格取締而陷入難以活動的困境，各地農民組合幹部相繼到本部向簡吉求助。簡吉也不畏艱難，到處奔波。三月間，他協助陳結進行嘉義支部重建，四月協助劉雙鼎進行大湖支部改編。同時在簡吉領導下，農組北部聯合會的台北支部、蘭陽支部也著手各項計劃，就抗稅、中央市場鬥爭、蔗農大會、蔗糖收購價格爭議等行動，研擬方案。可惜，這些方案都未及實施，就因一九三一年三月二十四日，農組的重要幹部、簡吉的老戰友趙港在台北，竟意外被捕，而出現大逆轉，台共大檢舉開始了，而所有農組的計劃都未克發展，就胎死腹中。

台共發展情況，一直是日本殖民政府調查的重點。當日共的大檢束結束後，殖民政府為了斬斷共產黨根源，在台灣全力追查台共。

農民組合第二次全島大會的左翼傾向，讓殖民政府警覺到台共對農組的影響力，而有二一二事件，但並未搜出有關共產黨的文件，後來就把謝雪紅放了。

當時的台共內部，則有謝雪紅與改革同盟之間的矛盾。組織中壢事件的農組幹部楊春松很早就加入台共，在其子楊國光所寫的傳記中，曾描述如下：「

據謝雪紅回憶，楊春松、趙港、楊克培三人是一九二八年八月、九月間島內召開的第三屆中央全會上獲准入黨的。林日高、莊春火等也參加了全會。楊春松和趙港不久被委任為台灣農民組合黨組成員。

台共中央成立後，即積極領導台灣農民組合、勞動組合、文化協會進行鬥爭，使二〇年代末、三〇年代初台灣民族民主革命運動推上了新的高潮。同年十二月末，楊春松擔任議長的農民組合第二次全島大會就是在台共直接領導下召開的。大會前夕，林木順起草的台灣《農民問題對策》由台共黨員林兌從上海途經日本帶到台灣，由謝雪紅轉達給農民組合黨組執行。而林兌本人則自始至終從旁聽席觀察大會的進展情況。全島大會在殖民當局的高壓下得以勝利閉幕，是與台共強有力的領導分不開的。它也成了島上台共成立後成功地顯示其力量和作用的一次舞台。但台共為此也就成了日本殖民當局的眼中釘、肉中刺。這是後話。

令人痛心的是，新建的島上台共主要由於缺乏足夠的經驗，不能正確處理有關鬥爭和活動的方式方法，以及對形勢的估計等問題上的意見分歧，最終導致其領導核心分成兩派，造成了常言說的親者痛、仇者快的結果。

一個是以謝雪紅、楊克煌等人為中心的國際書局（國際書局是謝雪紅在台北開的一家書店，是黨的地下指揮部）；另一個是以王萬得、潘欽信、蘇新為中心的改革同盟派。

在此前後，一九二八年十月，前來與台灣共產黨接頭的渡邊政之輔在基隆犧牲。第二年在四一六事件中日共中央又遭鎮壓。至此，台共與日共失去了聯繫。鑒於上述形勢，在共產國際執委瞿秋白主持下的東方局仍決定由翁澤生、潘欽信、楊明山（即蔡孝乾）在上海組成新的機構領導台共。

由於分歧依舊，一九三一年五月東方局承認的台共第二次代表大會，是在沒有國際書局派參加的情況下召開的。」（註4）

在台共的矛盾中，很顯然的農組是站在東方局與改革同盟這一邊。一九三一年二月間在黃石順宅所舉行的農組工作會議上，通過了支援印刷工會等方針，其中最重要的一項，是「有關國際書局謝氏阿女已趨反動的情報，應以農組名義予以警告。」農組等於對謝雪紅展開公然批判。

然而，這些內部問題都還來不及解決，殖民政府的鎮壓就來臨了。

肆

鎮壓始於一次意外。

一九三一年三月二十四日，台北北警察署為了查緝台共活動，展開全面搜查。有兩個警察在台北市上奎府町一丁目二九番地陳春木的家中進行搜查，卻發現一名青年在堆滿書類的桌子上奮筆疾書。警察向前去訊問，他突然拿起桌上的一張文書，放入口中，咬碎呑嚥下去，並頑強的抵抗，試圖逃走。這兩名巡查心知有異，一番格鬥，加以逮捕，並且扣押所有文書。另一個青年則逃走。

這個人不是別人，正是簡吉的戰友—趙港。趙港此時已罹患肺結核，卻以全心的狂熱，投入台共革命。警察逮捕他之後，他以為就像二一二事件一樣，殖民政府已展開大逮捕，內心不甘，就在馬路上高呼：「共產主義萬歲！」結果日本警察更覺有異，反而加以更重的刑求訊問。他的身體也因此被打壞了，終於沒能夠活著離開日本人的監獄。

另一個逃走的青年是陳德興，他是簡吉最早的農民運動同志。一九三〇年奉命回台推動台共運動的黨員。這一次被查獲的機密文書太多了，包括：改革同盟成立事宜，文協解消問題，台灣運輸工會組織事宜十餘種方針，損失非常慘重。自此開始，日本警方展開全面追緝，陳德興於四月被逮捕，依此又查獲另一批人，以及相關團體。可以說日本殖民政府對台共的清查，已到了收網的階段。

謝雪紅、楊克培、楊克煌等國際書局派於六月下被捕。而台共改革同盟派的王萬得、蕭來福、潘欽信、簡娥等人，則於七月間被捕。各地陸陸續續的搜查逮捕，台共組織幾等於崩解了。

農組主要幹部，幾乎皆為台共黨員，此時不是被逮捕，就是只能潛行於地下，從事秘密的活動，農組活動與竹崎會議的決議，幾無一能夠實行。到了八月，黨中央的活動已宣告停頓。

然而島內外的情勢卻不容社會運動停頓下來。這是由於九一八事變的發生，日本與中國的衝突日益嚴重，第二世界大戰已經無法避免，情勢愈發險惡。為了響應中國的革命，台灣農民組合與文化協會中的黨員認為，台共是社會運動的指導機關，不能一日無之。眼前的當務之急，是儘快恢復組織，領導群眾。既然文化協會與農民組合都無法活動，就只能以另一種面貌出現，這便是因應大量被逮捕的同志而組織起來的「赤色救援會」。

事實上，一九三一年五月間，趙港、陳德興等人被捕後，簡吉就有意成立赤色救援會，但他並無意取消文協與農組，而是依照農組二次大會之決議，在其下設立赤色救援會。

赤色救援會的組織原則是：以十名為基準，結成一班，五班構成一隊，隨著隊的增加設置地方委員會。當組織遍及全島時，設立中央組織。救援會會費採不定額會費制，依會員財力狀況而定。其組織方針應從存在著鬥爭問題的地方開始，經由鬥爭逐步發展。

為了組織救援會，另外設置籌備委員會統制準備工作，一直到中央機關成立為止。此一工作，交由簡吉負責辦理。

然而到了八月間，台共黨中央幹部有半數被捕，剩下的中央委員也到處逃亡，斷絕聯絡，黨中央完全停擺了。此時，簡吉又負起存亡續絕的使命。

伍

八月九日，尚未遭檢舉的農組、文協幹部也只剩下簡吉、陳結、陳崑崙、張茂良、詹以昌、王敏川等人，在簡吉的召集下，密會於台中市文化協會本部。

簡吉當即表示：「本救援會的組織與台灣革命運動有至大的關係，其進展如何將直接影響到台灣革命的消長。當前吾人最緊急的重要工作就是努力本會的組織，期望其成為國際赤色救援會台灣支部。」

此次會議作成了幾點協議：「

台灣共產黨的檢舉雖然有逐日擴大的模樣，惟內外諸情勢時時刻刻推移，黨的活動不可一日休止。

現在應調查黨中央委員未遭檢舉者，務必設法恢復聯絡，另方面派遣同志赴中國，設法與中國共產黨或國際東方局恢復聯絡，並依據其指令計劃，再建中央。（作者註：此時日共已因大檢舉而崩解，所以另尋中共或共產國際的支持指導）

由於文化協會被視為妨礙無產階級革命運動，盡快解消；農民組合的合法性活動已被封鎖，暫時也無法活動，所以應以農組組合員與會員為基礎，進行黨的再建計劃，先吸收為赤色救援會的成員，透過救援被檢舉黨員的活動，進行爭取及訓練大眾的工作。

為實行前述方針，應設置赤色救援會籌備委員會。」（註5）

在組織上，赤色救援會以農組、文協的會員為中心，依照十人為基準原則組織起來。有關組織負責人的選定上，簡吉與張茂良（代表文化協會）、陳崑崙（代表農民組合）分別擔任中央事務負責人。地方組織的負責人則設置專員若干人。

會議之後，簡吉、陳崑崙、詹以昌、張茂良等四人「潛行」於台灣各地，以書信、見面等方式，聯絡匯集農民組合、文化協會舊會員的意見。

約莫一個月之後，九月四日晚上，簡吉、詹以昌、陳崑崙、張茂良、王敏川、陳結等人聚會於台中文化協會本部，討論聯絡的情況。陳崑崙聯絡了嘉義、高雄、屏東的幹部，他們都沒有異議。張茂良負責的台中、南投一帶也沒問題，簡吉比較麻煩，他剛剛被關了一年放出來，整天被特務跟蹤，出外旅行接觸幹部，等於暴露自己同志的組織網絡，所以只能用書信連繫。但他得到的答覆多數是贊成的。

為了貫徹正式組織赤色救援會的方針，決定先成立「台灣赤色救援會籌備委員會」，並推舉簡吉等七人為籌備委員，另推簡吉負起推動的全責。

赤色救援會有一個深具號召力的目標：「這是為了救援被日本帝國主義所逮捕的同志而做的。這些同志因被捕，家庭生活艱苦，他們為農民工人而受苦，我們有義務照顧他們的家人。有錢出錢，沒錢出力，為他們做一點勞動也是應該的。」（註6）以此團結更多的有同情心的農民、工人，成為革命的後衛。

「赤色救援會」可說是日據時代最後一波社會運動。簡吉是戰到最後的一個領導者。他將台灣最堅強的、永不屈服的戰士組織起來，依然在各個角落戰鬥。

陳結在竹崎一帶組織農民，募集資金，準備發行機關報；林銳一群人則在台南下營地方，開始班組織的基層活動；李明德在嘉義一帶以研究會為中心，號召群眾；吳丁炎則在北港以中秋節觀月為名，召集同志，號召參加者組成一個救援班，再逐步擴展；高雄有呂和布、黃石順著手組織；屏東有張玉蘭組成十幾個班；台中則有陳神助、林水福等發動農民參與；張茂良以竹山為基地，迅速組成五個班；張信義則以豐原為中心組織了四個班。參與者則熱心熱血的繼續擴展組織。一時間，雖然農組活動暫停，文化協會也取消，但以救援為名的活動反而得到開展。

特別值得注意的是，此時的社會運動已經不是文化協會的啟蒙運動，也不再是農民組合之為權益抗爭，而是直接訴諸民族意識、同情被逮捕者的救亡圖存運動了。

陸

此時參加者以農民居多。他們多與原來農組幹部認識，同情被逮捕的領導者，乃暗中掩護，全力支持，這也不足為奇。農民的樸實、沉默、憤怒、頑抗，也讓日本政府非常難處理。他們不像知識份子必須以理說服，而是像「水牛」一般，沉默、頑強、堅韌。廣大的農民，成為赤色救援會的最大掩護。

當時日本警方所出的《台南新報》「台灣赤色救援會號外特刊」（一九三四年六月十三日）就代表了日本官方的觀察總結：「

本事件之特殊性在於，一反以往被檢肅之台灣共產黨事件，大部分為下層農民，亦即其組織層級較前者之知識份子，理論水準極低。由社會主義、共產主義等主義主張之理論觀察來看時，令人有不足以恐懼之感，但是單純、無智、愚昧之大眾反而容易作出無批判性之輕舉妄動，而佐以民族意識之強調並具銳利之執行力，與以往知識份子層級比較，增加了許多暴動化之危險性。」（註7）

為了號召群眾，強化宣傳與訓練，必須有一份機關刊物，才能讓理念擴散。但在當時條件下，根本不可能有印刷廠敢為他們印刷，所以就得自己找方法。陳結回到竹崎推動救援會的同時，奉簡吉的

指令，同時籌劃執行機關刊物的印刷。他一邊籌募資金，一邊向簡吉要求助手。簡吉派了陳神助到竹崎。（註8）

竹崎不是別的地方，正是當年被鎮壓得最兇的竹林事件的發生地，當地農民有歷史的仇恨，又有被剝奪土地的爭端，自是農民運動的好基地。

印刷的地方在那裡呢？日本警方破獲後曾帶著欽敬的心情寫著「海拔三千尺之龍眼小屋，機關報之印刷所」。可見它有多神秘！

事實上，這是陳結帶了陳神助躲藏在竹崎的樟腦寮（在阿里山鐵路獨立山山腰），一間張城所有的龍眼烘乾工寮中，整理簡吉等人給的原稿。陳神助又帶著一點募集來的錢，到簡吉指定的地點取得謄寫鋼板，並購買蠟紙用紙等等，搬入山中，由張城家族協助，開始印刷起來。

九月，印製了二字集二百五十冊，三字集四百冊，以及機關報《真理》第一號，再由農組支持者搬運到台中農組本部。再由簡吉組織發送各地。

這是一段漫長的搬運過程。危險自不在話下。但為了保持安全，陳結又在更深的、人煙罕至的谿谷建造小屋，把謄寫用具都搬來此處。開始印製《真理》第二號，及救援運動號，再翻山越嶺，走到小梅庄紹安寮，由他們運到台中市農組本部。

這整個過程安排得相當隱密，即使日警當局不斷追查，卻找不出印刷品的來源。但它唯一的缺點，是運送過程太長，萬一中間出差錯就麻煩了。偏偏問題就因此發生。

一九三一年九月中旬，台南州嘉義郡小梅庄小梅一間台灣人開的雜貨店頭，一個日本巡查在巡邏中發現赤色救援會機關雜誌《三字集》。十一月中旬在台中州竹山郡發覺同種類之共產主義宣傳印刷物正在分發，同時還有許多印刷品藏匿於汽油筒。警方知道內情並不單純，轉為對共產黨員之偵查，想追究這些人背後的組織，掌握確證。

為了全面搜查，十二月四日上午，在台南州高等課特高（作者註：特別高等警察之簡稱，依「治安維持法」專司政治異議者之檢肅）係長中村警部的指揮下，由嘉義郡嘉義署竹崎分室警務部員數十人，對嘉義郡竹崎庄樟腦寮、瓦厝浦、樟樹坪部落，一舉進行搜索，拘捕關係者十數人。（註9）此舉只是搜查的第一著手段。此時搜出的物證、線索，又讓警方急轉直下作了正式搜查的佈陣。以台南州警務部為主體，在台中、高雄二州佈下第二陣，將協助搜查網擴及全島，依據線索，全面追擊。如此，歷時達兩年餘，從昭和六年至昭和八年，遍及台中、高雄、台南，隨時動員百警力，各地警界互通聲息的追捕行動，不斷進行著。最後拘捕了赤色救援會的所有台灣關係者，人數竟達三百數十人。

然而，這一場搜捕下來，也讓日本警方大感吃驚，他們未曾料到赤色救援會組織能力之綿密，台灣人民反抗之頑強，執行力之迅速，如果不是早日破獲，怕也會是大股力量。

日本警方的報告如此寫著：

「該救援會在台灣共產黨檢肅後，力圖前衛鬥士之救援、陣營之恢復及後續鬥士之培養。進而想要重建黨之中心勢力的意圖下，在台灣農民組合、台灣文化協會之幹部間進行秘密結合，目前其工作當然是救援因台灣共產黨事件而被拘捕之同志及家屬，其進一步之目的在於黨勢力之擴大增強，以為黨之蓄水庫。在持續對黨之全島檢肅中，此未得逞之企圖以殘存黨員為中心在大眾團體內蔓延，對其執拗性委實感到驚訝。

此次之拘捕者，大部分為貧農，連初等教育亦無力充分接受者居多，因而理論水準極低。僅盲從領導者之言，受其引誘而蠢動以至於被拘捕。雖然是為了提升自己的生活而被領導者之巧言所蠱惑，事實上這些昏頭騷動之群只不過成為俄羅斯赤化東洋政策之傀儡與領導者之替死先鋒而已。

因而認為，標榜著對本島民眾進行啟蒙教育，並以改善提升農民生活為目的之大眾團體，已經完全受到共產國際之影響而起舞，此事必須讓一般民眾徹底覺悟。此次事件之關係者，大部分為認識不清、懵懂無智之輩，不過是受少數領導者之策動而已。由此看來，我們須特別注意的是，理論水準較低的大眾反而常有銳利之執行力。」

柒

由於陳結等人是在山中進行秘密行動，有當地農民掩護，日本警方的逮捕特別困難。有關逮捕的經過，在日本警方的記載中，顯得驚險動人，卻也見出陳結、陳神助堅強的鬥志。

報導警方破獲經過的《台南新報》「台灣赤色救援會號外特刊」中曾如此寫著：

「竹山郡竹山庄林水福與台灣共產黨員張茂良及陳神助出入交往，素有浮動之言行，由當時之竹山郡警察課特務宮原巡查，暗中對其行動嚴加偵查。

至昭和六年十一月中旬，探知林水福持有許多共產黨宣傳用之浮動文件。經進一步偵查，得知印製浮動文件之目的在於替共產黨宣傳及救援因台灣共產黨事件而遭拘捕之鬥士與其家屬，並確認林某藏匿於後山雜木林中。

佐佐木警部乃指揮宮原特務外四名巡查，立即騎自行車至過溪警官派出所，再由該所徒步沿著清水溪急行至約兩里外之現場，從下午四時二十分許開始在雜木林中遍地搜查，但未發現之。

夜晚再搜查附近之結果，在野生棕梠樹密佈之岩窟內，發現裝入汽油桶及痲袋裡之鋼板油印浮動文件八百份。此外並獲悉該浮動文件為張茂良、陳神助、黃樹根（後判明為陳結）所撰，陳取、張火生等亦參與其印刷及搬運之工作。

因而佐佐木警部依從上級之指揮，由巡查陳壽康陪同，於十一月十九日下午三時抵達嘉義郡竹崎分室，與該室主任長野警部商討後，將該地區加以徹底搜查。終於確知該浮動文件之執筆者為黃樹根，製版油印之場所在竹崎庄○○金樟腦寮張城方之處。立即騎自行車至竹崎，再由該處爬行陡峭山路捷徑趕到竹崎庄樟腦寮，於十一月二十五日上午四時半到達現場，包圍樟腦寮。

不料黃樹根、陳神助、張城方已經聞風逃避。經暗中打聽種種之結果，知道他們事先已發覺情形不對，當時正好有苦力工頭之竹崎庄緞○寮張明桂，在招募苦力要進行阿里山之林務所運材鐵路工程。黃等乃應徵苦力欲逃至阿里山而未果，只好向張明桂告以實情而獲加入二十人苦力之中。警方並得悉黃、陳兩人已於十一月十九日前後出發前往阿里山。

因而佐佐木警部由猪股巡查部長與陳壽康巡查陪同，於十一月二十九日下午九時十分由竹山出發抵達竹崎，再由該地徒步走二里餘之山路趕到樟腦寮，而於上午八時四十分搭乘阿里山火車，在阿里山站下車為下午二時許。

阿里山為山嶽重疊之地，南北九里，東西四里，範圍甚廣。在東北有三線、西有一線之運材鐵路延長工程在進行。

苦力工頭張明桂在哪一線指揮苦力，連知道其所在也費了很大功夫。

最後探知張等一行在石橋之工程承攬第三區，夜間在苦力寮就寢。於是偵查苦力寮之狀況後，所需搜查人員十一名中之八名支援，乃向阿里山監視區監督吉崎警部補請求。同日下午九時出發赴苦力寮。

由於在新線鐵路敷設工程現場附近，森林地帶之地勢起伏不定，無法使用燈火，靠月光定向前進約二十町（譯註：一町約合一〇九米），於十二月一日上午零時過後到達苦力寮附近，乃包圍二棟苦力寮，由其入口一舉闖入。搜查結果，逮捕張明桂，但黃樹根、陳神助則不見蹤影。

再經辛苦探查之結果，知道他們有時轉往另處之燒炭屋下宿。係住在阿里山土名「沼之平」的東方約一里半之新高郡蕃地和社大學實驗林事務所附近的燒炭人莊連坤所經營，共有五處燒炭屋。

十二月二日下午九時許，得到阿里山派出所駐吉崎警部補所屬員警之支援，各自變裝後，徒步向目的地出發。

由於山路細窄陡峭，暗夜中無法使用燈火，加上結霜甚厚，造成路滑，險象環生，導致進程緩慢。山路愈走愈陡，有時只有圓木一根為橋，或長百二十尺之吊索橋掛在深谷上，而其傾斜約為四十五度。

經過如此危險山道，前進約三十町，到達炭窯約一町前方，乃各自換為輕裝，匍匐前進至十米處進行偵查。確認窯前有裹被就寢者二人，便一擁而上襲擊之。不料二人並未安然入睡，竟起身逃跑。瞬間佐佐木警部抓住黃樹根，經短暫格鬥而逮捕之。

如上述，由於宮原特務之周詳查察，得以獲知本事件之端緒。佐佐木警部與部下猪股巡查部長、陳壽康巡查，共同自十一月十六日至十二月二日十八天內，廢寢忘食，晝夜兼行，對於事件之搜查，排除萬難，苦心慘澹，終於逮捕要犯黃樹根亦即陳結。此完全是基於重大責任感而努力之結果。厥功顯著，爰由台中州知事授與警察賞，以表揚其功績。」（註10）

這一段被日本警方大加表揚的驚險逮捕過程，如果換成赤色救援會的角度看，恰恰呈現幾個事實：

依據農民組合而建立起來的赤色救援會，有很好的群眾基礎，因而他們可以受到群眾掩護，不斷轉移，連地方上的工頭都掩護他們的身份，協助逃亡，讓警方難以追查。

整個阿里山區，是台灣原住民與漢族「做山」農民的生產根據地。貧困的農民與原住民對地形最為熟悉，這個地方又四通八達，向北連結台中州竹山，向南連結高雄，隨便一個山洞、工寮，只要有當地農民掩護，都很難被發覺，適合隱藏逃亡。做山農民與農運幹部的山區生存訓練有素，只要一包鹽就可以，但平地警察追查起來非常困難，適合做為根據地。

捌

這整個過程中，陳結是一個關鍵人物。陳結，台中草屯人，嘉義農林學校畢業，農民組合的幹部。由於個性堅毅，他在農組做的都是秘密工作。受簡吉所託，他深入三千尺高山上，在森林石洞中，隱藏文件、鋼板，在龍眼烘乾工寮裡，刻鋼板，油印。為了擴大農民的影響，他在這樣惡劣的環境中，還編寫過《三字集》《二字集》。

一九三一年四月，他潛入竹崎，寄住於樟腦寮站上方廿町，張城所有的獨立屋。以該處為據點，經常潛行於竹崎、小梅附近，努力進行策動。

此時張城的繼室帶有與前夫所生女兒黃氏錦，日本官方報告中說：她是「鄉間少見的美女」，教育程度是公學校畢業，在知識上對陳結相當景仰。

在高山上的奮鬥刻苦日子裡，他們日久生情，黃氏錦與陳結從同志而成為情人。她對陳結的理想主義情懷，欽佩到底，生死與之。陳結為了刊行機關報在竹崎標高三千尺之深山中建起龍眼小屋。所刊的《二字集》、《三字集》、《真理》、《救援運動》等，黃女則全力幫助，一心想讓他達成其目的。

然而在得知竹山同志林水福被拘捕之後，十一月初，陳結只能走上逃亡之路。更可恨的是，陳結在被捕不久，即因不願意交待簡吉、農民組合、台灣共產黨的內情，被刑求拷打，活活被打死了。獄中被捕的農民組合與共產黨同志聽到這個消息，全部痛哭失聲。

趙港與謝雪紅等人此時都被關在台北。他們無視監獄的壓力，在獄中開一個追悼會。趙港和農組的幹部講述陳結的生平故事和戰鬥的歷史，並抗議日本政府的暴行，大家齊聲高唱國際歌，情緒激動，高聲吶喊，讓監獄當局都震驚了。（註11）

而在高山上幫助過革命戰士的黃女，帶著終生革命伴侶的心情，協助過陳結的刻苦勞動，卻不知道她是不是知道陳的死因，以後又流落何方。所有記錄，只剩下日本警方以極為低級的口氣寫道：「潛伏山中的黃女現今不知在何方追思死去的情夫。」

由於進行全島大逮捕，追查赤色救援會歷時長達兩年餘，所有關係人，除非流亡日本、大陸（如楊春松），否則全部都入獄。農民組合、文化協會、赤色救援會的左翼革命運動也因此宣告結束了。

這一波逮捕，簡吉作為主要領導人，當然未能倖免。他迅速被捕入獄。而且因為他是台共中央委員，又是二度入獄，在所有被捕的台共黨員中，他是唯一被求刑八年，最後竟判決十年，判決比求刑重者。其它台共中央委員之中，潘欽信被判最重，刑期十五年；謝雪紅被判十三年；蘇新十二年；王萬得十二年；趙港十二年。

然而，故事當然不是結束於日據時期，而是更遙遠的以後。十六年之後，一九四七年當二二八事件發生，簡吉就是與張志忠率領台灣自治聯軍，遠走竹崎、小梅，準備在此建立武裝基地。當時他是台灣自治聯軍「政委」，相當於政治領導人。（在共產黨的部隊組織裡，政委的地位等於是部隊的政治思想指導者。當年劉鄧大軍南下攻打的時候，鄧小平正是政委。）

二二八時的自治聯軍與小梅武裝基地的群眾基礎，正是在日本統治下開始的。五〇年代白色恐怖，中共地下黨也曾在阿里山建立武裝基地，當時地下黨的山地委員會負責人，正是簡吉。他當然清楚阿里山，因為他曾派人在三千公尺的龍眼小屋中，印製給農民看的宣傳品。

一個農民運動領袖，橫跨二十幾年歲月，竟是因為他真正為農民做事，和農民有最深的感情，帶著他們一起拚命。

從一九三一年到一九四一年，簡吉在獄中坐了十年的牢，沒有任何假釋，足足十年的刑期，一天也不少。據楊春松的說法，他在獄中仍以堅強的毅力，寫下了總結島內社會運動的《台共的十年》一書。遺憾的是其書稿由於殖民當局的一再追查而散失。

這不僅是台共的損失，更是台灣史的損失。因為，以簡吉的角色，他既有農民組合的實際鬥爭經驗，深入台灣社會底層，同時與日本勞農黨、日本農民組合、日共有所往來，他自己也加入台共，對台共的理論、歷史分析、現狀分析與未來指引等等，想必有更為直接的體會與了解，由他來寫「台共的十年」，將是台灣最重要的文獻。可惜，簡吉唯一的著作，就這樣消失在帝國的監獄裡。

【本章註】

註1 見《台灣社會運動史——農民運動》篇，頁195。創造出版社出版。

註2 同前註。

註3 同前註，頁195。

註4 見楊國光著《一個台灣人的軌跡》一書。

註5 見《台灣社會運動史——共產主義運動》篇，頁237。創造出版社出版。

註6 同前註。

註7 日本警方出版《台南新報》「台灣赤色救援會號外特刊」（一九三四年六月十三日）本文由蔣智揚先生翻譯，特此致謝。

註8 見《台灣社會運動史——共產主義運動》篇，頁247。創造出版社出版。

註9 日本警方出版《台南新報》「台灣赤色救援會號外特刊」（一九三四年六月十三日）本文由蔣智揚先生翻譯。

註10 日本警方出版《台南新報》「台灣赤色救援會號外特刊」（一九三四年六月十三日）本文由蔣智揚先生翻譯。

註11 見謝雪紅著《我的半生記》。

第九章 ● chapter 9

鐵窗外的小鳥啼聲

（圖／大眾教育基金會提供）

一個走向革命的人道主義者。這就是簡吉內心最真實的告白。
然而，革命者面對自己的家庭，終究不得不有心軟而深深的歉疚……

壹

從一九三一年到被逮捕始，簡吉渡過了他生命中最灰暗的十年時光。獄中的日子不好過。簡吉曾坐過牢，他當然知道。但更悲哀的是整個他生命所奉獻的共產主義運動，走入最黯淡的時光。日共被檢束，主要領導者逮捕一空，一些台共所景仰的共產主義思想者、組織者、社會運動的先驅，竟相繼寫下「轉向書」。而台共領導者如謝雪紅、王萬德等人，也在獄中寫下相當於「轉向書」的告白。這更加深坐牢的痛苦。（註1）

依據後來出獄後的記載顯示，日本殖民政府對台共使用的手段可分為三種。第一種是向台共黨員出示相關文件，包括了台共中央委員名單、改革同盟開會記錄、改革同盟委員名單、台共二大照片、參加大會的名單和坐位圖、油印的黨內機密文件等等。這麼多機密文件、現場開會狀況都被敵人掌握在手裡，讓被逮捕者不禁覺得台灣共產黨已經崩潰了，連主要幹部都出賣了黨，何必再保持什麼機密呢？

第二種手段，則是利用在獄中無書可讀，精神空虛，由所謂的「教誨師」對受刑人灌輸佛教思想，諸如因果報應、道德修養、諸法皆空、生命終極歸宿等。以佛教龐大精深的思想系統，瓦解共產主義的無神論。並且此種「教誨師」不是自由選擇的，而是強迫的接受。甚至，教誨師要求受刑人要寫感想，檢查其日記等。由於教誨師可以決定政治犯的評定，這評定又會影響可不可以讓政治犯請假回家祭拜亡故的親人（只是請假一天，被押解回去祭拜），以及可不可以下工場工作。而佛教思想又不是教人背棄共產主義思想，而是勸善，談因果，因而發生相當大的影響。

這是從思想上瓦解一個人意志的有效手段。即使意志堅強如簡吉，也不能不受影響，不斷反省自己從前帶領農民運動，到最後落得讓許多農民革命家陪著下獄，而心生悲哀懺悔之情。

第三種手段，則是乾脆向台共黨員出示日本共產黨的「轉向書」。這是最嚴重的一招。因為台共的思想啟蒙，多來自日共的書本，而組織台共、發展鬥爭手段、戰略與戰術的運用等，得到日共幫助甚多。日共有如台共的老師。如今老師轉向，而且親手寫下轉向書，這教台共黨員情何以堪？（註2）

謝雪紅，就是在一九三四年，台共案件大審判期間，在法庭上和審判長爭論，要求鬆開手上綑綁的繩子。但她卻在隨後與姐姐見面時，心中一軟；又讀到獄方提供的日共佐野學、鍋山貞親的轉向書文件後，想起與改革同盟的鬥爭，台共組織的破壞，最後竟寫下二封信。一封是給古屋貞雄律師，給全體台共被告同志。內容大意是：「整個台共黨的組織已經破壞了，台共也不存在了，因此我拒絕做一個領導人被審訊……。」古屋的信有寄出，但給全體被告的信被退回。謝雪紅後來承認，她當時是

的確有過一段時間的思想動搖，但她不是投降。（註3）

這恐怕是一種無力、悲哀、孤獨、被背叛、思想動搖的感覺，而寫出的信吧。

貳

簡吉沒有留下什麼文字敘述自己是不是曾遭遇各種手段，但所有人都遭遇過的手段，他不可能倖免。

在他所留下的昭和十一年的日記中，他深刻的呈現出從家庭的際遇、幼弟的死亡、農運的衰落、自己的無能為力，以至於對家庭、對孩子、對妻子、對父母、對所有有恩於他的生命，他都懷著深深的懺悔之心。此時，他閱讀佛教、信仰佛教，想從中尋求生命的平靜，進入無思想、無憂慮、無掛念的境地。但終究是不可得啊！

昭和十一年的歲暮，他用一種回顧整個生命史的心情，寫下極為動人的日記：

除邪祭

去年的今天，回顧及反省過去的一年，書寫了其要點，達筆記三張多，再三翻讀，不禁暗自流淚。自感沒有勇氣給人看，遂抽出所寫的四張，撕碎之後，再放入嘴裡嚼爛而丟棄，——其心情正如抽盡潛伏於心裡的一切妄念，藉著撕去筆記紙像驅逐惡魔般地丟棄。

接著在今年的元旦，自我堅決誓願要實行：

繼續念佛　繼續凝視自我

努力少言　常戒驕慢

保持情緒的平衡，讓和顏愛語能自然持續

等等，而盡寫於日記。但是，現在靜靜回顧，不寒而慄……

翻看去年的今天日記，——在那裡顯然有抽掉四張紙的痕跡。然而，奮發誓願而出發的昭和十一年中自己生活，到底是否如同筆記一樣，能否說只有不悅之事而僅留下自皺眉頭的痕跡嗎？是否有惡魔妄念活生生地復活起來挑戰呢？是否完全未被其佔領自我呢？念佛亦好，自我凝視亦好，是否已被遺忘而陷入無際的雜念呢？夜夜的眠夢如何處理好？不但未做到少言，尚且經常焦慮而辯喋不休嗎？對於其他受刑人的生活－特別是與自己接觸的範圍內——是否心胸狹窄，既無小慈亦無小悲卻自抬身價而要求過分嚴格呢？是否過分地責備他人呢？是否汲汲於維護自己之立場？……如像公學教育當然要有「融於兒童的心思，與他們同歡共悲」的心態，而對於許多累犯者，斷不能全盤迎合他們，亦不應姑息他們的放肆傾向，然而就沒有其他方法嗎？不反省自己缺乏慈悲與力量，一味責備他人，認為他們已無救而敬遠之……啊！這不是驕慢，是什麼？在這一年中多為此事苦悶而已，並未前進一步。祇為自己缺乏力量及慈悲而哭泣以外，我並沒有發現其他方法！

自從往日我放棄教職而參加農民運動，（儘管那時之前我未曾違背過父母之言），不管父母如何的悲嘆；不管妻子如何哭泣；不管弟妹及其他家人如何寂寞；不管會如何連累；從不聽他們的言語及意見，糟蹋了日夜不息灌注於我的愛情——呼喚，如今仍不能使他們放心，讓他們繼續受苦。如此的我，簡直已把所有的事情都忘得一乾二淨，而只關注於其他受刑人的行為……！！

啊！不能使得自己的父母妻子弟妹充分放心，又不能向大苗老師、工滕老師、三好老師等各位恩師充分道歉、謝罪的我，應該大哭一場！基於過去的運動向民眾所負的責任，特別是在此非常時中的非常時，卻無法將自己現在的心境讓民眾，尤其是讓農民大眾（以往台灣農民組合人們）徹底了解，這是我應該留意的第一要務！！

糟蹋了父母、妻子、恩師等對自己的期待與慈愛，這樣的我要好好的凝視自己，怎麼可以輕易的批評他人呢！首先應該警惕自己的驕慢，並反省自己的態度。

自從離乳，我幾乎由祖母一手養育。晚上睡在祖母的懷抱裡，白天祖母背著或抱在腿上。特別是十歲時患了眼疾，右眼特別不好，至今仍然視力不好。那時，祖母早晨一聽雞啼即起來清身，前往離約二公里多的鳳山街龍山寺，參拜觀音，求乞其藥籤，然後往藥店買藥帶回家後煎熬，讓我早餐以前能喝。如此，連續七七四十九天。

然而，在祖母晚年，我自己卻為甜美的空想而奔走，也不自忖有無能力解救農民就參加了農民運動，幾乎拋棄了家庭，當她罹患病痛時不但未能看顧，當其臨終時未能看最后一面，讓她呼喊著我的名字，斷氣而逝！……嗚呼！！

如今，父母均已見霜鬢，由於對我的苦惱，比實際年齡更衰老唉！——如此衰老的雙親，——尤其是母親在昭和六年夏天，當我回家靜養時，一面給我喝藥，一面流著眼淚似在哀願的告訴我說「你祖母呼喊著你的名字而斷氣，我以及你父，難道亦無法讓你送葬嗎？……」。四、五年來在夢中時常聽到如此訴願的聲音。——即使無法做到物質上的孝養，亦應該真心的讓其放心，期盼早日能讓他們分享我的信仰。

孩兒們到底如何過活？最近頻頻做了有關孩兒的夢。做了敬兒懶惰，不用功，不順從其母親之夢……啊！我對吾子真是心碎了!! 對吾兒，我在夢中哭泣，我醒來又哭，如今對吾兒不能親自說話，又不能言及我在人生旅途所嚐寶貴的經驗。相對於此無奈的心情，對於過逝的祖母、年老的父母、病弱的妻及其母，以及各位恩師，應該深深地感懷他們的關心期盼才對。

同時，對同囚難友的態度，應該反省自己未做到之處。不，因為他們，我應該自己不斷的反省自己內心的生活，他們亦應領悟代表的是什麼。—人人都互相有代表的關係。然而，體會這種互相在某種意義上，自己在代表他人，他人亦在某種地方代表自己，才能避免嫉妒他人之善事，而將他人的善事，當做自己的善事，當做如像自己的善事而能夠隨喜。又，看到他人之惡，不單純的以為只是他人之惡，當做自己本身的惡，當做自己本身內部的暴露懺悔，而從心底同悲，這樣才能夠寬恕！！

曾經在教職時，為了功課怠惰的兒童或品行不良的兒童而流淚。如果有同樣的愛心為其他受刑人流淚傷悲，畢竟也就是為自己本身，至少為自己某些地方傷悲。當自己流淚傷悲時，在其背後就有親人與佛陀同在一起傷悲，南無阿彌陀佛！

昭和十一年，亦在自我矛盾之中，揮別雙親、妻子、恩師、彌陀對自己的期待與呼喊而過去了。

嗚呼！只能更加深刻地感到信仰與生活的背離……，南無阿彌陀佛……。
明年，將在元旦的備忘錄，加上一項
『以對待吾兒的心情，常念父母、妻子、恩師等的寄望』，合掌！

以上這一則日記，可說是簡吉內心最深處的告白。

他脆弱如藝術家般敏感而自省的心，他童年的微弱但溫暖的記憶，他追尋拯救農民之夢而投身農民運動的洪流，他對妻子兒女的愛，他無由告白的革命夢想，他孤寂的回憶當年任教職時，看見他所教育的學生怠惰而流下的眼淚……，往事如深夜的呢喃，一一來叩動他無法平靜的心。在獄中毫無自由的他，除了合掌再唸一聲阿彌陀佛之外，又能做什麼？

參

他的自省，也逐漸深入為自責。昭和十二（一九三七）年一月到四月的日記中斷斷續續寫著：

昭和十二年・一・三十一 星期日 休假

據本日教誨老師說，受刑人家眷有人反應，甚多受刑人的生活，除了殘酷以外，實是沒法形容的悲慘。這固然並非意外之事，但如今更深深的感到，家眷是多麼痛苦。

當然不論父母亦好，弟妹妻子亦好，物質上應該沒有多大的困難。但是精神上，既因對自己的期望太大，必定蒙受極大的痛苦！！——夜裡睡不著時常想自己雖然如此睡不著，但畢竟已獲充分睡眠，而且還有唸佛之福。然而家眷呢，尤其年老的父母，在一天的勞動疲憊未消之下，整夜想念兒子，翻來覆去睡不著。嗚呼！我是多麼罪孽深重！！

不僅家眷，公學校時代的老師，師範學校時代的老師亦都對自己寄予相當的期待。尚且有些老師都為我時常哭泣。

昭和十二年・二・九

今天早上八點鐘左右開始看電影，為最後一段的「二郎與其母」流了眼淚。陸續想起了訪問學生家庭時，曾為其悲慘的情況而流淚。

二郎無父。——然而，如像我家情形，我的孩兒們，不是等於沒有父親嗎！不，若真是無父，或是當作沒有也許可以想開。然而，確有如我這個父親存在，孩兒們自當無法想開，比起實際上無父的孩兒們，精神上更加悲慘！尚且物質上，我正在處處連累家眷！

獄中的這一段文字，才真正讓人了解為什麼簡吉不惜辭去教職，投身農民運動。他訪問學生的家庭，為其困境而流淚，但又無法為他們解決困境，到最後，他了解到只有「解放農民」才是唯一的道路。

一個走向革命的人道主義者。這就是簡吉內心最真實的告白。然而，革命者面對自己的家庭，終究不得不有心軟而深深的歉疚啊。

昭和十二年．四．九

三天以前到達的妻子的信函及照片，本日才看到，兩個孩兒好像都滿健康。尤其是敬兒(長男)肌肉都很發達。這兩個孩子，若不是與妻子或岳母一起拍攝，尚且不先告知的話，或許認不出是吾子也。長大得實在認不出。啊～！可想像得到妻子以及岳母的辛苦！注視著——看呆了——不覺熱淚盈眶。旁邊若無管理員——不，心裡多麼渴望著旁邊沒有人看，能夠儘情的放聲慟哭，涕泗縱橫。祇好在妻子及岳母面前（在照片前）由衷的懺悔！！

願懺悔，願道歉，對孩兒亦是同樣的心情。啊！從兒(三男)的樣子多麼可憐，一定很淒涼！我注視著，他的眼睛似乎在說，「爸爸，什麼時候才能回來？……」無父之孩兒，守活寡的母親——但是，如果我真正地死了的話，他們都該可以想開，可以看開了呢！

特別是敬兒的樣子，讓我想起十七、八歲時候的我。希望升入更高的學校，但實況並不允許，遺憾！焦慮！那種心情啊！……想到敬兒的心裡，不覺一把冷汗。啊！切實的渴望著管理員都不在，而在照片前喊著「請原諒，請你原諒！！」

再一年，他就要從現在的學校畢業。畢業之後怎麼辦？由於對其現在的學校一無所知，更不知道妻子的經濟能力以及其它狀況，所以無法作任何建言。啊！這樣也是為人父者嗎？他們尚且並無任何偏見，唯等待我之歸來！……

妻子的樣子極其溫和。岳母的容貌也極崇高。帶著念珠的樣子，令人感受慈悲。彌陀的安排，真是奇妙。我也念珠在手，念著佛，將由一切的感慨得救！南無阿彌陀佛，南無阿彌陀佛！！

肆

在獄中，簡吉要面對難友因日本獄政當局的壓迫而死亡（例如他最好的同志趙港、他最信任的戰友陳神助、台共同志翁澤生等），他卻無能為力；而在故鄉的兄弟親人的亡故，他也無法見最後一面，令他非常痛苦傷感。日記中寫著：「

昭和十二年・四・十六

岳母來會。據稱，父親自友人家的二樓墜落，背及腰部之傷都尚未治癒時，卻在六日（農曆二月二十六日）么弟水木過逝了。嗚呼！水木啊！你應該很寂寞吧！請你原諒！我太不負責了。我回憶起我的學生時代——讀書時如遇到困難的漢字，或難解的算術時，無法找人幫助，而在夢中解答了算術。如同我的公學校學生時代，你必定由於我不在家而很寂寞吧！也覺得很無奈吧！尤其看到為了我的事情使父母親煩惱，一定傷透了你的心！特別是被高燒困擾時，而且將要離開這個世界的瞬間，一定渴望見我一面吧！……

如今，你才是帶給我善知識的人。在佛教解釋為諸行無常。在世間日日有很多人死亡。在這刑務所就死了不少人，譬如最近，在數分鐘之間，即有三個人負重傷，最後死了兩個人。但是，你的死，由於你我都是同父母骨肉分出來的兄弟，又如上所述，我對你及新發的期待有多大，對我的壓力就有多深！！

可以想見的，在獄中嚴格的檢查制度下，如果不是藉由對弟弟亡故的追悼，簡吉甚至無法在日記中寫下這個刑務所就死不少人的事實。「在數分鐘之間，即有三個人負重傷，最後死了兩個人。」但這是不能被記載的，而簡吉竟是以如此曲折的手法，寫下日本獄政的殘酷。

翁澤生就是一個典型。他在獄中六年，本來有肺病的他，因為營養不良，不斷咳血。醫生所開的藥無非消炎藥，毫無作用。一九三九年初春，他咳出一大灘血，身體虛弱無比，向獄官請求到外面治病。但得到的答覆，只要他答應「發誓轉向」，寫好「悔恨狀」，就可以出獄治病。翁澤生自此不再提及此事。

但獄中的難友如潘欽信、林日高、莊春火等人，眼看他病情日益嚴重，透過秘密傳遞的信，力勸他暫時先簽下「轉向書」，先出去看病，「否則會死」，等以後大家都出獄後，再想辦法重建組織。但翁澤生卻不同意。他答覆說：「感謝大家對我的信任，也許出去病能治好，但日本人正想用我出去

治病來要脅我寫轉向書，我就是死，也絕不做火線上的逃兵！在獄中病會好當然好，治不好也不後悔。」（註4）

一九三九年二月底，翁澤生大量咳血，發高燒。所有退燒藥都失效。日本監獄官才趕緊通知家屬，以「保外就醫」名義把翁澤生帶回家。但出獄治病幾天，就病逝了。

日本政府還以如果「轉向」，就可以獲得幾天假釋，回家探望生病的父母為手段，讓政治犯在孝道與個人氣節之間，痛苦萬分。簡吉不願意寫轉向書，但又希望回家探望生病的父親，苦惱萬分。

昭和十二年·四·十七

父母親多可憐！特別是母親體格並不大，因生產了我們十一個兄弟姊妹，身體相當虛弱。共生男孩五人，次男，三男各於五歲時死亡，這次死亡的是最小男孩。長男的我則是如此處境。父母親不得不懷著斷腸之思！嗚呼，想起來真是罪深，不孝之罪太深了！！

父母親當然都不識字。以台灣一般的宗教習慣來說，他們都是非常虔誠的信仰者，但以真宗的立場而言，祇不過是迷信，絕不能心安。只因如此，像這樣的時候，不知如何苦悶！父親的身體身本是滿健康的，但至最近頓為虛弱，比起實際年齡衰老了。更因自樓上墜落，傷到腰部及背部，——真的可憐唉！

在日本國內，對於尚未轉向（譯註：拋棄共產、社會主義之思想）的人，當其子女或父母罹患重病時，可獲得三、五天的假釋。思想犯的轉向手記，時可見到其記載。因由如此訴諸感情的處分，使得更能堅定其轉向，那是難得的事情。想起父母親的事，不覺愧疚，同時也會切實思考，難道沒有更光明的路可走嗎？

「聽到山鳥呵呵的叫聲
疑是父親的聲音？還是母親的聲音？」（行基菩薩）

父親的生病，弟弟的亡故，讓身為長子的簡吉感到自己未盡責任，而深深自責。他並未「轉向」，是以深感困擾。他自問：「難道沒有更光明的路可走嗎？」五月中，因為母親來會面，他的心情更為沈重了。

昭和十二年・五・十三

母親來會。大部分的牙齒脱落，臉上增加了許多皺紋。尚且，皮膚仍然曬得很黑。據説，自從去年底以來長期旱災，加上仍然養了很多豬。啊！母親，真是可憐！似乎可聽到夜裡母親在切豬菜的聲音。禁不住流出眼淚！應該多多道歉，有關弟弟的死，應該多加説明，多加安慰……，在接見所前面的榕樹下等候時，都一直在想這些，但一旦面對面時，不知從何説起……。

母親似乎好不容易的開口了，彎著上身，大聲説起話來，……怎麼樣？你的生活怎麼樣？在認真做嗎？品行怎麼樣？成績好嗎？……拚命地説，不停地説，我只有首肯而已……。然後説：「這一點請妳放心」，但母親好像沒有聽清楚。終於無法抑止眼淚，聲淚俱下地又說：「被你小弟蒙蔽了，欺騙了，我無法不哭泣！我一直在哭，不願外出，逢到的人，都安慰我，不論怎樣告訴我，我也都只有流淚而已……，可是，就是因為想見你，才特意來……」。

母親每一年都前往高雄鼓山寺參拜一次，但坐火車都會暈，所以時常都是步行的。如今失去了兒子，見到人反而感到難過時，又來到台南訪問牢獄裡帶罪的另一兒子……。啊！母親啊！……請妳原諒……我不得不哭泣，除了哭，還有什麼？……不，連哭都不能盡情地哭！請原諒！

她說：「你父親也想要來，因不舒服而在床上」。我說：「聽說從二樓掉下來傷得很厲害，還沒有好嗎？」，母親答以「已好多了」。我說：「如果這樣，明天請一定來見我，若說特地從鳳山來的話，大概可以得到許可，請明天來申請特別面會」。「不，今天就要回鳳山，他說若有機會會來，你姊姊從二、三日前就發燒，尚且將要開始收稻穀了……」，啊！為了要見罪深的我，忍受見他人的痛苦，又勉強克服暈車之困難而來，還是無法忘卻農民的工作，養豬、收稻以及姊姊的發燒，似乎人在外，心留在故鄉，……啊！希望見面！祇為見兒子一面特地來了，既已見了，心又趕回工作去……！

啊！何時何日，才能贖罪，衷心下跪道歉，讓父母心安，想到這裡不禁淚流滿頰。

父親由於身體不舒服，雖然好不容易來到台南，卻這樣折回去。到底是因為坐火車，或特別是因這兩三天的天氣熱而不舒服。但願回去的旅途上不會再惡化……。

母親的聽力好像差多了。若無相當的大聲，將聽不到。耳朵應該會不好的，因為全部財產被奪走，連家宅地亦被出售。次男三男連續於五歲時逝去。長男的我又是這樣，四男、么男之中，么男在今年三月畢業公學校後，恰好一個星期即又死了。母親真的悲傷地說……六年之間，從未曠學一天。家裡的繁忙是你所知道的。早晚都必須照顧牛等家畜。偶而手腳受傷，亦從未休學。曾腳痛難於步行時，回家的路上被路人背著回來，……，如此、如此，一畢業了即……，母親的追憶不斷，歷歷在目，但未言而眼淚先流出，幾乎無法言語。真是可悲，死去的弟弟已經夠可憐，母親更可憐！找不出安慰與激勵的語言。祇有眼淚……！

伍

為了探望家人，簡吉不得不求助於所方。「

昭和十二年・五・十七

今天中午之後，見了所長。表示感謝之意。然後順便說『萬一，傳告父母親病危時，希望再一次在其面前下跪道歉，請准假釋。即使不能像日本內地准許三天或五天，就是一天亦好，請准再一次見面』，表示了我的意願。所長親切的說：『在台灣尚未有前例，我將為你禱告在你出獄以前不會發生那種不幸之事。萬一，果真發生，到時候再說，現在無法預先說可否。但你的意願我已了解。……關於此椿事，法務課長也提起過……』。

帶著深深的痛苦與思念而生活於不自由的環境下，還得為了盡孝道，而向獄所表示願意下跪懺悔，只為了請一次假釋，看望病危的父母親……。簡吉的內心，何等痛苦。但這樣卑微的願望，也無法實現。日本監獄還表示沒這個政策，繼續扣著讓簡吉懸著痛苦，希望他投降轉向。

昭和十二年・五・十八

庭院的榕樹有五隻白鷺做巢。可能是小鳥長大了吧，一整夜都騷擾不安。為了此噪音，似有許多人不能入眠。深夜裡可能是母鳥從海岸或沼澤帶回捕獲物，時而頻發噪音。的確被其吵醒了。可是，該時若不要發怒，仔細一聽，其啼聲多麼快樂呀！母鳥把食物給了小鳥的喜悅，小鳥獲得食物的喜悅，構成了神秘的調子，打動了我的心。對於鳥聲鳥語，本來我沒有分辨的能力。加之，好像有好幾隻，在一起喧嚷，……都是起鬨的聲音，否則普通低聲的噪音是不會吵醒人的……

因此非鳥輩的我們，決不可能瞭解其言語的意思（以鳥而言，或許確是言語）。但是即使不能瞭解其意思，母鳥與小鳥之間一脈相通的情趣，成為旋律，傳到耳朵，打動我心。

在人類，雙親養育子女也是拚命的。白天當然不離守護之目，晚上也懷抱孩兒在睡眠中關心著。特別是餵養嬰兒的母親，除了晚上也要哺乳外，更須要處理大小便。嬰兒一有不舒服則吵鬧啼哭。心情愉快時，也有愉快的反應，動起不靈活的舌頭，叫得比這裡的五隻白鷺更拚命。不管母親的工作怎麼忙，他是無法知道的！

啊！當我傾聽大小五隻白鷺在合奏和樂團圓的樂章時，我的心就嚮往故鄉及家裡……。想起妻子養育吾子的苦楚，連想母親照顧弟妹們的辛苦，更想起我孩提時代的諸事……！」

聆聽著鳥聲鳥語而想念著父母妻兒，敏感而深情的藝術家的心，只能在日本人的牢籠裡囚禁。帶著這樣深沈的痛苦，他的體重日漸減輕。

昭和十二年・八・二十五

岳母來會，看來何等虛弱。

看到我消瘦似乎吃了驚。問起為何消瘦。我答以並沒有瘦過，身體的狀態並沒有任何改變，她還是再三說，我瘦了云云。我自知消瘦的原因，但答以並沒有什麼，好讓她放心。

在親情的悲哀、強迫性宗教信仰與強制懺悔、以及獄政的壓迫下，簡吉仍未改變自己的信仰。在那隨時都會被檢查、無法說出真心話的日記裡，他仍這樣寫著：

昭和十二年・八・二十七

體重四十九・二公斤（八十二斤），比起春天所秤，減輕了七、八斤。時常腹瀉是最大的原因，但寧可說是「趕也趕不走的狗」才是更最大的原因。所謂強迫觀念就是吧。懷著某種不是味道的預感生活，真是無法忍受……！自我固執的輕浮！！

平常的體重是百二、三斤，患腳氣情況最嚴重時曾經減到七十斤，但去年恢復到九十二斤多。今年春天，量秤時適逢腳部開刀，流了好多血與發燒而虛弱，但仍有八十九斤。

這就是簡吉，身體生病，體重不斷減輕，卻還懷著堅定的信念。「趕也趕不走的狗」指的是誰，任何活過日據下的人都知道。他終究未曾屈服。

簡吉，像一個鄉村的堅固強硬的頑石，打不破，磨不損，等待春天的來到。

（本章簡吉日記原為日文，由蔣智揚先生翻譯）

【本章註】

註1　見何池著《翁澤生傳》海風出版社，頁318至322。

註2　同前註。

註3　見楊克煌著《我的回憶》。

註4　見何池著《翁澤生傳》海風出版社，頁335。

第十章 chapter 10

二二八風暴

1942.6.

三月二十三日，當簡吉與陳纂地在指揮武裝戰鬥的部隊轉移時，陳何獨自一個人，在台南的家裡，腹中的胎兒開始胎動……

壹

一九四一年底簡吉出獄的時候，已是三十八歲。這一次的牢獄之災，足足坐了十年的牢，一天也不少。從一九二六年投身農民運動，他的青春歲月，有三分之二以上在獄中渡過。

從開始教書起，到投入農民運動，輾轉奔波於塵土飛揚的牛車路上，全島演講鼓吹農民起來反抗，組織農民組合支部，簡吉把所有的時間，幾乎都奉獻在農民的孩子和農民身上。

出獄後的簡吉，並無充份的自由。「特高」（日本警察組織裡有所謂「特高警察」，專門承辦政治犯、思想犯，簡稱特高）照例會來「探望」他，其實是監視他的行動。另外，他也得回高雄監獄去向教誨師報到，也算是另一種監視。據曾任職於日據時代高雄監獄的張壬癸先生回憶，當時監獄的教誨師田中行園對簡吉相當敬重，認為他是不可多得的人才，佛教的理論也了解得相當透徹。而高雄州知事名為坂口主稅，也對簡吉相當欣賞。他常常說，「簡吉是一個難得的人才，可惜是台灣人」。（註1）

「可惜是台灣人」這一句話，道盡了日本政府歧視台灣人的本質。據說，土坂主稅是一個共產主義者，二戰後回日本，還曾參與選舉，擔任過九州熊本市的市長。他是不是因此特別欣賞同樣是共產主義信仰者的簡吉呢？現在已經無法得知了。

簡吉在出獄後，確實受到特別的「照顧」。他被推薦去當高雄州皇民奉公會的書記。在當時情境下，這種工作固然因此有「特殊照顧」，家庭地位與社會地位較高，會受到禮遇。但真實的本質卻是監視，並對外宣傳連簡吉都為皇民化運動的一員，更何況一般人。這是一個陰謀。但在軍事統治的戰爭時期，簡吉別無選擇。

簡吉的姪子吳謠回憶，他小的時候，常常為簡吉跑腿。從簡吉所住的鳳山送公文到高雄市區內。簡吉不必去奉公會上班，只是有事時，由他跑腿，把公文帶回來看看，虛應故事而已。

簡吉此時受到嚴密的監視。吳謠說，日本警察就在他鳳山新甲的老家外站著，只要簡吉一出門，就跟在後面，等到出了他們的管區，就移交給另一個管區的警察監視。但簡吉很會躲藏，這些警察常常跟丟了。但情勢已無任何活動空間。（註2）

這一段時光，可能是簡吉自成長以來，最安靜的日子。在戰爭的陰影下，整個台灣社會受到強大的壓制。沒有社會運動，沒有農民運動，甚至連反抗的聲音都不許有。

簡吉只能沈潛下來。這一段時間裡，他和妻子、家人渡過此生唯一的一段安靜歲月，時間不到四年。一九四三年，妻子陳何生下第四個孩子：簡道夫。

一九二九年入獄之前，簡吉和陳何生下三個孩子：簡敬、簡恭、陳從（因為陳何是獨生女，所以第三個孩子從母姓）。第二個孩子簡恭在七、八歲的時候，突然因為牙疾，高燒不退，陳何到處奔走求醫，終究無法挽回生命。那時簡吉正在獄中。

從一九二九年簡吉第一次入獄，陳何就有了心裡準備。她知道丈夫的生命不是為自己和家庭而生。一如簡吉日記裡說的，即使家人如何勸告，父母如何憂心，都無法阻止他投身農民運動的熱血。「二一二事件」時，陳何在農村操持農務，帶三個孩子勉強維持生活，渡過簡吉牢獄之災的一年。

但一九三一年簡吉被判刑十年後，她知道靠著自己弱小的身體，實在無法長期操持農村的重勞動，加上日本政府對農村的剝削，生活愈來愈貧困，她只能轉而求助台南娘家。

陳何是家裡的獨生女，娘家只剩下母親靠著一點薄產和一爿店面，經營雜貨生意維生。母親本就獨自生活，此時女兒帶著三個孩子回家，想到孩子的父親入獄，幼子無依無靠，她更萬分憐惜。但陳何是一個堅強的女性，她不想只靠著母親生活，就考上二年制助產士講習所，取得助產士資格後，在台南開業，為人接生。陳何是公學校畢業，有教師資格，這在當時是非常受人敬重的，如今成為執業助產士，她的心情也像在學校任教一樣，帶著更多的耐心與愛心。她從不主動開口收費，任由產婦家人依能力付費。如果碰上窮苦人家，她還會主動送一些生化湯、十三味等調理藥品。

助產士的日子其實並不輕鬆。其它行業可以定時開業歇業，唯有助產士不行。沒人知道孩子是什麼時候要生下來，半夜三更、颱風下雨、冬日寒夜、夏日酷暑，有人要生孩子了，她就得拿起助產士的包包出門。有時碰上難產的初胎，陣痛時間特別長，也不知道什麼時候可以回來休息。

平安帶大孩子，偶而到監獄探望簡吉，安靜等待丈夫的歸來，這就是她全部的生活。如今簡吉歸來了，她終於過上安靜安心的歲月，守著一個完整的家。

貳

一九四一年十二月八日，以珍珠港事變為開端，日本發動太平洋戰爭。戰場擴大，台灣被捲入得更深。大批準備送往南洋的日本兵被送到台灣來，進行所謂「耐熱訓練」後，就送上戰場。而為了補充兵源的不足，日本一方面徵調台灣青年去南洋當軍伕，另一方面加緊皇民化運動，鼓吹愛國主義，使台灣青年願意為日本帝國效命。

簡吉只能靜觀事態的發展。昔日農組的同志，趙港已於一九三五年因病死於獄中，他本就有肺結核的病，獄中的食物營養不良，終於無法熬過牢獄的苦刑。台共同志出獄後也不敢多聯絡，謝雪紅和楊克煌在台中經營三美堂商店，後來躲空襲避居頭汴坑，原農組的幹部林兑、李喬松、謝富等人偶而過去看望謝雪紅。蘇新在台南經營一家養兔子場，勉強維生。（註3）

當年帶著上百農民從朴子北上參加農組第二次全島大會、帶頭高喊「台灣人要翻身」的李天生，於一九三九年秋天意外被逮捕，拘留數日後，又無原因的釋放。後來他才知道，因日本政府加緊侵略中國，當局為恐怕台灣反對其侵略祖國的戰爭而支持抗戰，遂加緊監視以前參加過政治活動的人，稍有不聽話的舉動，就加以逮捕，套上莫須有的罪名，判決三年、五年。他心中知道自己過去動員農民群眾的記錄，將成為日本政府注意的對象，此時如果留下，只能生存於恐懼之中，乃決定赴大陸經商。最後他落腳南京，做起廢鐵生意。（註4）

農組當年的所有人，都被特高警察徹底監視。連李天生因為有人貪污而被調回高雄應訊，他從南京回高雄，中間行程經過上海，路過台北，逗留兩天訪問闊別多年的舊友，再回高雄，特高竟全部瞭如指掌，連他幾點幾分搭車，投宿什麼旅館，都有記錄。組織之嚴密，監視之嚴格，足以見證當時社會運動已無一絲活動空間。

隨著戰爭愈到後期，日本敗象愈露，台灣也成為美軍轟炸的對象。

一九四五年七月十四日的《台灣新報》上刊載著：「

無所畏懼 空襲下的高雄市民

美國敵機在四日又來侵襲台灣本島，但戰爭中的港都市民就如同前述一般，非常的冷靜沉著，特別是消防團員及義勇報國隊員。另一方面，在高雄市近郊的農民們也比平常更為積極的灌溉蔬菜農田等，在空襲下也無所畏懼的農民，將增產姿態發揮到淋漓盡致。」

這是全然荒謬的說法。在大轟炸之下，絕大部份的城市居民都疏散到農村，食物配給，食米缺乏，農民並不是為了皇軍在增產，而是為了生存。

然而，時間已到最後關頭。美軍在廣島、長崎所投下的原子彈，給了日本帝國最後的一擊。且看一九四五年八月十五日《台灣新報》對廣島原子彈的描述吧。這是當年最直接的第一線目睹記錄：「

放射出強大的爆風壓及熱閃

關於敵人在攻擊廣島時所使用的新型炸彈，雖然軍方關係人在之後有到現場去做詳細的調查，但若綜合起到目前為止的結果，大致有以下各點：

爆發前後的狀況：在B29高度的侵襲下，以廣島為例，有三個至四個附有降落傘的炸彈被大量的投下，大致在地上四百米到五百米之間爆炸。在數個降落傘群附近發生爆炸的爆風壓為垂直壓，具有非常強大的威力。

熱閃：爆炸後雖然會放射出熱閃，但它的影響範圍大致被推定為八公里左右，好像沒有永久持續時間的樣子。在發生閃光及爆風壓之間，還有一些少許的時間。最顯著的特徵則是這熱閃是具有非常強烈的方向性。沒有直接接觸到閃光的部分不會被火灼傷。熱閃的引火作用大多是全壞或是半毀壞，相較於此，因為閃光是比較緩慢的起作用，所以能做出初期的防火防護。若是鋼筋混凝土建成的話，即使是在爆炸點之下也是安全的。防空洞若能強力掩蓋的話，即使是直接落下的炸彈也是安全的。而在半地下式的防空洞裡，在六公里左右雖然能破壞屋頂，但其他的東西並不會受傷。而石造、煉瓦、木造建築物的安全度則是比較薄弱。

對人類的破壞：以距離來說的話，建築物被破壞的程度也成正比。比較起來，塗上混凝土或是黑色的東西是比較容易引火的。穿上白色的衣物對於熱閃引火狀況，也的確是有效的。因為內衣也具有相同的效果，所以如果能在白色衣物下方重複穿上是最好的。舉個極端的例子，在白色布料上捲上黑色文字的臂章，只有在文字部分會起火。總之，如果能妥善的擬訂出處理新式炸彈的方法，那傷害就有可能控制。在熱閃照射下若能即刻將姿勢放低，將外露出來的部分遮蔽起來，則可以防止火灼傷。雖然爆壓會造成大型木造屋倒壞，但若是在稍微遠離中心點處的地方，在看到亮光閃閃的時候，就遠離空地或是躲到有遮蔽物之處的話，就能避開危險；若沒有進入防空洞或是無法進入者，同樣的，利用遮蔽物也是有所幫助的。」

這可能是世界上首度對原子彈爆炸所作的第一份調查報告，由日本軍方所作。然而看著他們所描述的對付原子彈的方法，如多穿一件衣服、不要穿黑色衣服、閃光出現剎那趕緊找掩體等，就知道他們停留在「新型炸彈」的認知，渾然不知這是世界上最恐怖的毀滅性武器。

也正是在《台灣新報》刊出的同一天，天皇的「御音放送」宣告日本無條件投降了。

參

如同作了一場五十年的惡夢，台灣老百姓從殖民地的奴隸狀態醒了過來。他們發現，日本統治結束了。但以後呢？飛機曾丟下來美軍的傳單，厚厚的紙質上寫著波茨坦宣言，台灣歸還給中國。台灣人終於可以作自己的主人了。

然而，五十年的惡夢太長了，人們還不敢相信自己已經醒來，彷彿在恍惚中張開眼睛看著這世界。它並沒有變化，殖民政府還在，日本警察還在。只是統治者換了一個面貌，一個個低垂著頭，失敗的、頹喪的、茫然的眼神裡，日本人也不知道自己的未來。

總督府召開首長會議，表明維持台灣治安與社會安定的方案，但整個社會人心開始浮動了。日本人知道自己將被遣返，開始出售各種物品。日本軍方知道所有物資會被中國接收，開始偷偷出售儲存的軍用物資，食物大量湧現出來。

光復初期，謝雪紅和楊克煌從頭汴坑的山上出來，在市區找房子居住，他們居然就買到了品質與厚度超乎尋常的鋁鍋。他們判斷，那應是軍用飛機上拆下來的鋁片，被做成了鍋子。至今還被他的女兒楊翠華保存著，當成戰後的記憶。（註5）

民間藏起來的食米、肉類等也開始像慶祝般的拿出來販售，因為，殖民政府終於不再管制了。日本人則在台北市的街頭開始出售他們帶不走的家用品，如書籍、家具、衣物等。

一種慶典的氣氛悄悄開始了。但這中間隱藏著不安，報復行為在各地慢慢展開。因為帝國淫威還在，剛開始報復對象還不敢對著日本人，而是台灣人走狗，尤其是仗恃日本警察專門欺負台灣人的爪牙、「三腳狗」。後來是連常常欺負老百姓的日本警察也變成報復的對象。警察不敢維持秩序，公權力失去作用，社會秩序慢慢瓦解。在街道上，在小巷裡，常常有日本警察被追打。

此時，殖民政府已失去權力，而舊御用親日者也人心惶惶，唯一能夠出面安撫民心的，就只剩下還具有社會聲望的人。這些人當然不會是親日的人，而是地方上素有眾望，受到尊敬的人，他們是日據時代反對殖民政府的反對運動者如農民組合幹部、文化協會幹部。尤其農民組合有深厚的地方基礎，擁有廣大的群眾支持，此時是最適合出面組織地方人士，共同維持秩序。此外還有地方上具有聲望的醫生、教師等。

簡吉是在這種情勢下，被推舉為三民主義青年團高雄分團部的副主任。

肆

一九四五年九月一日，第一批登陸台灣的中美軍官中，有一位原籍台灣的張士德，他是台中豐原人，本名張克敏；早年赴黃埔軍校就讀，一九二八年被國民黨逮捕，險遭處刑，後以「台灣籍民」遣返台灣。返台後他積極加入農民組合活動，曾和謝雪紅一起工作。台灣左翼遭到大檢舉的時候，他赴大陸，後來擔任李友邦台灣義勇隊的副隊長，此時他是奉李友邦指令，隨美軍先遣人員第一批來台。張士德返台後，以「三民主義青年團中央直屬台灣區團籌備處總幹事」的職稱，對外活動。在當時國民政府無一人在台灣出現的時刻，他等於代表了將接收的中央政府。在萬民等待中央的此刻，他所受到的歡迎，自是不言可喻。

張士德隨即展開活動，他找了台北著名律師陳逸松協助，任命他為「三民主義青年團中央直屬台灣區團部主任」，展開籌備工作。（註6）

被統治了五十年的台灣人，此時民族主義高漲，三民主義所包含的民主、民權、民生與社會主義傾向，在日據時期就有台灣民眾黨為其信仰者，此時更是民眾期望的所在。日據時代社會運動者，不管是左派、民族主義派都期待自己治理自己，建設新台灣，當然相繼加入。

陳逸松曾回憶：「每一位有良知、有血性的台灣人都想對祖國有所貢獻，很多人都擁來參加青年團，正如吳新榮所說：『這個響亮的名字，已使每一個來投者感覺非常光榮和驕傲。』，所以台灣分團很快就組織起來了。我自兼團長，黃啟瑞任青年股長，林日高任組織股長，謝娥任婦女股長。」

三青團幾乎是日據時代所有社會運動、民族運動成員與力量的總合，連舊台共成員都積極參加。它有五個分團：台北分團有陳逸松、蘇新、王添燈、王萬德、潘欽信等；新竹分團有陳旺成；台中分團有張信義、楊逵、葉榮鐘、呂赫若、林碧梧等；台南分團有莊孟侯、吳新榮等；高雄分團則是簡吉、楊金虎。高雄分團由日據末期冤獄的受害者吳海水擔任主任，簡吉任副主任。

陳逸松回憶錄中如此寫著：「從日本投降到台灣光復的七十天中，台灣政治形成無政府的真空狀態，青年團的成立暫時填補了這個真空。……在青年團的主導下，共同努力，不計名位，沒有報酬，把社會秩序維持的井井有條，展現了台灣人從未有過的活力，創造了政治史上罕見的自治奇蹟。」

三青團的活動非常繁雜。包括了維持社會治安，防止偷竊（無警察狀態的必然危機）、保護農民耕牛（農民耕牛被偷竊去宰殺出售）、防止各地米糧被無故運出（因地方上米糧不夠，怕被運出盜賣）、遏止日人日軍的破壞行為（如前述之軍用物資被盜賣）等。有時偷竊案件發生，青年團員還得出面追捕犯人，險象環生。然而，整個士氣是非常高昂的。

伍

簡吉在高雄擔任三青團高雄分團副主任期間，周青在高雄任《人民導報》記者。他回憶，國民政府來接收以後，當時因為大陸通貨膨脹，物價不斷上揚，台灣也被捲入，許多物資被搶購到大陸去，米糧也不例外。這造成米價上揚。有些農民的米不願出售，也被政府人員強迫收購。而有些地主則不管佃農的死活，自己採收，自己屯積起來，讓農民更無法生存。

有一批年輕人非常憤怒，組織起來，舉凡聽到那裡有屯積，就以打擊不法為名，群聚去打開米倉，讓大家去分取。

有一天，有人向周青說，有一處地方是高雄三青團的倉庫，聽說裡面有屯積白米，大家準備去衝擊它。周青和大家一起去了。走到那裡一看，卻見簡吉站在倉庫門口。周青為之一愣，正想詢問為什麼。簡吉拉起他的手到一邊，悄悄的說：「這是高雄農民的米，我怕他們也被搶了，才叫他們放到這裡來，用三青團的名義保護起來。你別說出去啊！」

周青恍然大悟，相視一笑，轉頭帶了一群青年走了。

「他是在保護農民啊！」周青後來回憶說。（註7）

還有一次即是著名的「王添燈筆禍事件」。蘇新在「王添燈事略」中寫道：

「王添燈就任《人民導報》社長以後不久，就遇到一場「官司」。我還沒有離開《人民導報》以前，有一天簡吉急急忙忙跑進編輯部，說有急事要找蘇新。當我正在印刷場，助理編輯小郭在廠門口喊聲：『蘇先生，有人找。』我馬上回來編輯部。每次有人來找我，我都馬上見，這已經成為習慣，不！這是我的工作需要，因為『會客』常常是『重大新聞』的來源。

簡吉是日治時代台灣農民運動的領袖之一，舊台共事件時被判十年徒刑，我們同在台南監獄『服役』。出獄後，我們沒有再見過面，只是聽說，日本投降後，他又開始搞農民運動了。一見面，他就緊緊握住我的手，『老蘇，高雄的農民又起來了！』就從公文包裡拿出高雄農民跟國民黨警察大隊武鬥的詳細材料，並簡單作了些說明：這場鬥爭的起因是高雄的一個地主組織一幫狗腿搶割農民的稻穀，引起衝突，地主請高雄警察局派大隊去鎮壓農民，打傷了人，有的已經抬入醫院……希望《人民導報》聲援他們的鬥爭。

我想，這件事必須報導，既然《人民導報》打出『人民』二字，就必須名副其實地成為『人民』的「報導」，如果連這樣的事件也不敢報導，必將在人民中間喪失威信。本來我有權處理這件事，但考慮到不久前發生的問題（指「省黨部」強迫改組《人民導報》一事），我也慎重起來，把這份材料給宋斐如、王添燈、陳文彬（主筆）看，並闡述我的看法，他們都同意我的看法，並授權給我妥善處理。宋斐如囑咐我：要準備應付警察局的控問，要有充分的人證物證才站得住腳。王添燈叫我派得力的記者到現場調查，訪問受傷農民，把他們的話都記下來，同時到醫院去探望受傷農民和醫生，請醫生開診斷證明，把稻穀被割的現場、武鬥的現場、傷人都拍回來。我立刻派呂赫若跟簡吉一起趕去高雄，並叫他如果情況屬實，打電報回來就登報。兩天以後，電報來了：『情況屬實。』於是我用了一天一夜的時間，整理出一篇報導。不出所料，見報後兩天，台北《新生報》（官方報紙刊登了一條『高雄警察局控告《人民導報》的啟示』誣蔑農民是『暴徒』，《人民導報》『為匪張目』等等。「官司」終於打起來了，被告人是王添燈和蘇新，呂赫若也回來了，為了反駁警察局的誣蔑，我又把記者的採訪記發表出來，同時打電報給簡吉，讓他陪同受傷農民到台北來以備作證。

大約一個星期，台北地方法院就發出『傳票』，要王添燈、蘇新出庭受審。我和王添燈事先商量好：『你只承認知道這件事，關於怎麼報導，可問蘇新，一切由我來對付。』當天，旁聽人很多，簡吉和受傷農民也在旁聽席，隨時可以出來作證。

開庭後，判官（閩南人，說閩南話）先問王添燈。王添燈按照我們商量的那樣，只回答了上面這幾句話。接著就問我：『這件事是你負責報導的嗎？』答：『是。』問：『有什麼根據？』於是我就把簡吉訪問報館的經過以及派記者到現場去調查的結果詳細地陳述了一遍，並把幾張照片遞給判官看，同時叫簡吉和受傷農民出來作證。接著，王添燈又站起來，叫聲：『判官大人，請讓我說幾句話，希望法院主持公道。地主和農民衝突，警察局只能進行調解，不應該偏袒地主，迫害農民，甚至打傷農民。判官大人，你們也知道，台灣同胞是如何歡呼台灣光復，如何歡迎祖國的親人，但不到一年就發生這種事情，我看，這是真不幸的……。』

兩個判官接耳私語，不知說了些什麼？不到一個鐘頭，審訊就結束了。判官宣布：『審訊到此結束，必要時再開庭。』旁聽席上有人低聲說：『王添燈實在厲害。』並以尊敬的目光送王添燈出去。以後不但沒有再開庭，過了幾天《新生報》又登了一條啟示：「高雄警察局撤銷對《人民導報》的控告。」這個案件就這樣不了了之。事後，王添燈還到旅館慰問了簡吉和受傷農民，並交給我一包錢，對我說：『他們可能有困難，錢不多，你就說，報館給他們補助一點路費和這幾天的生活費……。』當時我很感動，覺得王添燈這個人真會體貼人。」（註8）

此段文字顯示簡吉在高雄繼續協助農民，不僅保護他們的稻米，免於被強徵，也帶著被毆打受傷的農民上台北打官司，伸張正義。

然而，這個過程，也讓他看到陳儀政府的貪污腐敗，壓迫農民，竟與日本人無異。

一生為農民奮鬥抗爭，帶領農民組合進行過最徹底反抗的簡吉，會毫無所覺嗎？他再度走向反抗之路，就變成必然的選擇。

陸

特別值得一提的是：知名小說家呂赫若是不是因此結識簡吉呢？我們無由得知。但在國民黨特務谷正文的回憶錄《白色恐怖秘密檔案》中，曾記載二二八之後，呂赫若思想產生巨大轉變，呂赫若加入共產黨與簡吉「有密切關係」，而簡吉與張志忠負責中共地下黨武裝基地，由於這一層關係，呂赫若進入鹿窟武裝基地擔任文宣、教育等工作。因谷正文是一個特務，其記錄往往虛虛實實，難辨真假，實際詳請已無由探知。但呂赫若與簡吉曾一起為一場農民抗爭而共同奮戰，甚至因此上了法庭，卻是無可置疑的事實。

這不禁讓人想起簡吉青年時代最愛的是拉小提琴，即使在農民運動奔波歲月中，他仍帶著小提琴。而呂赫若也是小學教師出身，後來赴日本學鋼琴、聲樂、歌劇，回台後曾開過演唱會，在中山堂唱過《茶花女》。呂赫若的民族思想濃厚，小說裡充滿對受苦者、弱小者的同情，尤其描寫農村貧苦佃農的悲苦，殖民地農民無可反抗、無處訴苦的悲劇，以及台灣女性面臨封建傳統與殖民地的雙重壓迫，其創作的才華與穿透人心的力量，遠遠超出同時代小說家。他的筆觸細緻，準確寫實，曾被認為是「台灣的魯迅」，可謂是日據時代最有才華的小說家。帶著對農村的同情，對殖民地痛苦的體驗，對弱小者與受苦者的關愛，以及對藝術的同樣愛好，呂赫若與簡吉的相知相惜，應是很自然的事。而如果他們一起走向革命之路，也是理想的共同實踐吧！

筆禍事件之後，簡吉昔日農民組合的老同志劉啟光擔任新竹縣長，找他去擔任桃園農田水利理事職務。

劉啟光本名侯朝宗，他是農組「第二次全島大會」的大會主持，並被選為書記長，後因台共大檢肅而逃亡大陸，改名劉啟光。他在大陸參加抗戰，抗戰勝利後，在國民政府擔任要職，如今找回簡吉，無疑是找到當初的領導人，由他來擔負起為農民運動平反的工作。此時劉啟光不忘舊日農組的情誼，不但設「台灣革命先烈遺族救援會」，並在新竹設立忠烈祠，公開祭拜犧牲的抗日志士、農組同志，同時他還領養了趙港的遺孤。他請簡吉擔任桃園農田水利會工務課長，或許不無讓簡吉完成當年「赤色救援會」的救助抗日志士遺族的使命吧！

桃園、中壢一直是農民組合的大本營，簡吉在此地可以找回舊日同志，協助日據時代被抓進去坐牢的受難者家屬，還給農組的革命志士一個歷史的正義。

他曾在獄中日記裡寫道：「基於過去的運動向民眾所負的責任，特別是在此非常時期的非常時刻，卻無法將自己現在的心境讓民眾，尤其是讓農民大眾（以往台灣農民組合人們）徹底了解，這是我應該留意的第一要務！！」

他也曾為自己懷著夢想，把農民帶向革命之路，最後卻只是坐牢，無法帶領農民走出困境，而感到無比的痛苦。一個負責任的領導者，不能不為此感到懷疑、猶豫、內疚啊！如果簡吉有機會回報，這是他回報舊日同志的時刻了。

一九五四年二月，簡吉等人在被槍決後，劉啟光曾寫了一篇報告呈給當時的調查局長毛人鳳，大約是為了怕自己被牽連而寫的報告書吧，內容主要是撇清關係。其中曾談及簡吉：

「（前略）

二，台灣革命先烈救援會

簡吉，台灣人，在過去反日時期，為鳳山農民運動領袖，台灣光復，啟光返台鑒於過去反日同志，被暴日殺害之遺族，生活困難，經組織『台灣革命先烈遺族救援會』，募款救濟，曾募得台幣貳拾貳萬陸千餘元，當以簡吉對遺族之住址及生活狀況，均甚熟悉，乃以簡吉為總幹事，負責辦理救濟事宜，並派簡為桃園水利協會工務課長，支領薪津，維持其個人生活。簡於三十五年冬，託詞前往大陸旅行，辭職他去，救援會亦於二二八後結束。」

現在留下來的少量簡吉照片中，有一張是「台灣抗日遺族救援會」成立的照片。還有一張是拍攝於一九四六年十二月十四日，寫著「惜別紀念」，但是不是因為簡吉即將離開而舉辦惜別，或者其它人要離開的惜別，卻難以知道了。

然而，這一段時間相當短，簡吉於一九四六年上任，到一九四七年二二八事件爆發，簡吉就潛入地下了。

柒

依據〈安全局機密文件——歷年辦理匪諜案彙編〉記載：

「台灣光復後，共匪積極展開對台滲透工作，並派蔡孝乾等潛來台灣，發展匪幫組織，從事匪諜活動。時簡吉已為我政府工作，並擔任三民主義青年團高雄分團書記，新竹桃園水利會理事，台灣革命先烈救援會總幹事等職，三十五年九月，由匪『台灣省工委會武工部長』張志忠，持匪書記蔡孝乾之介紹函往晤（蔡與簡係遠在「台灣農民組合」時相識），於是簡吉之叛國思想復熾，遂與張匪開始聯絡，並協助其建立嘉義、台南等地區群眾工作，『二二八』事件發生時，又幫同張匪組織『自治聯軍』。三十六年十月，轉往新竹地區展開叛亂活動，三十七年二月經張匪介紹，正式加入匪黨組織，充任新竹地區工作委員會書記，受張匪指揮，三十八年春轉移台北，由蔡孝乾直接領導，同年十月建立『山地工作委員會』任簡吉為書記，並負責北部工作，魏如羅任委員，負責中部，陳顯富任委員，負責南部工作，分別煽動群眾吸收匪徒，並領導卓中民、楊熙文等匪幹，訂定滲透山地同胞策略，鼓勵『民族自決』，推動『自治自衛』，加強各族團結，及爭取山地各族頭目、鄉長、村長、與知識份子、公教人員、山地學生等，秘密進行顛覆活動，案經國防部前保密局查悉破獲。」

這個記載，顯示張志忠是於一九四六年四月來台，展開組織工作，之後再持蔡孝乾的信件，與簡吉會面。此時簡吉應是在桃園任職於水利會。為了地下工作，簡吉顯然託詞前往大陸而離開了桃園。僅僅幾個月之後，二二八就爆發了。二二八發生時簡吉在那裡呢？沒有確切記載。依照「安全局機密文件」所載，這時他可能是在嘉義、台南一帶協助張志忠「建立群眾組織」。

現在唯一能找到的，是典藏於國家檔案館，一九四七年三月二十六日由台灣警備總部第二處所發的文件：「

代電

事由：報少梅陳篡地匪部退入山地由。

台北唐建民先生均鑒：寅巧清社〇二六一號代電計呈。茲續據本組組員許日歸報稱：查嘯聚少梅竹崎一帶之南台區作戰指揮部總指揮陳篡地部因我軍圍剿甚急，于三月十九日起陸續向山地撤退，并將所有武器彈藥及附近村民之糧食牛車悉數帶走，以謀長期盤踞，聞陳逆篡地于撤退前聲言決收集各地殘餘部隊，潛藏深山，實施一年計劃，再謀大舉。又傳奸偽份子張信義（青年團台中分團主任）、簡吉（前農民組合委員長及赤色救援會中央事務擔當者，現任青年團高雄分團書記）現亦潛入該部活動云，等情謹聞。

職葉長青　叩寅迴情奸〇三五四號」

上面蓋有圖章載明：「第二處三十六年三月二十六日十四時三十分到」

這一份公文上蓋有林秀欒（警備總部情報處處長）的章，還有一個斗大的「柯」字。顯係柯遠芬的簽字。

次日，台灣警備總部發出公文，內容如下：「

三十六年三月二十七日

簽呈　於第二處

事由：為陳篡地及張信義、簡吉等率殘部潛入深山企圖再舉由。

情報內容：據報（一）嘯聚少梅、竹崎一帶之南台區總指揮陳篡地殘部，因我軍圍剿甚急，於三月十九日起陸續向山地撤退，並將所有武器、彈藥、及附近村民之糧食、牛車等，悉數帶走，以謀長期盤踞。且聞陳篡地在撤退前聲言，決將集各地殘部，潛藏深山，施行一年計劃，再謀大舉暴動。（二）奸偽份子張信義（青年團台中分團主任）、簡吉（前農民組合委員長及赤色救援會中央事務負責與現任青年團高雄分團書記）現亦潛入該部活動。

擬呈辦法：擬飭陸軍整編第廿一師劉師長切實圍剿當否乞。

台灣省警備總司令部」

這一份報告裡，有幾個錯誤。第一，閩南語「小梅基地」被誤植為「少梅基地」；第二，南台地區總指揮也不是陳纂地，而是張志忠。

但這公文也意味著：二二八當時，由張志忠領導在嘉義成立的「台灣自治聯軍」在二二八之後，並未被消滅，他們在簡吉、陳纂地、張信義等人的帶領下，退向深山，準備建立武裝基地，以籌劃再起。

這是二二八歷史中，幾乎被所有人遺漏的一個篇章。因為，所有二二八的歷史，都只是在反抗、鎮壓、屠殺之中打轉，卻遺忘了二二八有過最壯烈的武裝反抗，台灣也曾有過游擊戰！

捌

事實的真相是：二二八發生時，因事出突然，台灣沒有一個具組織性的集體領導，帶領全台反抗。

台灣各地相繼成立事件處理委員會。但因處理委員會是由地方士紳、知識份子、一般市民所共同組成，成員相當複雜，很快就被情治人員滲透，而呈現意見紛歧。真正有組織指揮的，反而是舊台共系統與中共派來台灣的「台灣省工委」。在台北王添燈（「緝菸血案調查委員會」中任宣傳組長）的身邊有包括蘇新、潘欽信、吳克泰、蔡子民、周青等人。台中則是由謝雪紅領導成立「台中地區治安委員會作戰本部」，攻打黨政軍單位，抓住台中市長黃克立、台中縣長劉存忠等公職人員三百多人，集中看管。其後並成立二七部隊。等到國軍二十一師開到台中，二七部隊退入埔里，於武德殿裡改名為「台灣民主聯軍」，繼續戰鬥。最後因彈盡援絕，部隊宣告解散。

但真正最有組織且具有戰鬥經驗與能力者，則是嘉義、雲林一帶。從大陸回台發展組織的新港人張志忠，在二二八事件發生後，隨即成立「嘉南縱隊」（後改名為「台灣自治聯軍」），並依照共產黨的軍事組織，以政領軍，為了表示尊重，由簡吉任政委（當年中共劉鄧大軍南下過長江的大戰役，鄧小平便是政委，指導整個部隊的政治思想與戰略思想，由此可見其重要性），張志忠任司令員，曾在越南胡志明部隊打過游擊戰的陳纂地醫生，擔任副司令員，其下有地方分隊，如新港、北港、朴子、嘉義、虎尾等。

為什麼是簡吉任張志忠的「政治領導」呢？這是由於簡吉在農民間有非常高的聲望。而張志忠與陳纂地有實際作戰經驗，可以領軍作戰、佈署陣地。

張志忠本是嘉義新港人，年輕時候參加農民組合，加入台共，後轉赴大陸。一九三一年台共被破獲以後，大量黨員被逮捕，時在大陸的翁澤生乃派遣張志忠回台重建台共。但不久即被逮捕入獄。在地方的傳聞中，本名張梗的張志忠，不願意坐牢，在獄中佯裝發瘋，吃自己糞便，以精神有問題而出獄。出獄後，日本警察仍未放棄監視，張梗則帶著草蓆，到處流浪，在路上隨地睡臥，有時甚至被看見他在吃牛糞。日警放鬆監視後，有三、四天的時間，不見他的蹤影。後來他母親去報警，才知道他已經失蹤。此時張志忠已化名偷渡到大陸，加入抗戰行列了。台灣光復後，他奉命回台擔任中共地下黨的武裝部長。但因身份特殊，他化了各種名字在台灣各地活動。嘉義地區有人說他化名張忠信。

陳篡地則在日據時代留學日本，就讀「大阪高醫」，後因參加左傾的抗日學生組織「辰馬會」被逮捕入獄幾個月，一九三三年畢業回台，後與留學日本女子醫專婦科的醫生陳玉露結婚，在斗六開設「建安醫院」。但因日本特高不斷打他抗日的小報告，太平洋戰爭爆發後，他被徵召入伍，到越南擔任軍醫。日本戰敗後，他竟脫離日軍，加入胡志明「越盟」，參加了越南的解放戰爭，而擁有了難得的游擊戰經驗。這經驗便是他後來領導「台灣自治聯軍」的基礎。

二二八發生後，三月二日，陳篡地與陳海水、葉仲琨等人在斗六成立「斗六治安維持會」，並成立自衛隊。三月五日，他率領斗六、北港、古坑的民軍圍攻虎尾機場。虎尾機場是日據時代的軍用機場，日軍遺留了不少武器。發動主力圍攻，為的就是可以取得武器彈藥。但因國軍退守，民軍圍攻不下，最後還是從其它地方引水，向機場灌水，才將之攻克。國軍不支，沿著濁水溪逃亡。而繳得的軍械，則分給各地分隊，作為地方武裝的基礎。

根據二二八時擔任台中地區「台灣民主聯軍」的突擊隊長陳明忠，在事後依據他在獄中從一些政治犯口中所留下的線索，再參照安全局對白色恐怖時期的調查資料（註9），此處試圖初步整合出有關「台灣自治聯軍」的資料。

台灣自治聯軍

「台灣自治聯軍」原名「嘉南縱隊」其組織如下：

原名：嘉南縱隊（這是共產黨的慣常用語，如東江縱隊）

政委：簡吉

司令員：張志忠（兼任）

副司令員：陳篡地，蘇建東、許分、李媽兜

下轄：

北港隊隊長：許木。（作者註：這是依據安全局的名單所寫，但查遍所有二二八調查資料，無「許木」這個人。二二八時，北港成立分隊，余炳金是隊員，平時外號叫「阿木」。北港當時帶領者名為許壬辰，是當時地方法院書記官，柔道四段，曾留學日本，二二八發生後曾帶隊攻打嘉義紅毛埤，家人並傳言他在撤退到小梅基地的過程中，被埋伏國軍所槍殺。「許木」應是當時國軍搞不清楚狀況，誤把許壬辰與外號阿木的余炳金混在一起了）

新港隊隊長：小林。（作者註：這是安全局資料所記載，表示對真正名字不確定。他很可能是林金城，或者李廷芳。二人都被射殺於前往小梅基地的半路上。醫生林玉錡證言說，新港自治聯軍隊長是林金城。因此，「小林」應是林金城。）

朴子隊隊長：張榮宗（日據時代即參加「赤色救援會」，因腳上輕微不便，走路微跛，外號「跛腳宗」。人相當高大英俊。二二八之後，他帶領自治聯軍的先遣部隊，約四十人左右，前往小梅基地探路，卻被埋伏在此地的國軍槍殺。）

小梅隊隊長：陳日新（作者註：這是依據安全局檔案所記，在其它資料中，查無「陳日新」其

人。但在安全局機密檔案中，有「匪台灣省工委會雲林地區組織陳明新等叛亂案」，則詳細記載了陳明新曾參與張志忠所組織的「台灣自治聯軍」，「負責領導嘉義支部暴動」，同年八月即加入共產黨。由此判斷，「陳日新」應是陳明新。）

嘉義隊隊長：（兼）蘇建東

斗六：陳纂地

嘉義：陳復志

武裝工作隊：陳顯富，陳明新

整個行動，由張志忠與簡吉在背後指揮。由於張志忠是中共地下黨，無法公開出面指揮，因而由簡吉與陳纂地作總體指揮。這便是為什麼警備總部的追剿公文中，出現簡吉與陳纂地名字的原因。值得一提的是：許分原為農組幹部，他在二二八事件中，與張志忠一起攻佔西螺派出所，他們在一輛車上演講，鼓舞群眾，不料國軍來攻打，他們急忙撤退，車上有一個木工被槍打到，掉下車而遭到逮捕，遂供出了張志忠和許分。張志忠本就未曾回家，找不到人，就到許分的老家要抓人。沒抓到，一查，竟查出另一個他常常往來的同志─辜金良，辜金良因而被逮捕。但這不知道是幸還是不幸。辜金良因涉及二二八，政策上從輕處理，後來在白色恐怖中，才能免於一死。（註10）

玖

二二八事件的民眾反抗因國軍二十一師來台而宣告瓦解。散兵游勇的民間游擊隊即使人數不少，但終究無法抵抗正規軍。

台中二七部隊退入埔里，改名為「台灣民主聯軍」，而嘉義張志忠部隊則改名為「台灣自治聯軍」，退入小梅基地。這兩個名字，恰恰印證出當時台灣的主要訴求，是「民主自治」。

簡吉與陳纂地確實作了建立小梅武裝基地的準備，但朴子隊長張榮宗醫生在帶領四、五十人的先遣部隊前往小梅基地的半路上，就在樟湖碰上國軍埋伏。據張炎憲所作口述歷史的記載，三月十八日，當時樟湖地區有許壬辰、余炳金、葉啟城所率領的民軍約四、五十人，分乘四輛車，遭到國軍伏擊，當場死亡三、四十人。少數人逃過機槍，躲藏起來。

陳纂地知道基地已被知悉，乃決定潛伏逃亡。

依據古瑞雲所著《台中的風雷─跟謝雪紅在一起的日子裡》一書中所述，他在二二八之後，因國民黨軍來台展開鎮壓，二十一師打到台中時，二七部隊轉入埔里，準備進行長期抗戰。當時士氣高昂，認為埔里一定可以變成「台灣的重慶」，作為抗戰的最後根據地。但因中共地下黨領導人蔡孝乾認為二十一師武力強大，與其無謂犧牲，不如先暫時隱藏。謝雪紅在埔里接到謝富所轉達的指令，隨即離開二七部隊，轉赴竹山。

臨走前她交待古瑞雲，如果要找她可以赴竹山找張昭田的家。張昭田的父親參加農民組合，死於日本人監獄，他自己在二二八時，聽到廣播，主動到嘉義加入自治聯軍，協助攻打嘉義機場，在作戰中犧牲了，家中只剩下他的母親。後來古瑞雲終於找到了謝雪紅。謝雪紅讓他到小梅基地找陳纂地。

古瑞雲的書中如此寫著：

歐巴桑（作者註：當時人都如此稱呼謝雪紅）見面第一句話就問我：「埔里的情況怎麼樣？」我一五一十把最後糧盡彈竭，不得不化整為零的經過如實向她報告，這些似乎都在她意料之中，對我沒有任何褒貶之詞，祇是安慰我一番：「鬥爭是長期的，不要灰心。」

我不灰心，但我急切要知道：「今後怎麼辦，小梅那邊聯絡上沒有？」

「還沒有。」

我又不懂了。她是專程來聯絡陳纂地，準備調民主聯軍來會師的，可是來了兩天了，怎麼還沒有取得聯絡，難道是我太性急。我忍不住了。

「那好，我這就進山。您有什麼要我轉告陳纂地的嗎？」

「你千萬別讓他知道我在這裡。」

我越發糊塗了。本來是要來和陳纂地聯絡的人，怎麼反而要躲避呢？楊克煌接著說：「你到了那裡，記住打聽一下有沒有叫簡吉的在那裡。」

歐巴桑也再叮嚀：「這是最要緊的，一定要查明白。」

「他是什麼人，這麼重要？」

「是以前農民運動的領袖。」

已經是下午兩點多了，我狼吞虎嚥地吃過了主人招待的飯菜，即奔向小梅。陳纂地他們就在小山頂上。穿過竹林上去，走出竹林遇到兵，盤問一番之後，他帶我到頂上一座相當大的水泥柱子的涼亭。哨兵邊領路邊告訴我，前一天就在這片竹林裡發現一個奸細，當即把他槍斃了。

涼亭裡，三十多位勇士正在休息，有說有笑，看來個個滿懷鬥志。涼亭近處樹林中隱約看見一座瓦房。有人進去通報，一會兒，陳纂地從樹林中走出來。四十來歲，身材魁梧，兩眼炯炯有神，而帶愁容。我們兩人緊緊握手。

我自我介紹後，簡短地奉告埔里戰鬥經過：

「我們聯絡得太晚了，我指揮失當，沒有及時撤退，最後無法支撐下去，祇得讓隊員們各自埋好武器，四散隱蔽……。」

他也祇有簡短一句話：「勝敗乃兵家之常，不必灰心。」

他領我看周圍地形，北面斜坡，與中央山脈相連，東、西、南三面是三丈多深的懸崖，北面山腳下有東西走向的公路，我直率地向他提出意見：

「看這地形，確是易守難攻，不過北面有公路，被切斷退路，一旦退路被切斷，就會被圍困在山上，所以最好還是撤退至北面深山為上策。」

他說：「我們也考慮到了，已經把糧食和部份彈藥運到北面山中。」

我問他簡吉先生在不在這裡。他回答說：「簡先生不和我們在一起，他是和張志忠先生在一起的。現在可能在……（他說出了地名，但我已不記得）」

我這才第一次聽到張志忠這名字。（見《台中的風雷》一書）

古瑞雲的這一次會面，應是在張榮宗部隊被伏擊於樟湖之前，因為樟湖之後，陳篡地部隊為了隱蔽，就宣告解散，潛入地下了。

由此可以證明二二八時，簡吉與張志忠一起指揮嘉義地區的武裝戰鬥。這時的簡吉可能正忙於指揮作戰，將部隊向山區轉移。三月二十六日，警備總部就準確無誤的發出追剿公文，對象正是簡吉和陳篡地。

建立基地長期抗戰的構想終究無法實現，這一方面是由於二二八時民眾認識還不夠，群眾武裝基礎太薄弱；另一方面是台灣是一個小島，缺乏足夠的空間作游擊戰的腹地，且日據時代已經建立起完整戶籍制度，無法像大陸中共打游擊一樣，只要逃到另一個省份縣市，被追捕的人就可以躲藏起來。資料顯示，當時中共地下黨的黨員也只有七十餘人，還不足以形成集體力量，因此蔡孝乾乃指示中共地下黨成員全部隱藏起來，準備做長期抗爭。

自此開始，簡吉徹底「潛行」於地下，建立中共地下黨的基層組織，甚至最後在山地建立武裝基地。

拾

而就在這時，簡吉的妻子陳何，正懷著最小的孩子，即將臨盆。三月二十三日，當簡吉與陳篡地在指揮武裝戰鬥的部隊轉移時，陳何獨自一個人，在台南的家裡，腹中的胎兒開始胎動。國軍鎮壓來臨，外面一片戰亂，她沒有辦法找人來幫忙，要獨力把孩子生下來。她獨自一人在房子裡，忍住生產的陣痛，把孩子生了下來。孩子一出生，她自己是助產士，知道要剪斷臍帶，綁好臍帶，為血泊中的孩子擦乾淨身體，處理好之後，她力氣用盡，竟昏死過去了。

許久，可能她聽見孩子的哭聲，終於慢悠悠的甦醒過來。

瘦小的陳何獨自抱著孩子，相依為命一般，坐在一個戰亂的世界裡。

她不知道丈夫在那裡，更不知道簡吉正走在革命的山路上。沒有人知道她未來的命運……。陳何一生都未向孩子說過二二八時，她把孩子生下來的剎那，獨自坐在黑暗的房間裡，是如何支撐下來的；更未曾透露她對簡吉的感情。她只是默默把亂世生下來的孩子帶大，默默的，讓他們成長……。

沒有人了解過她內心的想法。一個農民革命家的妻子，付出不下於簡吉的代價。

這個二二八之後出生的孩子，後來由簡吉命名為「簡明仁」。

傳說二二八之後，被通緝的簡吉曾偷偷回過幾次家。他也曾緊緊抱著孩子，深知見面多麼不易。

但他只能在半夜歸去，天未亮就走。因為他的家已被嚴密監視，他不敢多做停留。

簡吉成為家鄉的傳說。一個不能說出口的禁忌。

這個生在二二八亂世裡的孩子——簡明仁也從未料到，他要直到二十幾年後，出國留學，才能在美國開始追尋父親的生命史，一點一滴，慢慢的，拼湊著父親生前的壯烈行跡。

【本章註】

註1 根據二〇〇四年對張壬癸先生的訪問，陪同者有簡明仁先生等。

註2 根據二〇〇四年對吳庭謠先生的訪問，陪同者有簡明仁先生等。

註3 見楊克煌著《我的回憶》。楊翠華出版。

註4 見李天生著《天星回憶錄》。

註5 根據對楊翠華女士的訪問筆記。

註6 見葉云云編寫《證言二二八》。

註7 根據二〇〇五年對周青先生的訪問。

註8 見蘇新著《未歸的台共鬥魂》，頁115至117。時報出版社。

註9 根據安全局解密資料，見諸於國家檔案館，簡明仁先生提供。

註10 本段證言依據陳明忠先生口述整理。

第十一章 ● chapter 11

山地革命家

為了因應內戰延伸到台灣，中共考慮到有一天必然要攻打台灣，到時候需要有內應，因此急於建立武裝基地。但要在平地建立武裝基地，而又保有隱秘性談何容易，最佳的地點，無疑在山區……

壹

二二八之後，簡吉和陳篡地同時名列通緝要犯，轉而潛入地下。

陳篡地逃亡了幾個月之後，潛回二水老家，在祖厝附近的山裡挖了一個地洞，看起來如墳墓，隱藏起來。白天躲在地洞裡，夜間出來活動，靠家人接濟食物。他的家人被嚴密監視，但靠著家人朋友的保護，他奇蹟般的隱藏了很長一段時間。

為了追捕陳篡地，他的家人親戚一個個被逮捕刑求。一九四九年三月七日，他的全家人，包括妻子、孩子、侄女同時被逮捕，關了一個多月，就是為了逼出陳篡地躲藏的地方。

他以前往來的朋友也被牽連，有四個親戚甚至被槍快。但因為陳篡地對親戚朋友非常好，誰也不願意出賣他。直到最後，他一步步被斷了外界的奧援，連食物都不可得了。一九五三年，所有中共地下活動都被破獲殆盡，他已無法再躲藏，不得不出來辦理自首。從二二八到自首，他總共在地洞裡躲

了六年。難怪有人說用他名字的諧音，說他是「藏地仔」。（註1）

他勉強活了下來，但情治單位要求他永久離開家鄉，不得再於彰化、雲林一帶行醫。他轉到台北，和同為醫生的妻子在圓環附近的太原路開了一家醫院，終其一生，治安單位作了最嚴密的監視。最後在台北走完生命的旅程。

陳纂地一生帶著革命者濟弱扶傾的情懷。他援助困苦的病患，不收醫藥費，怕沒錢的病患不好意思，看完了病，自己拿錢叫病患去櫃檯付錢。他自己也不說這事。是直到死後，病患追念他，才向他的妻子說起。

陳纂地躲入山洞，二二八被通緝的人也大多流亡大陸了。謝雪紅和楊克煌在連繫安排後，以假身份坐上軍事巡邏艇流亡廈門，轉到上海、香港，建立「台灣民主自治同盟」。蘇新、周青、吳克泰、蔡子民等人，也都流亡。

唯一的例外，竟是簡吉。他名列通緝要犯的黑名單上，而且是警備總部要求軍隊追剿的極重要對象，卻依舊在台灣各地活動。

依照中共地下黨的組織原則，為了怕暴露組織，凡是被注意的人物，都不宜讓他們加入地下黨，這是為了怕某個人被特別監視，容易被查獲而暴露了整個組織。因此，日據時代有公開活動的老台共，尤其是當年坐過牢的人，更不能加入。除非是一些年輕人，當年情節較輕微的人，才有可能。因此像簡吉非常要好的朋友，如陳崑崙、簡娥等老台共，都未被發展入黨，也不敢和他們多做連繫。台北也只有廖瑞發，但他在三〇年代台共裡還只是年輕人，未被注意。而像謝雪紅、楊克煌、蘇新等人，名聲太大，二二八之後，全部被安排流亡。

簡吉名列二二八要犯，照道理應該安排流亡海外，但他當時並未加入中共地下黨，依照組織紀律，他也不應該發展入黨。但他竟留了下來，隨後並加入共產黨，繼續在台灣協助張志忠發展組織。這是什麼原因呢？

根據陳明忠先生的回憶，他在獄中曾聽過被槍決前的老政治犯談起，簡吉作為唯一例外加入中共地下黨的原因是：他在農民之間，有太高的信譽和聲望了。而農民組合又是日據時代全台灣最大的基層組織。它的骨幹，散佈在台灣各地，從知識份子到農民，從城市到鄉村，從繁華的台北市到偏遠的原住民部落，甚至遠在阿里山上的工寮，在竹山、梅山、竹崎的貧困農村，都有農民組合的舊幹部、老會員。

這個基礎，是遠赴大陸參加抗戰的張志忠與蔡孝乾所沒有的。因此，中共地下黨組織的發展，與簡吉有莫大的關係。更何況，農組在後期已經與台共結合，思想的傾向，在農組給予各地的指令上，已明顯可見。以農組的群眾為基礎，將日據時代的思想加以延續，形成新的革命隊伍，這是情勢的必然。

正是因此，簡吉未被安排流亡海外，而是潛入地下。他和張志忠輾轉各地，從事地下組織活動。有一段時期，他在新竹、桃園一帶，為中共地下黨建立基層組織。有多少地下組織是他所建立的，現在已經難以考查。他化了各種名字，和不同的人接觸。而不同的人，又建立其不同的小組織。

貳

舉例來說，桃園地區的林元枝，就是舊農民組合的幹部。二二八之前，他已是桃園蘆竹鄉長，地方上有很高的威望。二二八時，他帶頭起義，建立地方自衛隊。二二八之後，他輾轉逃亡。簡吉正是藉由林元枝的舊關係，建立起桃園一帶的組織系統。僅僅是林元枝一案，牽連的人有上百人。

一九四九年四月六日，台北發生開始鎮壓學生運動的「四六事件」後，台北學生運動領袖，師範大學的周慎源名列頭號要犯。四六事件當天，他躲在師大餐廳的天花板上，暫時逃過追捕，卻被全面追緝，他就是在中共組織的安排下，到林元枝的基層農民家裡，得到掩護，以一個農民模樣，在桃園、新竹、苗栗一帶逃亡非常久的時間。而「四六事件」逃亡的另一名學生運動領袖陳正寰，也安排到簡吉所負責的山地委員會之下的阿里山一帶藏匿。

根據林元枝所發展起來的幹部吳敦仁在自首後的自白書，簡吉確曾有過非常活躍的地下組織能力。

「二二八事件後林元枝逃匿三四個月了，大家不知道他逃到哪裡去，在這時候，我聽到童開日說林元枝在他的田寮裡，因為我與林元枝有親戚關係，我就想要去看看他，恰好在這時王家修也要找林元枝（他倆是叔甥關係），我就和王家修去找林元枝。我們與林元枝相見的時候，還有一個人，林元枝介紹他是姓廖的，和我相識後，廖（後來才知道他是簡吉）就談起二二八事件的意義說，二二八事件不是人民要反抗政府的簡單的事，是台灣人的正義感看當時官吏的腐敗，起來要打倒這些貪官污吏的。像二二八事件那樣，人民的力量是無盡的，因為二二八事件的失敗，知道人民沒有組織才失敗；人民有了團結、有了組織，就一定能夠打倒這些貪官污吏。」（註2）

這一段話顯示出兩重意義：第一，二二八之後，台灣民心的苦悶與亟於尋求出路，吳敦仁之尋找林元枝如此，他對簡吉的分析之信服，也是因為簡吉指出了行動的方法。

第二，簡吉對二二八的總結。他認為二二八事件之所以失敗，是由於人民沒有組織起來，如果有強大的組織，就會有更持久的反抗。這也應該是當時所有參與二二八的知識份子的總結。它顯示出二二八事件，不是結束於鎮壓，鎮壓後也沒有結束，而是帶著巨大的能量，轉化為反抗的動力，潛行於地下。

對任何一個知識份子來說，僅僅是團結台灣民眾還是不夠的，因為二二八已經證明，即使台灣民眾再有反抗動力，只要國民政府從大陸派更多的軍隊過來，台灣民眾組織一樣無法抵擋。最好的辦法，是國民政府的軍力被「拖」在大陸，使其無法派兵。而唯一的可能，就是國共內戰。唯有共軍拖住國軍，台灣的革命才可能成功。從這個角度看，台灣反抗力量走向「紅色祖國」，與大陸國共內戰合流，就是一種思考上的必然結局。

吳敦仁曾做生意曾失敗，身體又不好，因此簡吉用分析的方式，讓他了解個人與社會的關係，一步步影響了他的思想。一九四七年十月，吳敦仁寫了自傳，加入中共地下黨。簡吉也在這裡發揮他農民運動時的組織長才，很迅速的建立組織，並行動起來。吳敦仁自白書寫著：

「三十六年八月，簡吉叫我和李萬福、林器聰三人組織一組（當時簡吉無宣布名稱，也無組長），我負責青年部分，李萬福負責農民運動，林器聰負責竹圍地區。我負責的有呂喬木、林葉州二人一組，李萬福負責詹木枝、鄭銘傳二人一組，林器聰負責蔡文松、蔡文埌一組，以上，蔡文埌不明瞭之外，皆有吸收，這是最初的組織。以後，由於李萬福負責外圍組織改編，這時，簡吉才說這是支部，我負責支部書記，和呂喬木、鄭銘傳組成，我負責林葉州、黃玉枝一組，和領導莊金喜、王家修、林添丁一組（王家修、林添丁沒有吸收）；呂喬木負責張金枝、李阿籐、李永壽一組；鄭銘傳和詹木枝一組。簡吉負責第三次支部改編，我負責支部書記，與呂喬木、林葉州組成，我負責莊金喜、王家修、林添丁一組，呂喬木負責張金枝、李永壽、李阿籐一組，林葉州負責黃玉枝，上述這些都是組織關係（全部林元枝的介紹）。三十六年八月起，到三十七年九月初的在這些期間，（一）我有與林元枝去大樹林楊樹發和中路楊阿木之處，另外，與林元枝去蔡文松、李德旺之處（兩處都在竹圍），各位我去過兩次。（二）由莊金喜的厝後山運搬「擲彈筒彈約一百八十斤內外」到童開日的田寮掩藏，搬運人，我和童開日、莊金喜、林添丁、呂喬木外，二人忘記。（三）詹木枝拿一台印刷器在童開日的田寮裡，在那裡印文件，簡吉、陳福星負責。（四）三七年二月紀念二二八一週年，給各關機（作者註：即寄信給各政府機關）的信拿到中壢郵局，投箱我與林葉州二人。」（註3）

這是非常詳細的組織過程與行動的自白。簡吉的領導能力與行動力，明顯可見。在一年的時間裡，他帶領基層，從思想到行動，甚至武裝的彈筒、文宣的印刷器，都與他有關。從日據時代的農民組合開始從事民眾組織，歷經坐牢的沈潛反省，到二二八時帶領武裝起義，培養出現場戰鬥指揮能力，簡吉此時正值四十出頭的壯年，他的思想成熟，行動力清晰，組織力迅速，可說是革命者最好生命時光。

至於簡吉如何指導他作思想轉變的，吳敦仁如是寫著：

「因為我們大家都是受日本教育，所以對國文是可以說沒有素養的，因此，起初是讀觀察世界知識，做識字的橋樑，後來才進入反動文件《目前的形勢與我們的任務》、《新民主主義論》、《論農村工作》等。在支部預先學習（張志忠、簡吉、陳福星指導，主要領導者是簡吉），以後各人才去指導小組，約十天內外開會一次，開會後，才學習讀文件、討論文件，主要在於識字。」（註4）

這個過程，多麼熟悉。簡吉在農民組合時代，就這樣辦地下刊物，帶著農民讀報紙，演說，讓農民有知識，知道起來反抗。它彷彿只是農民運動的延續。而在整個北部地區，有多少人是像吳敦仁這樣，受到簡吉的影響而加入地下黨，成立多少支部，已無法統計。

根據安全局機密檔案的記載，簡吉是於一九四七年十月「轉赴新竹展開叛亂活動」，但事實是簡吉約莫在二二八之後不到幾個月，就轉入新竹一帶了。而這些地方，正是當年農民組合的大本營。兩次中壢事件、赤色救援會時代的大湖農組支部的武裝起義，都是簡吉指導下的抗爭。日據時代，農組在桃園、新竹、苗栗一帶有幾個支部，這裡有舊農組堅強的基層組織，簡吉的影響力不言而喻。

參

隨著國共內戰情勢的逆轉，國民政府軍隊節節敗退，中共為了因應情勢轉變，於一九四八年六月召開「香港會議」。重要台籍幹部如謝雪紅、李應章（當時已改名李偉光）、呂赫若都參與會議。會中指示要加強武裝鬥爭的準備，同時為因應國共戰爭急轉直下的情勢，要擴大吸收黨員，以儲備未來群眾基礎。它確立「先吸收，等解放後再教育」的方針。至此，台灣省工委展開更大規模的吸收群眾工作。原本四、五百人的組織，在短短的時間裡，擴充至上千人。但也因吸收的人太多，素質不一，而埋下後來被破獲的危機。

而為了因應內戰延伸到台灣，中共考慮到有一天必然要攻打台灣，到時候需要有內應，因此急於建立武裝基地。但要在平地建立武裝基地，而又保有隱秘性談何容易，最佳的地點，無疑在山區。高山地區地形的易守難攻，在霧社事件裡，已讓日本政府吃盡苦頭，若非以大炮毒氣強攻，霧社不可能投降。而高山地形的特殊性，更可以讓對地形不熟悉的國軍難以進入。原住民部落與接近山區的漢人聚落，就成為最佳選擇。

事實上，二二八的時候，張志忠、簡吉所領導的台灣自治聯軍就曾與阿里山的原住民有所聯繫。當時阿里山鄒族在高一生、湯守仁的帶領下，連夜趕下山，參與攻打紅毛埤軍火庫和嘉義機場的戰役。

台北方面，新店烏來的原住民原本決定下山支援由省工委會策動，黨人李中志和學生領導郭琇琮等指揮的青年學生武裝行動，然而因為客觀局勢的遽變而不得落實。（註5）

此外，二二八時霧社原住民也有不少人參與「台灣民主聯軍」的突擊隊。當時霧社鄉長在謝雪紅的要求下，心裡雖然想參加，但他考慮到霧社事件已讓泰雅族原住民損失大半，高砂義勇隊的徵兵，又讓泰雅族在南洋戰爭中死傷慘重，他憂心如果再參加二二八戰役，說不定會讓泰雅族滅族。最後他拒絕了。

但他並不反對如果有個別的人要參加。有十幾個霧社原住民參加了，這些人由陳明忠領導組成突擊隊，打完最後戰役後，退回部落裡。這些地方也是可以發展的地區。

依據陳明忠的了解，當時中共地下黨曾找過霧社鄉長高聰義。由於日據時代他曾在總督府工作，有行政經驗，打算請他出來領導「原住民自治組織」，目標是追求所有原住民族的自治。但高聰義認為，原住民根本沒有收入，山地經濟貧困，一切要靠平地經濟補助，如果自治，根本不能生存，因而拒絕了。後來就變成了由桃園角板山的泰雅族省議員林瑞昌出來領導。

肆

依據蔡孝乾於一九五二年四月二十三日所做的「訊問筆錄」記載，簡吉是在一九四九年九月，由蔡指派簡吉成立「台灣省工委山地工作委員會」，由簡吉擔任書記，魏如羅、陳顯富擔任委員，開始了他在山地的活動。（註6）

他的主要工作，是結合原住民，成立山地組織，並建立武裝基地。然而山地原住民的文化、民族性、經濟特性與平地漢人不同，因此必須從原住民的利益和立場出發，為原住民認真思考未來的出路。

簡吉對山地原住民工作，可謂用盡心力。根據簡吉轄下的山地工作委員會委員陳顯富的自白，他在一九四八年經台北一女中同事的介紹，而與簡吉認識，後加入其組織。陳顯富化名「陳目田」，原因是「自由而無首，乃名目田」。陳顯富在日據時代即積極研究山地問題，曾以筆名「東」，在「朝日新聞」發表過原住民的研究文章。加入組織後，簡吉指示他要加強研究。內容包括了：

A、研究工作：

由民族學的立場來研究其宗教、文化、教育程度、民族性、生活現況、民族社會組織及制度。

對於高山族統治政策之研究。

進化的過程及其陶冶性之程度。
生活改善提高文化之方法、技術上之研究。

B、調查工作：

調查民心、現行政策之反應。
山地之生活狀況。
高山族間之領袖及黨派關係。

另據林昭明的說法，簡吉曾和林昭明等討論如何為原住民命名的問題。簡吉認為，用日本人的名字「高砂族」，日語意思是還不錯，但翻譯為漢文，就有點不好。林昭明問他：「為什麼？」簡吉說：「漢語的意思是，堆高的砂子，但砂子怎麼也堆不高啊，會散掉。」林昭明點頭同意了。

簡吉問他，有什麼名字是比較適合的。林昭明說，他曾和其它族的朋友討論過，曾提出「台灣族」「蓬萊族」「原住民」等。台灣族是因為當時他們被認為是住在台灣的人，所以叫台灣族，而原住民則是學術的通稱。但這二者都有一點「土人」「山著」的味道，怕會被人看低了。

簡吉想了想，就說：那就叫「蓬萊民族」吧，它的漢文意思是「蓬萊仙島」，有「寶島」「美麗仙島」的意義。最後，林昭明認同了簡吉的想法，就他們的年輕人組織命名為「蓬萊民族自救鬥爭青年同盟」。

從這個事情，可以見出簡吉對山地工作的用心。他不是以漢族為中心，而是多徵詢原住民青年的意見，尊重他們的想法，並力求在名稱上就要有「平等自由」的意義。

安全局檔案裡有關簡吉案的部份，對其政策方針曾有記載，大略如下：

「鼓勵山地同胞發起自治自衛運動，及加強各族團結，以完成『民族解放』工作。指出山地同胞之自治與自衛，必須與台灣人民『反國民黨，反美帝』之鬥爭密切配合。爭取山地各族頭目、村長、及知識份子、公教人員、山地學生；尤其注意鄉公所職員、學校教員、警察所警員、鄉民代表等之爭取。爭取在山地工作之平地人，並通過彼等之關係，掌握山地鄉政機構。」

在實際行動方面，安全局資料顯示其活動方式有：

指示幹部分別運用關係，積極發展，並已吸收林瑞昌（山地省議員），湯守仁，高澤照（警務處山地工作人員）等加入。

組織高砂族自治委員會（後改稱『蓬萊民族解放委員會』），以林瑞昌為主席，負責政治工作，湯守仁為委員，擔任軍事工作。

組織山地武裝，保護烏來，及日月潭之水源與電源，並策應共軍攻台。

建立武器修理所，與軍事上之聯絡路線，以進行並充實其武裝活動。

選取『民族自決』之山地代表，並向山胞擴大宣傳共產主義。
吸收山地青年，參加共黨組織，加強開展山地工作。
在山地建立醫院（迄破案時未實現），及建立無線電話，與無線電台。
搜集各種地圖，及進行教育所需之地圖。
協助經營阿里山閣（原為湯守仁所經營者）之商業，開闢財源。
確立武裝根據地，儲備充足糧食。

伍

從現有資料看，台灣省工委對台灣原住民族的解放，是有研究、有計劃、有組織在進行的。在保安司令部有關陳顯富案件的公文書中顯示，蔡孝乾運用二二八時所搶奪的武器，運入桃園角板山、中部霧社、阿里山等地埋藏，並派簡吉負責山地委員會，協助原住民成立自治政府、自衛隊等。如果此一計劃順利實施，則山地武裝基地會在中央山脈形成一個串連。且由於山地地形複雜，山脈縱橫交錯，勢難使用武力攻破。屆時，台灣山地形成強大的聯絡網，是最佳游擊戰的隱藏腹地。

為了讓武裝基地可以長期生存，台灣省工委記取中共在井岡山長期被包圍，因缺乏食用鹽而全身無力的教訓，在阿里山建立一個食品工廠，一方面可以用這個工廠吸收一部份平地來的逃亡地下黨人，以工人身份作掩護，以維持生活；另一方面也可用食品工廠名義，屯積食鹽，以避免將來軍隊全

面包圍，山地無食鹽可用。這是一種長期抗戰的準備。（註7）

為了使山地不至於被包圍，而失去外援，簡吉在通往山區的幾個平地聚落也佈署聯絡人與據點，消息相通，互為掩護。在安全局資料有關湯守仁案中，記載了湯守仁派親信方義仲（住阿里山達邦村）在嘉義市以經營「民生商店」為掩護，作為「阿里山武裝基地」的聯絡站，負責進出山地黨人的聯絡。凡黨人必須入山者，應先到聯絡站，由其派人帶入阿里山。

山地委員會所建立的據點，讓省工委有一個可以安全轉移躲藏的基地。同時簡吉也找了不少知識份子加入工作。依據陳顯富案件的檔案有限的記載：

「陳顯富又名陳目田，化名黃氏，於民國三十七年八月間在台北第一女子中學經同事黃怡珍介紹，加入共黨，受簡吉領導，於三十八年九月間任共黨台灣省山地工作委員會委員，曾介紹林立、楊熙文等參加組織，並與林立進入山地，調查教育、宗教和生產情形。

黃雨生，化名黃滿生，於三十六年八月經陳炳基介紹，參加共黨，由葉城松領導，任共黨法學院支部幹事，擔任宣傳工作，並任阿里山樂野支部小組長，曾吸收王嘉福、郭文宜、余滄海等十人，參加組織，並曾參加托管派組織之台灣民主獨立黨，並隨湯守仁，化裝高山族人，前往高雄、台東等山地，調查山地情形，曾參加湯守仁召集之高山族幹部會議，又於本年二月，在樂野村舉辦夜學。

林立於三十八年十一月間，經陳顯富、簡吉兩人介紹，加入共黨，受簡吉、蔡孝乾領導，因與高山族人湯守仁相熟，任吳鳳鄉阿里山鐵路沿線開闢工作，曾貸款五千元供給湯守仁經營樂野食品工廠，並將匪黨陳正寰送往吳鳳鄉樂野村，交湯守仁藏匿，又將匪首蔡孝乾妻妹藏匿在家，復與陳顯富進入山地調查教育、生產等情形。

卓中民，化姓老江，於三十八年七月間經簡吉介紹，參加共黨，受簡吉領導，擔任山地高山族宣傳及抄寫文件，並負責發展高山族青年學生工作，曾發展林昭光（日名渡井）、趙姓（日名井葉）、黃姓、曾姓，宣傳共產主義，並吸收李祥球加入組織。

楊熙文於三十九年經陳顯富介紹，參加共黨，初受老朱領導，旋改由台南小朱領導，至本年三月，又受陳顯富領導，並介紹黃垚、高鈺鏜、林登茂參加組織，任台北、嘉義間聯絡員，聯絡吳鳳鄉教員廖圳、林良壽及朱家鄉各地教員，組織三人小組，及開闢陳里山工作。

黃天於三十九年二月間，經簡吉介紹參加共黨，於本年三月九日受簡吉之命，前往香港送信，與香港上級李登望報告台灣匪黨組織情形，於同月卅一日，始行回台，並藏匿簡吉在家，掩護其工作。」

從這一條線索，即可看出簡吉所佈下的人脈與組織系統，是非常綿密的。

陸

然而，隨著基隆市工委會支部及《光明報》被破獲，台灣省工委的重要領導人包括了蔡孝乾、陳澤民、張志忠等相繼被捕。原本蔡孝乾並未供出阿里山有武裝基地的事，因此，他一度利用機會脫逃。

為了要與其妻妹會合，他南下阿里山附近，尋找由山地委員會負責藏匿的妻妹。而就在此時特務追蹤而至。（註8）

據特務谷正文的描述，他們是接到線索，赴阿里山偵查，化妝成農民，不料在奮起湖附近，意外碰上蔡孝乾，而將他捕獲。而簡吉與山地委員會的秘密地下組織，卻因而曝露了。

根據「匪台灣省工作委員會叛亂案」的記載：「蔡孝乾伴我工作人員追尋匪徒時，於黃財家中乘隙脫逃，旋即為我運用機智，復將其逮獲，且於搜索捕蔡之線索中，引發破獲匪山地工作委員會簡吉等一案。」

根據簡吉案的記載：簡吉是在一九五〇年四月二十五日，在台北遭到逮捕。

依據我們對許月里女士的訪問，他被捕前還曾到許月里的家中，和她商量可不可以協助籌一點錢，以便購買武器裝備。許月里，是日據時代農民組合的會員。一九二九年「二一二事件」後，八月三十一日簡吉的保釋出獄，所有幹部再度集結，共同致力於再建方針的訂定與實踐，簡吉出面成立農組台北辦事處，事務所設於台北市上奎府町，當時就是由張道福、許月里開始辦事。她和簡吉認識深遠，互相信任。她當時生活並不容易，但也努力籌錢，但簡吉卻不曾再出現了。

當簡吉未依約定的時間前來，她就知道簡吉可能出事了。她忐忑不安，不知道何時會出事，但只能依舊過著平常日子，直到被逮捕。被捕後，沒有人問起簡吉找她的事，她心裡知道，簡吉未供出她，她才能活下來。但在那恐怖年代，她一句話都不敢說出來。是直到二〇〇五年春節前，我去訪問時，她才一點一滴，稍稍透露出簡吉最後的行跡。但她依舊忍不住恐懼的喃喃著：「現在可以說了嗎？真的可以說嗎？會不會有事情啊？」

是誰供出簡吉，已經無法追查了。那是一個白色恐怖的年代，簡吉所藏匿過的地方，謝桂林外科醫院，楊仁壽所開的樂生醫院宿舍，及李天生所開設的茂榮鐵工廠辦事處，都遭到嚴厲追查，負責人都被逮捕。

謝桂林是鳳山人，和簡吉同鄉；楊仁壽的小老婆黃查謀，則曾是農民組合幹部；而李天生，更是日據時代農民組合第二次全島大會，帶著數百農民從朴子出發，徒步六天，遠赴台中參加，沿途引起農民鼓掌歡迎的農組領袖。

李天生在光復後好不容易做出一點生意規模，至此幾乎全部被沒收。所幸他的屬下褚鴻森（也是原農組幹部）非常好，為了保護他的財產，把鐵工廠分割為四大股份，只讓李天生的股份被沒收。由於政府不知道如何管理沒收的股份，後來也由他的屬下買回，無私的為他經營。等到李天生出獄，他們已經把鐵工廠經營得非常成功，而且把財產全部還給他。李天生要把財產分給他們，但他們卻回答：「這本來就是你的，現在只是還給你。」這等危難中的義氣，是人間最難得的真情！而這些人都曾是農民組合的弟兄。

柒

山地委員會中的原住民又如何了呢？山地委員會中的林瑞昌、湯守仁、高一生等，記載於「高山族匪諜湯守仁等叛亂案」中。高一生、湯守仁等，於民國三十八年夏，由林良壽介紹與陳顯富相識，先後由陳顯富邀約，與省議員林瑞昌及高澤照、簡吉等，在台北川端町月華園內聚會，共計兩次，討論社會情形及台灣省工作委員會對山地行政治安活動情形。陳顯富並指示他們組織『高砂族自治會』，（後來改稱『蓬萊民族解放委員會』）由林瑞昌任主席，負政治方面責任。湯守仁負軍事方面責任。向山胞宣傳共產主義，並掌握山地青年，切實展開山地工作。

林瑞昌，原名「樂信．瓦旦」，是角板山的泰雅族醫師，日治時代，日本警察給他們家的姓是『日野』，光復前山地同胞出身的醫生（台北醫學專門學校畢業生）僅有兩位。林醫師因為是泰雅族出身，霧社蜂起事件的善後處理時，被日本當局「抬」出來安撫山地同胞人心而受過注目。（註9）光復後理所當然地，林瑞昌自日野改漢姓為林，同時被推舉為山地籍議員。『二二八』事變中，許多平地台籍青年都對角板山的泰雅族青年打過主意，但都由林瑞昌醫師勸止；因此並未惹禍。但山地委員會一案，卻無法倖免。

高一生，一九〇八年生於阿里山鄉樂野村。他自幼愛好文學藝術，尤愛音樂。台南師範學校畢業後，他回到家鄉擔任教職，並致力於家鄉醫療、教育、農業新知推廣等工作，而得到族人的敬重。台灣光復後，高一生擔任嘉義吳鳳鄉鄉長，加入三民主義青年團，主張設立原住民自治區，要求擴大行政自主權，同時推展水田蔬菜和經濟作物種植，帶動造林，興建灌溉水渠和電力供給，希望建設全新的家鄉。二二八時，高一生率領鄒族戰士下山參與攻打機場，並維持地方治安。由於鄒族體力和紀律都比漢族要好，更能有效攻打。等到國軍從基隆上岸，鄒族戰士感到危險，乃全數撤退回山上。幸好山上不易進入，阿里山免於二二八的兵災。但高一生目睹國民政府的腐敗，原住民自治的無望，轉而支持簡吉。樂野村成為地下黨最重要的武裝基地。如果不是因蔡孝乾第二度逃亡而暴露行蹤，阿里山基地應不至於那麼容易被破獲。而高一生原本以為自首可以逃過一劫，不料其它資料所暴露出來的內情，終究讓他走上絕路。（註10）

事實上，簡吉在刑求逼供下並未供出他們。而是他們出面辦理自首。辦理自首有一個條件，即所有知道的內情都必須全供出來，一點不能遺漏。不管是不是忘了，或避重就輕，如果沒有全部供出，以後有其它人供出相關案情，就會被重新逮捕，而且懲罰加倍嚴厲，會以「自首不誠」，遭到槍決。

一九五一年三月三十一日上午八點三十分，台北國府國防部所屬政治部，發表台灣省保安司令部破獲所謂「朱毛匪幫為台灣省蓬萊族解放委員會案」全部經過：「保安司令部因見高、湯均能深明大義，徹底悔悟，對清查匪諜貢獻尤多，除准其返回本位繼續工作外，並派員前往宣慰。彼等返鄉後，整頓鄉鎮，夙夜匪解，推行至今，不遺餘力，云（三十九）年縣區劃分：實施地方自治，嘉義縣議員選舉時，吳鳳鄉山胞百分之九十以上參加投票，為全縣之冠，並協助政府辦理自首，為更進一步表示其忠誠精神，復發動全鄉各界代表於三月間來省，覲見總統，和各軍政首長獻旗致敬……。」（註11）

然而，到了一九五三年二月，情治當局再度將林瑞昌、高一生、湯守仁逮捕，盤問相關案情。依據台灣省保安司令部一九五四年二月十七日的判決文：湯守仁、林瑞昌、高澤照曾於一九四九年夏與簡吉、陳顯富等在台北市川端町月華園店內商討社會與山地行政活動等問題，經陳顯富指示成立「高砂族自治委員會」（後改名「蓬萊族自治委員會」），由林瑞昌任主席，湯守仁負責軍事。湯守仁於十一月間，帶黃石巖進入阿里山活動，並負責主持樂野村食品工廠。並安排方義仲在阿里山腳下，負責經營民生商店，以作為聯絡站。方義仲曾帶黨員李瑞東入山。一九五〇年初，湯守仁、高一生、汪清山與蔡孝乾曾於樂野村聚會，討論山地行政與經濟問題，散發傳單，並由武義德提供晚餐酒菜。

但這些內情於自首時，並未全盤供出。最後以此為由，林瑞昌、高一生、湯守仁、高澤照、汪清山、方義仲被判處死刑。武義德則被判無期徒刑。而更荒謬的是，為了避免高一生被槍決引發原住民不滿反抗，當局還另外炮製了一個所謂「侵占農場穀種」的罪名，刻意加以污名化。

捌

林瑞昌的姪子林昭明則以『蓬萊民族自救鬥爭青年同盟』叛亂案而被處十五年徒刑。

根據安全局資料記載，一九四八年夏季，就讀台北師範的林昭明，因為寄居其叔林瑞昌於台北市萬華的寓所，而認識了「台灣省工作委員會山地工委會」的「書記」簡吉和幹部林立（台北醫學專門學校畢業，在嘉義竹崎設道生醫院），以及年紀相仿的卓中民：並經卓中民等施以政治教育。一九四九年五月起，卓中民又統一聯絡、教育林昭明與台北師範的同學趙巨德、高建勝，經常會晤，指示工作，努力實現「台灣解放」與「蓬萊民族自治」。五月上旬，林昭明與趙、高三人，共同在台北組成「台灣蓬萊民族自救鬥爭青年同盟」，訂立宣言，以民族「自覺」、「自治」、「自衛」相標榜，決定分頭進行吸收山地青年的工作，發展組織。台北師範學校方面，由高、趙二人共同負責，台中師範學校及阿里山方面，由林昭明負責進行。林昭明曾將台灣全省山地鄉、村長的姓名，向卓中民報告；同年十月，他又到台中吸收二名山地學生：曾金水與廖義溪，參加組織。

由於他們還是學生，且未加入共黨組織，「國防部清澈字第二一二六號令」核定，林昭明、高建勝、趙巨德三名原住民青年，「意圖以非法之方法，顛覆政府，依法應處極刑，我政府因該等均為本省山地青年，其所為叛亂罪行，係在學生時期，年輕識淺，一時失察，致受匪煽惑玩弄，誤蹈法網，衛情可憫，且於獲案後，能坦白供述，故酌予減處有期徒刑「以啟自新之路」。然而林昭明在後來的演講中表明了他內心的想法：「

伯父（林瑞昌）是日本殖民地政府刻意栽培的山地菁英，他們那一輩的泰雅族部落領袖，對於外來文明完全不會採取敵視的態度，認為不管是來自日本人或是漢族，必須要學習他們文化中比我們進步的地方。尤其是從十九世紀末到二十世紀初，從祖先和外來民族連年征戰、頻繁接觸的歷史教訓中，族人漸漸認識到，我們必須把自己的文化水準提升到相同的程度，才能找出民族未來的生存之道。…受到當時外在環境的影響，馬克斯和恩格斯合著的《資本論》以及亞當史密斯的《國富論》是我那時最感興趣研究的兩本書。此外我也試著接觸黑格爾、康德的哲學。至於唯物辯證法、唯物史觀之說，都很理所當然地在各種哲學書籍中頻繁地出現。看了這些書，自然會讓我思考山地社會的問題，而有了這樣的感想。就理論上而言，原住民問題的解決似乎取決於階級鬥爭，革命的終極就是階級革命。一個民族即便是從另一個民族的壓迫之下解放出來，內部問題未必就能夠同時得到解決。貧富、階級間的對立仍舊存在。唯有這類問題也消除後，原住民被壓迫、受歧視的現象才能改善，被剝奪、漠視的權益才得以回復。……

我個人從部落長老和父執輩講述的祖先歷史中，了解到台灣原住民原本擁有長久的『自治』地位，不容許外來民族侵犯自己的文化與土地權益。一九四七年七月，國民政府依據『山胞身份認定標準』，片面宣布日據時代被稱為『蕃人』的原住民為『山胞』。當時阿美族代表南志信曾呼籲政府將『高山族』改為『台灣族』，但不被採納。

伯父（林瑞昌）處理二二八事件的立場給我一個啟示，原住民必須要衡量本身的力量與利益，不受外人煽動左右。否則可能引發族群滅亡的危機。但是我同時也深刻體認到原住民若要擺脫被宰制的命運，恢復被剝奪的權益，並不是與執政當局友好地溝通協調就能圓滿解決的。實際上，原住民本身必須覺醒，主動開創民族的命運。在這一點上，原住民知識份子尤其應該扮演積極主導的角色。

在這樣的反省以及使命感的激勵下，我開始思考該如何把思想化為行動。我不過是個高中生，力量、見識與智慧都相當有限，如果可以找到幾位志同道合的朋友，成立一個小團體，並擴大組織的影響力，相信或許能夠集思廣益，為原住民的未來找到一條可行的出路。這樣的想法和期待，就是當初我與高建勝、趙巨德共同組成『蓬萊民族自救鬥爭青年同盟』最原始、純樸的動機。……

自救同盟一開始就期待年輕有為而學有專長的原住民知識青年參與，我們希望能以知識為後盾，文筆為工具，向政府提出富有建設性的原住民政策方針，以和平理性的方式進行溝通。所以無論從動機、目標或是方針來看，自救同盟是比較接近知識性的團體。但是，在充斥著不安，前途茫茫的時代裡，而各界又謠傳當局不惜以玉石俱焚的手段保衛政權，我不否認為了保護原住民的安全與利益，我們曾經想過視局勢的演變，必要時以『武力』自保。

我們的目的只是想憑自己的力量解救民族，決定民族的命運，所有活動的方針和走向都是由我和高建勝、趙巨德主導，我們從頭到尾沒有打算接受任何外人或是團體的資助與指導。我們非常重視團體發展過程中是否有『自主性』和『獨立判斷』的能力。（中略）

當然，我不否認私下非常嚮往沒有階級之分的社會主義制度，而那些所謂的『地下』工作者對我相當友善，基本上，我也把他們視為朋友。但是，自始至終我一直沒有加入共產黨，而自救同盟也不曾是共產黨的外圍組織。理念上即使和他們有相通之處，但我個人認為知道誰是真正關心原住民族，誰是真正的寬容者，這是要經過長期的社會實踐才能證明的。」（註12）

最後的實踐又證明了什麼呢？是誰真正關心原住民呢？是誰曾帶領他們從日據時代走到光復後的反抗呢？林昭明心中應是無比清晰的。

【本章註】

註1　根據陳明忠先生口述整理。另，根據陳銘誠所寫《最後的戰俘—濁水溪的陳纂地醫師傳奇》

註2　根據國家檔案局解密資料。吳敦仁自白書。

註3　同前註。

註4　同前註。

註5　見藍博洲著《五〇年代白色恐怖下的原住民戰歌》。

註6　見國家檔案局解密檔案，蔡孝乾「訊問筆錄」。

註7　依據陳明忠先生口述整理。

註8　此處依據江濃先生訪問口述。

註9　見藍博洲著《五〇年代白色恐怖下的原住民戰歌》。

註10　見藍博洲著《五〇年代白色恐怖下的原住民戰歌》。

註11　見藍博洲著《五〇年代白色恐怖下的原住民戰歌》。

註12　演講內容，由林昭明先生提供。

簡吉夫人陳何與長子簡敬。（圖／大眾基金會提供）

最後的叮嚀

第十二章 ● chapter 12

幾十年為台灣農民奔走而失去的丈夫，那個屬於革命而不屬於家庭的丈夫，如今終於歸來了。

壹

二〇〇六年四月，當我拿著簡吉的照片去訪問林昭明老先生的時候，他已經七十六歲，罹患攝護腺癌，並不嚴重，可以開刀，但因為心臟有一點狹心症的問題，需要先解決心臟問題，才能開刀。復興鄉山上，微涼的早晨空氣中，飄過薄薄的霧。這是他一九五〇年三月和簡吉分別後，第一次看著簡吉的照片。

照片裡的簡吉理平頭，未戴眼鏡，雙目有神。林昭明注視許久，才緩緩說：「好像這一張比較年輕，他那時候，頭髮比較短一點，有一點白頭髮了。他都是戴著眼鏡……」他彷彿陷入回憶裡，安靜的坐著。

「他說話不多，但很有說服力，解釋很有系統，人很好，特別照顧年輕人……。」

一九四八年夏天，林昭明第一次看見簡吉的時候，才高中二年級，並不知道他就是簡吉。簡吉自我介紹說姓朱，要來找他的伯父林瑞昌。那時林瑞昌擔任省諮議會議員，來台北就住在萬華一幢日據時代原是「愛國婦人俱樂部」的宿舍裡。

房子很小，但林昭明上台北讀書，家裡窮，只能先住在伯父這裡。平時放假要回山上，他就得走長長的山路回家。再揹著三十公斤的米，翻過兩個山頭，從復興鄉的家，走到三峽坐公路局車子上台北。這三十斤米，就是他和伯父的主食。但他勤奮讀書，受到二次大戰後，世界殖民地解放獨立運動的影響，他不斷在探詢思索原住民的出路。下課後，他常常獨自到圖書館找書看。為了探求知識，從哲學、文學、歷史到社會科學，他如饑似渴的閱讀。

因為林瑞昌不在，簡吉和他簡單的聊著，詢問家裡的情況，讀什麼書等。他的伯父林瑞昌沒回來，簡吉就走了。

第二次，簡吉來的時候，伯父還是未歸來，簡吉在家裡等著，和林昭明談話。問他原住民的一些風俗習慣，生產狀況等。林瑞昌把平時對民族問題的想法說出來。後來簡吉談起了關於「高砂族」的名稱問題。他認為「高砂族」日文名字還好，但翻譯成漢文，就成了「堆不高的砂子，砂子堆高了，會散掉」，這樣不好，應該改個名字。他問起原住民青年有沒有人在討論這樣的問題。

林昭明說，他曾和朋友討論，以前有名字叫「台灣族」，但那是移民過來的福佬人用來叫的名字，有點土著的味道，還有也可以叫「原住民」，但一樣有「土人」的意思，不是很好。不過，也有長老說，可以叫「蓬萊民族」。林昭明一直關心民族出路，因此常常向長老請教自己民族的歷史，所以了解一些長輩的想法。簡吉聽了以後，覺得「台灣族」「原住民」都用過了，只有「蓬萊民族」還未用過，聽起來還不錯，那還是「蓬萊民族」比較好。林昭明也同意了。這便是後來他組織「蓬萊民族自救鬥爭青年同盟」的由來。

後來，林瑞昌回來了，林昭明知道他們有事要談，就避開去煮飯了。

後來簡吉陸陸續續的來找林瑞昌，也和林昭明深談了幾次。林昭明像遇見長輩般的，把自己的困惑與思考，一股腦的提出來請教簡吉。當時他有兩個困惑：一個是世界局勢變化如此迅速，戰後的殖民地解放運動正在改變歷史，這要怎麼看待？另一個是原住民未來的出路何在？

他像面對一個知識的長者一般，將他對自己民族的歷史與未來，從以前荷蘭來的時候，如何欺負原住民，鄭成功、清朝的移民開墾如何改變原住民的居住地與獵場，以及後來日本人如何改變刀耕火種變為定耕，國民政府如何稱呼他們為「山地同胞」的不滿，等等，全部都向簡吉說。

他所最關心的是原住民的生活要如何獲得改善。最後，他得到一個結論：我們要解決權益問題，讓自己的權益得到恢復以後，才可能改善生活。而既然世界各地都有殖民地的獨立運動，為什麼原住民不能展開自己的獨立運動？要如何開始呢？他到處找答案，讀書之不足，就找長輩口述過去的歷史；自己讀書不通，就同學一起討論。就這樣，他慢慢成了學生之中的意見領袖。在簡吉的引導下，他逐漸認知到，以原住民的人數之少，力量之薄弱，唯有和同情並支持原住民的其它社會運動結合起來，和整個局勢的脈動結合起來，才能改變自己民族的命運。

貳

有一次簡吉帶來了另一個朋友：陳顯富。陳顯富比簡吉年輕，簡吉介紹他時，並未說本名，而是說他姓黃，在北一女中教數學。這時林昭明正在學大代數，恰好可以討教，就先談起來。從數學到時局，從哲學的辯證法到社會科學。後來林瑞昌回來了，林昭明倒茶請大家喝。一邊熱心的在旁邊聽著。

那時他聽到簡吉分析時局說：美軍在日本的行為非常不好，用一種戰勝國的傲慢，強暴婦女，讓許多日本女人懷孕，以後下一代的孩子生下來，會是日本很大的社會問題啊。簡吉也談到大陸的局勢，他說，國共內戰已經打到勝負局勢逆轉的時候，國民政府已經失敗，共產黨已經打過黃河，看起來局勢是非改變不可的。他說，共產黨比較關心台灣人民，也關心原住民的命運，以後一定會改變的。我們台灣人民在省府都不受到重視，省諮議會的意見也沒用，但共產黨的人民代表大會有台灣人民代表。

這時林昭明特別問他：原住民的代表是單獨的代表嗎？還是只是附屬在台灣所有代表之下？簡吉說，是平等的代表，有台灣平地人的代表，也有原住民的代表田富達。他們重視原住民的訴求，原住民的意見，一定會直接達到中央的。不像國民政府，連我們的意見都聽不見。

林昭明認同簡吉的想法，期待著局勢的逆轉。同時，他的讀書研究，也有一點心得。他認為，原住民曾經歷過原始共產主義的部落社會，經歷過鄭成功與清朝的封建社會，也經歷過日本統治下的資本主義社會，唯有社會主義社會，是一個未曾有過的夢想。原住民被壓迫太久了，他在心中夢想著一個沒有人剝削人，沒有人欺壓人的社會。隨著理論的深入，他不再甘心只是這樣的讀書討論，卻一點行動也沒有。為了團結同學，建立一個共同奮鬥的目標，他認為需要有一個團體，就決定和同學組織起來。「蓬萊民族自救鬥爭青年同盟」就這樣開始了！

在簡吉和陳顯富的引導下，他像海綿般的吸收知識，天天上圖書館。有一次他買了一本日本人留下的舊書「社會科學字典」，高興得不得了。因為許多原本不太懂的名詞，這裡都有明白易懂的解釋。這時的林昭明，漢文還不太會說，但閱讀是毫無問題的。他結合了理論與自己民族的歷史，有了新的認識。

日據時代，日本人為了改變原住民社會，特別在各個部落設立「蕃童教育所」，一方面讓原住民學習日語，便於統治，另一方面教導農業技術，讓原住民從刀耕火種，轉為定耕。對這種教育方式，原住民社會分成兩派：一派是持澈底反對的態度，認為這是改變原住民的傳統生活與文化，像他的伯父林瑞昌的家族，就是如此。而他的父親家族，則持贊成的態度，認為應該把小孩子交給日本人，看他們怎麼教育孩子，有什麼不一樣。

林瑞昌本來也上了「蕃童教育所」，但家族中有人反對，有些同學被帶回家不上學了。林瑞昌表現優秀，日本人為了怕他被帶回去，乾脆把他送到桃園的學校去住校讀書。有些有錢家庭的長輩怕孩子上蕃童教育所，孩子被改變了，乾脆買了其它較窮苦人家的孩子，冒名去上學。幾年之後，這些上學的孩子長大了，因為他們的知識，以及對外交涉的能力，反而成為原住民社會的中堅份子，比較有地位。這讓林昭明不得不想到，原住民是無法封閉起來的，一定要和外面的進步力量結合，才有希望。

簡吉太忙，主要是來找林瑞昌，但陳顯富比較常來找他。後來，陳顯富知道他放學後總是會前往圖書館，就在他必然穿過的新公園裡等他，同時帶來另一個朋友，他介紹姓江。後來他才知道，「江先生」就是卓中民，也正是簡吉案中的重要幹部。

依照台灣省工委會的組織原則，林昭明與原住民學生組織，等於交由卓中民來聯絡領導。林昭明曾帶卓中民赴台中，和台中師範的原住民同學一起討論時局。這時，國共內戰已經到了最後階段。共軍已經渡過長江，內戰烽火，轉眼可能燃燒台灣。林昭明和原住民同學都為時局憂慮。他認為，萬一內戰發生，在平地的原住民同學要團結起來，互相照顧。

參

林昭明最後一次看見簡吉，是在一九五〇年四月左右的時候。那一次簡吉騎著腳踏車，穿過萬華的巷道過來。他看起來神色不對，好像有心事的樣子。他們站在宿舍外的樹下，簡吉彷彿有很深的心事，抬頭望著天，時而低頭不語，欲言又止的看著年輕的林昭明，後來只是簡單的交待他：「以後有什麼事，陳顯富會過來告訴你，你自己要小心……。」隨後就匆匆的走了。他知道可能發生什麼事，但不敢問，只是靜靜的站在樹下，看著簡吉騎上自行車離開。

那個身影，那個溫暖如父兄的導師，永遠的從他的生命中消失了。

陳顯富後來來了。他神色緊張，交待林昭明說：以後我們不能來了，你也要停止這樣的活動。你那邊要注意一下，自己要小心。以後先專心讀書就好。萬一台灣發生什麼事，國民黨也許會破壞台灣的設施，像水庫、電力設備等，希望你們為了台灣的將來，要好好保護這些設施。

這也是他最後一次見到陳顯富。後來他從報紙上看到消息，才知道過幾天以後，他們陸陸續續被逮捕。簡吉可能已經知道自己愈來愈危險，特地來和他見最後一面。而他根本不知道，自己是不是會被牽連在內。

等到逮捕來臨時，他被帶到保密局，他們問的第一句話，竟然是：你在樹下提供包括山地鄉長、民意代表、警察等的名冊轉交給簡吉，還有帶卓中民去台中師範，這些事，我們都知道了。你自己招吧！

林昭明心中一冷。他知道，連在樹下交什麼東西轉交給簡吉都知道，這表示中間可能是有什麼人不堪刑求而說出來了。他沒有怨任何人，這是自己選擇的道路，這是自己生命的追求。但他冷靜下來，心中判斷，他們既然知道台中師範的事，大概也知道了學生組織的事，但有關他和其它原住民青年的交往，只有他自己去聯絡，他們不知道。這表示還有一些內情未被供出來。林昭明決定，他們知道的才說，他們不知道的，能不說就不說，能保護多少人就保護多少人。當時他所領導的原住民青年組織，至少有四、五十人，但他只是供出了他們知道的極少數部份，並且他用原住民的語言不通，聽不太懂，不太會說，有時用日文回答，或者假裝糊塗，天真無知，終於過了這最痛苦的一關。

但他也知道，簡吉、陳顯富恐怕再見不到了。

由於簡吉負責山地委員會，地域遍及北部桃園角板山，台中霧社竹山一帶，嘉義阿里山，原住民涉及白色恐怖案件的人數，就比例上來講，算是非常之高。但了解內情的陳明忠說，山地委員會的組織絕對不止此數，許多人，包括了霧社事件中花岡二郎的妻子高永清，都曾加入組織，卻未被供出。簡吉能不說的，都儘量保護了。（註1）

直到晚年在回憶簡吉時，林昭明的心中仍充滿感情。他說：「當時我只是一個年輕人，是簡吉把我找出來的……。」他的表情裡，有一種驕傲，彷彿簡吉找出他真正的生命，讓他出來領導原住民青年運動，並改變了他的一生……。

「終其一生，我沒有後悔過。」林昭明說。

肆

簡吉於一九五〇年四月二十五日遭到逮捕。

在國家檔案局所解密的資料裡，有兩份簡吉的訊問筆錄。第一份訊問是一九五〇年十一月八日。

為了怕牽連他人，簡吉所有的交待都非常簡單。與張志忠的關係，他只說：「因我有一朋友叫蔡孝乾寫一封信，交姓吳的轉交我。信內說要我與姓吳的聯絡，因此我就加入共黨了。但這姓吳的，我在保密局時，他已經被捕了，但他不姓吳，是叫張志忠（這是保密局法官告訴我的）。」

被問到他擔任什麼工作，他說「我介紹六個人加入組織」。至於這六個人，是林元枝、吳阿敦、蔡文章、卓中民、李祥球、黃天生六名。

至於具體的工作，他都回答得非常簡短。有關山地工作委員會，他推說，是蔡孝乾叫他做的，但是誰去組織的，他不知道。至於湯守仁的部份，他只回答：「聯絡湯守仁不錯，其它的沒有。」有關該委員會有多少人，他說只有三個人：陳顯富、魏如羅和自己，自己所領導的人，只有這兩個人。山地委員會的組織，沒能夠從他的口中套出什麼。

有關因為他住過的地方，而被牽連的人，簡吉也全力為他們開脫。都推說他們不知道他是共產黨。否則知情不報，與犯人同罪。了解內情的政治犯看過他的訊問筆錄，只有一個感想：他真的是一個硬漢，沒有出賣任何一個同志，但一定會被刑求得很慘，因為他都不說。

當時監獄中充滿政治犯，風雨飄搖中的國民政府不知道未來會如何，信心全面動搖。軍政司法人員因恐懼萬一台灣防守失敗，共軍來了，展開報復，他們會死無葬身之地，因此不敢下令槍決政治犯。

等到一九五〇年六月，韓戰爆發後，國際冷戰結構形成，美軍協防台灣，國民政府認定台灣安全無虞，軍心初定，才開始在獄中大量槍決政治犯。

在這樣的大情勢下，簡吉無法避免的，走上他人生的最後道路。一九五一年三月七日早晨六點，他被帶上刑場。

簡吉因為屬於要犯，未與其它人關在一起，因此沒人知道他最後的場景。是不是如張志忠那樣，唱著國際歌，喊著口號，走上刑場？或者，像鍾浩東那樣，難友唱著「幌馬車之歌」送他走上人生的最後道路？或者，他會在心中唱起台灣的「農村曲」，有如看見農村「透早就出門，天色漸漸光，艱苦無人問，走到田中央……」。

沒有人知道，他在最後的走向刑場的時候，會不會想起很遙遠的那個下午，他初初當上小學教員，穿著體面的西服，和父親站在有著水牛和竹林的農村裡，拍下一張照片的時刻，父親流露出安慰而樸素的眼神，以及鄉村的陽光中，閃爍在水田上的露珠……

想起，他剛剛當上教員，看到孩子無法上學的困苦，看見孩子頑皮不受教而流下的眼淚……

想起，他站在屏東的農村之夜，疲憊歸來，抱著喜愛小提琴，那悠揚的琴音讓他內心升起無限的愛與勇氣……

想起，他第一次入獄，聽見農民在法庭中高喊：簡吉，加油！簡吉，加油！……

想起，他最好的戰友，趙港、陳神助，他們勇敢而奮不顧身的投入，為農民運動，犧牲在日本的牢獄中……

想起，母親瘦弱的身影，來到獄中看他；瘦小的溫柔的妻子，合掌在佛陀前祝禱；二二八之後剛剛生下的孩子，抱在懷裡，如此溫暖柔軟，像一隻等待疼惜的小動物，而敬兒慢慢長大，成為一個青年，他會有什麼樣的未來……

或者，在未亮的天色中，被押赴刑場的他，只是聽見早起的燕子孤單飛翔，呼喚黎明的到臨，像那一首詩寫的：「聽到山鳥呵呵的叫聲，疑是父親的聲音　還是母親的聲音」……

一生兩度坐過日本人的牢獄，一生以農民運動為職志，一生為農民奉獻的簡吉，在一九五一年三月七日上午六時，遭到槍決。那一年，簡吉四十八歲。

伍

那一年，簡吉的長子簡敬從《新生報》上看到父親被槍決的消息，趕緊的告訴母親。

陳何匆匆忙忙收拾簡單的行李，立即帶著簡敬北上。當時有些人的家裡害怕政治牽累全家，不敢去收屍；而有些人因家裡本就是鄉下農民，並不識字，不看報，不知道已經槍決；有些人因白色恐怖而家庭破碎，根本不知道家人在何方；就這樣讓這些青春革命者的身軀，埋屍在六張犁的荒山野草之中。陳何不是不知道恐懼，卻未曾猶豫的赴台北要接回丈夫的遺體。

噴著蒸氣的黑色老火車慢慢駛過南方平坦翠綠的田野，農民戴著斗笠在水田中行走，水牛依舊在荒草中踱步，沒有人知道，日據時代的農民運動領袖已經去世了。

陳何緊抿著嘴唇，她弱小的身子抵在窗戶邊，不發一語。

她和簡吉結婚近三十年，唯有剛剛結婚時，簡吉在公學校教書時，有過安定的日子。等到簡吉投入農民運動，她就揹負起家庭生計。農家生活本來就貧困，加上日本殖民政府的蔗糖政策，她的生計更困難。

簡吉是無法協助家庭生計的，貧困的農民沒錢支持他，只能到處募款來維持社會運動的需要。簡吉自己常常餓肚子，有時一天只靠著熱心農民送的香蕉填飽肚皮，靠捐助的錢當車資，滿台灣跑動。

如果有一點安定的日子，也只有二戰末期，簡吉被釋放出獄以後的那三年的時光。等到光復來臨，簡吉被推舉出來當三民主義青年團高雄分團副主任，他就又繁忙起來：在高雄帶領農民抗爭，上台北打官司，到桃園農田水利會任職，為日據時代的農民運動烈士建忠烈祠。二二八之後，簡吉被通緝，在那風聲鶴唳的年代，為了怕家人因「知情不報」被牽連，簡吉不會談他的革命志業。家庭，依舊是由陳何在維持。她默默的、安靜的，等待簡吉有時候半夜歸來，匆匆抱著孩子，疼惜的和她說幾句話，天明前，他又匆匆離去。

沒有人知道，當她坐在前往台北的列車上，是不是會想起簡吉剛剛結婚時，曾經在農村的三合院裡，拉著小提琴的悠揚的樂音。

沒有人知道她會不會想起，初識簡吉的時候，那個戴著眼鏡的純真的、熱情的青年，那個會為了孩子的頑劣而流淚的年輕教師，曾如何讓她心動，而毅然放棄教職，成為一個農婦。

列車駛過南台灣的夜空，她緊緊抿著嘴唇，在十餘小時的車程裡，沒有和簡敬說什麼話。她帶著簡敬到馬場町，要他不能出聲，以免被情治單位認出「作記號」，影響他的未來。她是如此鎮定自持，安靜的認領了丈夫冰冷的、還帶著血跡的遺體，到殯儀館為他辦理火化事宜。他們在台北待了兩天，就抱著骨灰，依舊坐著列車，回到南方家鄉，那是簡吉的故鄉。為了農民奔走流浪一生的簡吉的魂魄，終於回到老家。他的生命，終於完完整整的抱在陳何的懷中……。

回到家裡，她和長子簡敬只交待了幾句話，便回到自己房間裡，關起門來。然後，隔著薄薄的木板房門，簡敬只聽到裡面傳來像捂住嘴巴的壓抑的啜泣，一點一滴，慢慢釋放出來，慢慢的，那聲音變得稍大一點，更無法停止，最後，那哭聲，竟變成無可遏止的哭泣……。

幾十年為台灣農民奔走而失去的丈夫，那個屬於革命而不屬於家庭的丈夫，如今終於歸來了。幾十年的夫妻情分，幾十年的流離受苦，幾十年的思念堅毅，終於決堤……。

簡敬甚至不知道母親哭了多久，因為她未開門走出來。自此，她彷彿流乾了眼淚一般，未曾再哭過。

歷經幾次抄家的家裡，已經沒有簡吉的多少遺物。她靠助產士的工作，把孩子養大。她皈依佛門，吃素唸佛。簡吉的日記，那用簡單的記事紙寫下的珍貴日記，就夾在她的佛經裡。像沉埋的歷史，一點一滴，慢慢泛黃。她天天把簡吉的獄中日記，和佛經一起拿出來，唸完經，再一起用布巾子細心的包起來，又放回去。一夜又一夜，數十年如一日。伴著她的，是佛經，和簡吉年輕時代的日記。那日記上曾寫著：「妻子的樣子極其溫和。岳母的容貌也極崇高。帶著念珠的樣子，令人感受慈悲。彌陀的安排，真是奇妙。我也念珠在手，念著佛，將由一切的感慨得救！南無阿彌陀佛，南無阿彌陀佛！！」

陸

然而，簡吉已成了禁忌。簡吉的孩子避免去提起父親，他們的親戚朋友，也都避免談及這個敏感的名字。在那白色恐怖的歲月裡，簡敬工作受到影響，生計困難。簡吉最小的孩子簡明仁，那個生於二二八之後第二十三天的孩子，因為學的是科技，竟意外可以出國留學。直到出國，簡明仁才開始慢慢認識到父親的真正歷史：一個震撼台灣社會運動史，曾捲起日據時代台灣農民運動的領袖，一個帶領時代前行的勇者，一個永恆的革命家……。

他安靜的研究著，決心要花時間弄清楚父親的歷史，一如重新尋找他失去的父親。回台灣後，簡明仁事業慢慢安定，他開始找回父親生前可能接觸過的人，了解台灣歷史的政治犯，以及研究台灣史的學者。一點一滴，拼湊著父親的圖像。

許月里，簡吉在二一二事件後曾賦予她重建任務而在台北開設農組辦事處，已經九十來歲了。她總是望著簡明仁的臉，帶著慈愛如母親的眼神說：「你戴眼鏡的樣子，有些像你父親哦！」

她非常懷念簡吉。一九三〇年時，她只是十幾歲的少女，卻在「二一二」大檢舉許多農民運動領袖被捕之後，被賦予重建農民組合的重任。生命竟因此走上完全不同的道路。還有二二八之後，簡吉走入地下，偶而會來找她，尋求協助。她常常看著事業有成的簡明仁，若有所思的說：「你老爸啊，一生為農民，做很多代誌。雖然，我是無神論者，但是，你父親，實在是一生為農民，你才這麼有福氣啦！」

那潛在的心語是：雖然我是無神論者，不能說你父親在天之靈給你保佑，但因為你父親為農民做了許多事，積了那麼多福德，上天才會給你這麼多福報啊！

簡明仁請人翻譯出父親在日據時代的獄中日記，那細緻而充滿愛心如藝術家的一個鄉村教師，是如何走上革命之路的心情，才緩緩的流露出來。

他到處尋找了解父親歷史的人，一個一個的去訪問。千里奔波，到屏東，只為了聽周甜梅老太太說一說父親年輕時候，在農村裡拉小提琴的模樣。到復興鄉探望林昭明，只了解父親最後的身影。探望許月里、陳明忠、林書揚等老政治犯，只為了知道那個年代的革命者的想法。日復一日，那個消失在歷史中的身影，逐漸清晰。未曾見過父親的簡明仁，那個在二二八過後二十三天，由母親獨力生下來的孩子，終於找到他的革命者的父親。

而那些日記，那些壯烈的行跡，不僅是簡吉生命的悠揚樂音，更像是對簡明仁的述說，對未來孩子的叮嚀：

——有人說，儘管每個人走的路是多麼不同，可是要抵達的地方都是墳場。話是這麼說，而實際上我的生命也到了此。（簡吉獄中家書）

——你有在用功唸書嗎？我至今總認為須隨時努力提高自我認識，如果不在自己確信的工作上賣力，是在縮短自己的壽命。現在對此有更深一層的感受。我本來好靜。如果感到孤獨寂寞時，就獨自一人邊吹口琴，邊想要想的事，考慮要考慮的事，或者埋頭閱讀愛讀的書，作為最起碼的慰藉。現在，想像你們都在珍惜自己時間，好好做事，就是我唯一的安慰！願你們積極努力！（一九三〇年，簡吉獄中家書）

——**難道沒有更光明的路可走嗎**？（一九三七年獄中日記）

【本章註】

註1　本文依據陳明忠先生口述。

Homeward Publishing
Reappearance HR001

簡吉—台灣農民運動史詩

The Man Who Led Peasants

A Short Biography of Chien Chi

南方家園出版 Homeward Publishing
書系—再現・Reappearance
書號—HR001

作者 楊渡
出版者 南方家園文化事業有限公司
企畫編輯 洪于雯
特約設計 何佳興
發行人 劉子華

簡吉 台灣農民運動史詩／楊渡 著
—初版—臺北市：南方家園文化出版：聯合發行發行, 2009.01 面；公分.
(再現書系;HR001)
ISBN 978-986-82795-3-7
1. 簡吉 2. 台灣傳記
3. 農民運動
783.3886 97024451

南方家園文化事業有限公司 NANFAN CHIAYUAN CO.LTD
台北市八德路三段12巷66弄22號
電話 (02) 25705215-6
24小時傳真服務 (02) 25705217
劃撥帳號 50009398 戶名 南方家園文化事業有限公司
讀者服務信箱 Email: nanfan.chiayuan@gmail.com

總經銷 聯合發行股份有限公司
電話 (02) 29178022
傳真 (02) 29156275

初版一刷● 2009年01月
定價● 360元
ISBN 978-986-82795-3-7